D0847024

LATVIAN
V O C A B U L A R Y

ENGLISH-
LATVIAN

The most useful words
To expand your lexicon and sharpen
your language skills

9000 words

Latvian vocabulary for English speakers - 9000 words

By Andrey Taranov

T&P Books vocabularies are intended for helping you learn, memorize and review foreign words. The dictionary is divided into themes, covering all major spheres of everyday activities, business, science, culture, etc.

The process of learning words using T&P Books' theme-based dictionaries gives you the following advantages:

- Correctly grouped source information predetermines success at subsequent stages of word memorization
- Availability of words derived from the same root allowing memorization of word units (rather than separate words)
- Small units of words facilitate the process of establishing associative links needed for consolidation of vocabulary
- Level of language knowledge can be estimated by the number of learned words

T&P Books Publishing
www.tpbooks.com

ISBN: 978-1-78071-682-4

This book is also available in E-book formats.
Please visit www.tpbooks.com or the major online bookstores.

LATVIAN VOCABULARY
for English speakers

T&P Books vocabularies are intended to help you learn, memorize, and review foreign words. The vocabulary contains over 9000 commonly used words arranged thematically.

- Vocabulary contains the most commonly used words
- Recommended as an addition to any language course
- Meets the needs of beginners and advanced learners of foreign languages
- Convenient for daily use, revision sessions, and self-testing activities
- Allows you to assess your vocabulary

Special features of the vocabulary

- Words are organized according to their meaning, not alphabetically
- Words are presented in three columns to facilitate the reviewing and self-testing processes
- Words in groups are divided into small blocks to facilitate the learning process
- The vocabulary offers a convenient and simple transcription of each foreign word

The vocabulary has 256 topics including:

Basic Concepts, Numbers, Colors, Months, Seasons, Units of Measurement, Clothing & Accessories, Food & Nutrition, Restaurant, Family Members, Relatives, Character, Feelings, Emotions, Diseases, City, Town, Sightseeing, Shopping, Money, House, Home, Office, Working in the Office, Import & Export, Marketing, Job Search, Sports, Education, Computer, Internet, Tools, Nature, Countries, Nationalities and more …

T&P BOOKS' THEME-BASED DICTIONARIES

The Correct System for Memorizing Foreign Words

Acquiring vocabulary is one of the most important elements of learning a foreign language, because words allow us to express our thoughts, ask questions, and provide answers. An inadequate vocabulary can impede communication with a foreigner and make it difficult to understand a book or movie well.

The pace of activity in all spheres of modern life, including the learning of modern languages, has increased. Today, we need to memorize large amounts of information (grammar rules, foreign words, etc.) within a short period. However, this does not need to be difficult. All you need to do is to choose the right training materials, learn a few special techniques, and develop your individual training system.

Having a system is critical to the process of language learning. Many people fail to succeed in this regard; they cannot master a foreign language because they fail to follow a system comprised of selecting materials, organizing lessons, arranging new words to be learned, and so on. The lack of a system causes confusion and eventually, lowers self-confidence.

T&P Books' theme-based dictionaries can be included in the list of elements needed for creating an effective system for learning foreign words. These dictionaries were specially developed for learning purposes and are meant to help students effectively memorize words and expand their vocabulary.

Generally speaking, the process of learning words consists of three main elements:

- Reception (creation or acquisition) of a training material, such as a word list
- Work aimed at memorizing new words
- Work aimed at reviewing the learned words, such as self-testing

All three elements are equally important since they determine the quality of work and the final result. All three processes require certain skills and a well-thought-out approach.

New words are often encountered quite randomly when learning a foreign language and it may be difficult to include them all in a unified list. As a result, these words remain written on scraps of paper, in book margins, textbooks, and so on. In order to systematize such words, we have to create and continually update a "book of new words." A paper notebook, a netbook, or a tablet PC can be used for these purposes.

This "book of new words" will be your personal, unique list of words. However, it will only contain the words that you came across during the learning process. For example, you might have written down the words "Sunday," "Tuesday," and "Friday." However, there are additional words for days of the week, for example, "Saturday," that are missing, and your list of words would be incomplete. Using a theme dictionary, in addition to the "book of new words," is a reasonable solution to this problem.

The theme-based dictionary may serve as the basis for expanding your vocabulary.

It will be your big "book of new words" containing the most frequently used words of a foreign language already included. There are quite a few theme-based dictionaries available, and you should ensure that you make the right choice in order to get the maximum benefit from your purchase.

Therefore, we suggest using theme-based dictionaries from T&P Books Publishing as an aid to learning foreign words. Our books are specially developed for effective use in the sphere of vocabulary systematization, expansion and review.

Theme-based dictionaries are not a magical solution to learning new words. However, they can serve as your main database to aid foreign-language acquisition. Apart from theme dictionaries, you can have copybooks for writing down new words, flash cards, glossaries for various texts, as well as other resources; however, a good theme dictionary will always remain your primary collection of words.

T&P Books' theme-based dictionaries are specialty books that contain the most frequently used words in a language.

The main characteristic of such dictionaries is the division of words into themes. For example, the *City* theme contains the words "street," "crossroads," "square," "fountain," and so on. The *Talking* theme might contain words like "to talk," "to ask," "question," and "answer".

All the words in a theme are divided into smaller units, each comprising 3–5 words. Such an arrangement improves the perception of words and makes the learning process less tiresome. Each unit contains a selection of words with similar meanings or identical roots. This allows you to learn words in small groups and establish other associative links that have a positive effect on memorization.

The words on each page are placed in three columns: a word in your native language, its translation, and its transcription. Such positioning allows for the use of techniques for effective memorization. After closing the translation column, you can flip through and review foreign words, and vice versa. "This is an easy and convenient method of review – one that we recommend you do often."

Our theme-based dictionaries contain transcriptions for all the foreign words. Unfortunately, none of the existing transcriptions are able to convey the exact nuances of foreign pronunciation. That is why we recommend using the transcriptions only as a supplementary learning aid. Correct pronunciation can only be acquired with the help of sound. Therefore our collection includes audio theme-based dictionaries.

The process of learning words using T&P Books' theme-based dictionaries gives you the following advantages:

- You have correctly grouped source information, which predetermines your success at subsequent stages of word memorization
- Availability of words derived from the same root (lazy, lazily, lazybones), allowing you to memorize word units instead of separate words
- Small units of words facilitate the process of establishing associative links needed for consolidation of vocabulary
- You can estimate the number of learned words and hence your level of language knowledge
- The dictionary allows for the creation of an effective and high-quality revision process
- You can revise certain themes several times, modifying the revision methods and techniques
- Audio versions of the dictionaries help you to work out the pronunciation of words and develop your skills of auditory word perception

The T&P Books' theme-based dictionaries are offered in several variants differing in the number of words: 1.500, 3.000, 5.000, 7.000, and 9.000 words. There are also dictionaries containing 15,000 words for some language combinations. Your choice of dictionary will depend on your knowledge level and goals.

We sincerely believe that our dictionaries will become your trusty assistant in learning foreign languages and will allow you to easily acquire the necessary vocabulary.

TABLE OF CONTENTS

Medicine   78

HUMAN HABITAT   84
City   84

Dwelling. House. Home   93

MISCELLANEOUS

MAIN 500 VERBS

PRONUNCIATION GUIDE

Letter	Latvian example	T&P phonetic alphabet	English example

Vowels

Letter	Latvian example	T&P phonetic alphabet	English example
A a	adata	[ɑ]	shorter than in park, card
Ā ā	ābols	[ɑ:]	father, answer
E e	egle	[e], [æ]	pet, absent
Ē ē	ērglis	[e:], [æ:]	longer than in bell
I i	izcelsme	[i]	shorter than in feet
Ī ī	īpašums	[i:]	feet, meter
O o	okeāns	[o], [o:]	floor, doctor
U u	ubags	[u]	book
Ū ū	ūdens	[u:]	pool, room

Consonants

Letter	Latvian example	T&P phonetic alphabet	English example
B b	bads	[b]	baby, book
C c	cālis	[ʦ]	cats, tsetse fly
Č č	čaumala	[ʧ]	church, French
D d	dambis	[d]	day, doctor
F f	flauta	[f]	face, food
G g	gads	[g]	game, gold
Ģ ģ	ģitāra	[d/g]	between soft [d] and [g]
H h	haizivs	[h]	home, have
J j	janvāris	[j]	yes, New York
K k	kabata	[k]	clock, kiss
Ķ ķ	ķilava	[t/k]	between soft [t] and [k], like tune
L l	labība	[l]	lace, people
Ļ ļ	ļaudis	[ʎ]	daily, million
M m	magone	[m]	magic, milk
N n	nauda	[n]	name, normal
Ņ ņ	ņaudēt	[ɲ]	canyon, new
P p	pakavs	[p]	pencil, private
R r	ragana	[r]	rice, radio

Letter	Latvian example	T&P phonetic alphabet	English example
S s	sadarbība	[s]	city, boss
Š š	šausmas	[ʃ]	machine, shark
T t	tabula	[t]	tourist, trip
V v	vabole	[v]	very, river
Z z	zaglis	[z]	zebra, please
Ž ž	žagata	[ʒ]	forge, pleasure

Comments

* Letters Qq, Ww, Xx, Yy used in foreign loanwords only
** Standard Latvian and, with a few minor exceptions, all of the Latvian dialects have fixed initial stress.

ABBREVIATIONS
used in the vocabulary

ab.	-	about
adj	-	adjective
adv	-	adverb
anim.	-	animate
as adj	-	attributive noun used as adjective
e.g.	-	for example
etc.	-	et cetera
fam.	-	familiar
fem.	-	feminine
form.	-	formal
inanim.	-	inanimate
masc.	-	masculine
math	-	mathematics
mil.	-	military
n	-	noun
pl	-	plural
pron.	-	pronoun
sb	-	somebody
sing.	-	singular
sth	-	something
v aux	-	auxiliary verb
vi	-	intransitive verb
vi, vt	-	intransitive, transitive verb
vt	-	transitive verb
m	-	masculine noun
f	-	feminine noun
m pl	-	masculine plural
f pl	-	feminine plural
m, f	-	masculine, feminine

BASIC CONCEPTS

Basic concepts. Part 1

1. Pronouns

I, me	**es**	[æs]
you	**tu**	[tu]
he	**viņš**	[viɲʃ]
she	**viņa**	[viɲa]
it	**tas**	[tɑs]
we	**mēs**	[mæ:s]
you (to a group)	**jūs**	[ju:s]
they	**viņi**	[vini]

2. Greetings. Salutations. Farewells

Hello! (fam.)	**Sveiki!**	[svæjki]
Hello! (form.)	**Esiet sveicināts!**	[æsiet svæjtsina:ts]
Good morning!	**Labrīt!**	[labri:t]
Good afternoon!	**Labdien!**	[labdien]
Good evening!	**Labvakar!**	[labvakar]
to say hello	**sveicināt**	[svæjtsina:t]
Hi! (hello)	**Čau!**	[tʃau]
greeting (n)	**sveiciens** (m)	[svæjtsiens]
to greet (vt)	**pasveicināt**	[pasvæjtsina:t]
How are you?	**Kā iet?**	[ka: iet]
What's new?	**Kas jauns?**	[kas jauns]
Bye-Bye! Goodbye!	**Uz redzēšanos!**	[uz rædzæ:ʃanos]
See you soon!	**Uz tikšanos!**	[uz tɪkʃanos]
Farewell!	**Ardievu!**	[ardievu]
to say goodbye	**atvadīties**	[atvadi:ties]
So long!	**Nu tad pagaidām!**	[nu tad pagajda:m]
Thank you!	**Paldies!**	[paldies]
Thank you very much!	**Liels paldies!**	[liels paldies]
You're welcome	**Lūdzu**	[lu:dzu]
Don't mention it!	**Nav par ko**	[nau par ko]
It was nothing	**Nav par ko**	[nau par ko]

Excuse me! (fam.)	**Atvaino!**	[atvajno]
Excuse me! (form.)	**Atvainojiet!**	[atvajnoet]
to excuse (forgive)	**atvainot**	[atvajnot]
to apologize (vi)	**atvainoties**	[atvajnoties]
My apologies	**Es atvainojos**	[æs atvajnojos]
I'm sorry!	**Piedodiet!**	[piedodiet]
to forgive (vt)	**piedot**	[piedot]
It's okay!	**Tas nekas**	[tas nækas]
please (adv)	**lūdzu**	[lu:dzu]
Don't forget!	**Neaizmirstiet!**	[næajzmirstiet]
Certainly!	**Protams!**	[protams]
Of course not!	**Protams, ka nē!**	[protams], [ka næ:]
Okay! (I agree)	**Piekrītu!**	[piekri:tu]
That's enough!	**Pietiek!**	[pietiek]

3. How to address

mister, sir	**Kungs**	[kuŋs]
ma'am	**Kundze**	[kundzæ]
miss	**Jaunkundze**	[jauŋkundzæ]
young man	**Jaunskungs**	[jaunskuŋs]
young man (little boy)	**puisēns**	[puisæ:ns]
miss (little girl)	**meitene**	[mæjtænæ]

4. Cardinal numbers. Part 1

0 zero	**nulle**	[nullæ]
1 one	**viens**	[viens]
2 two	**divi**	[divi]
3 three	**trīs**	[tri:s]
4 four	**četri**	[ʧætri]
5 five	**pieci**	[pietsi]
6 six	**seši**	[sæʃi]
7 seven	**septiņi**	[sæptıni]
8 eight	**astoņi**	[astoni]
9 nine	**deviņi**	[dævini]
10 ten	**desmit**	[dæsmit]
11 eleven	**vienpadsmit**	[vienpatsmit]
12 twelve	**divpadsmit**	[divpatsmit]
13 thirteen	**trīspadsmit**	[tri:spatsmit]
14 fourteen	**četrpadsmit**	[ʧætrpatsmit]
15 fifteen	**piecpadsmit**	[pietspatsmit]
16 sixteen	**sešpadsmit**	[sæʃpatsmit]

17 seventeen	**septiņpadsmit**	[sæptɪŋpɑtsmit]
18 eighteen	**astoņpadsmit**	[ɑstoŋpɑtsmit]
19 nineteen	**deviņpadsmit**	[dævɪŋpɑtsmit]
20 twenty	**divdesmit**	[divdæsmit]
21 twenty-one	**divdesmit viens**	[divdæsmit vjens]
22 twenty-two	**divdesmit divi**	[divdæsmit divi]
23 twenty-three	**divdesmit trīs**	[divdæsmit tri:s]
30 thirty	**trīsdesmit**	[tri:sdæsmit]
31 thirty-one	**trīsdesmit viens**	[tri:sdæsmit viens]
32 thirty-two	**trīsdesmit divi**	[tri:sdæsmit divi]
33 thirty-three	**trīsdesmit trīs**	[tri:sdæsmit tri:s]
40 forty	**četrdesmit**	[ʧætrdæsmit]
41 forty-one	**četrdesmit viens**	[ʧætrdæsmit vjens]
42 forty-two	**četrdesmit divi**	[ʧætrdæsmit divi]
43 forty-three	**četrdesmit trīs**	[ʧætrdæsmit tri:s]
50 fifty	**piecdesmit**	[pietsdæsmit]
51 fifty-one	**piecdesmit viens**	[pietsdæsmit viens]
52 fifty-two	**piecdesmit divi**	[pietsdæsmit divi]
53 fifty-three	**piecdesmit trīs**	[pietsdæsmit tri:s]
60 sixty	**sešdesmit**	[sæʃdæsmit]
61 sixty-one	**sešdesmit viens**	[sæʃdæsmit viens]
62 sixty-two	**sešdesmit divi**	[sæʃdæsmit divi]
63 sixty-three	**sešdesmit trīs**	[sæʃdæsmit tri:s]
70 seventy	**septiņdesmit**	[sæptɪŋdæsmit]
71 seventy-one	**septiņdesmit viens**	[sæptɪŋdæsmit viens]
72 seventy-two	**septiņdesmit divi**	[sæptɪŋdæsmit divi]
73 seventy-three	**septiņdesmit trīs**	[sæptɪŋdæsmit tri:s]
80 eighty	**astoņdesmit**	[ɑstoŋdæsmit]
81 eighty-one	**astoņdesmit viens**	[ɑstoŋdæsmit viens]
82 eighty-two	**astoņdesmit divi**	[ɑstoŋdæsmit divi]
83 eighty-three	**astoņdesmit trīs**	[ɑstoŋdæsmit tri:s]
90 ninety	**deviņdesmit**	[dævɪŋdæsmit]
91 ninety-one	**deviņdesmit viens**	[dævɪŋdæsmit vjens]
92 ninety-two	**deviņdesmit divi**	[dævɪŋdæsmit divi]
93 ninety-three	**deviņdesmit trīs**	[dævɪŋdæsmit tri:s]

5. Cardinal numbers. Part 2

100 one hundred	**simts**	[sɪmts]
200 two hundred	**divsimt**	[divsɪmt]
300 three hundred	**trīssimt**	[tri:ssɪmt]
400 four hundred	**četrsimt**	[ʧætrsɪmt]

500 five hundred	**piecsimt**	[pie̦ssɪmt]
600 six hundred	**sešsimt**	[sæʃsɪmt]
700 seven hundred	**septiņsimt**	[sæptɪɲsɪmt]
800 eight hundred	**astoņsimt**	[astoɲsɪmt]
900 nine hundred	**deviņsimt**	[dævɪɲsɪmt]
1000 one thousand	**tūkstotis**	[tu:kstotis]
2000 two thousand	**divi tūkstoši**	[divi tu:kstoʃi]
3000 three thousand	**trīs tūkstoši**	[tri:s tu:kstoʃi]
10000 ten thousand	**desmit tūkstoši**	[dæsmit tu:kstoʃi]
one hundred thousand	**simt tūkstoši**	[sɪmt tu:kstoʃi]
million	**miljons** (m)	[miʎons]
billion	**miljards** (m)	[miʎjards]

6. Ordinal numbers

first (adj)	**pirmais**	[pirmajs]
second (adj)	**otrais**	[otrajs]
third (adj)	**trešais**	[træʃais]
fourth (adj)	**ceturtais**	[tsæturtais]
fifth (adj)	**piektais**	[piektais]
sixth (adj)	**sestais**	[sæstais]
seventh (adj)	**septītais**	[sæptɪ:tais]
eighth (adj)	**astotais**	[astotais]
ninth (adj)	**devītais**	[dævi:tais]
tenth (adj)	**desmitais**	[dæsmitais]

7. Numbers. Fractions

fraction	**daļskaitlis** (m)	[daʎskajtlis]
one half	**puse**	[pusæ]
one third	**viena trešdaļa**	[viena træʃdaʎa]
one quarter	**viena ceturtdaļa**	[viena tsæturtdaʎa]
one eighth	**viena astotā**	[viena astota:]
one tenth	**viena desmitā**	[viena dæsmita:]
two thirds	**divas trešdaļas**	[divas træʃdaʎas]
three quarters	**trīs ceturtdaļas**	[tri:s tsæturtdaʎas]

8. Numbers. Basic operations

subtraction	**atņemšana** (f)	[atnæmʃana]
to subtract (vi, vt)	**atņemt**	[atnæmt]
division	**dalīšana** (f)	[dali:ʃana]
to divide (vt)	**dalīt**	[dali:t]

addition	saskaitīšana (f)	[sɑskɑitɪːʃɑnɑ]
to add up (vt)	saskaitīt	[sɑskɑitɪːt]
to add (vi, vt)	pieskaitīt	[pieskɑitɪːt]
multiplication	reizināšana (f)	[ræjzinɑːʃɑnɑ]
to multiply (vt)	reizināt	[ræjzinɑːt]

9. Numbers. Miscellaneous

digit, figure	cipars (m)	[tsipɑrs]
number	skaitlis (m)	[skɑjtlis]
numeral	numerālis (m)	[numerɑːlis]
minus sign	mīnuss (m)	[miːnus]
plus sign	pluss (m)	[plus]
formula	formula (f)	[formulɑ]

calculation	aprēķināšana (f)	[ɑpræːkinɑːʃɑnɑ]
to count (vt)	skaitīt	[skɑjtiːt]
to count up	sarēķināt	[sɑræːkinɑːt]
to compare (vt)	salīdzināt	[sɑliːdzinɑːt]

How much?	Cik?	[tsik]
How many?	Cik daudz?	[tsik dɑudz]
sum, total	summa (f)	[summɑ]
result	rezultāts (m)	[ræzultɑːts]
remainder	atlikums (m)	[ɑtlikums]

a few ...	daži	[dɑʒɪ]
few, little (adv)	nedaudz ...	[nædɑudz]
the rest	pārējais	[pɑːræːjɑis]
one and a half	pusotra	[pusotrɑ]
dozen	ducis (m)	[dutsis]

in half (adv)	uz pusēm	[uz pusæːm]
equally (evenly)	vienlīdzīgi	[vienliːdziːgi]
half	puse (f)	[pusæ]
time (three ~s)	reize (f)	[ræjzæ]

10. The most important verbs. Part 1

to advise (vt)	dot padomu	[dot pɑdomu]
to agree (say yes)	piekrist	[piekrist]
to answer (vi, vt)	atbildēt	[ɑtbildæːt]
to apologize (vi)	atvainoties	[ɑtvɑjnoties]
to arrive (vi)	ierasties	[ierɑsties]
to ask (~ oneself)	jautāt	[jɑutɑːt]
to ask (~ sb to do sth)	lūgt	[luːgt]
to be (vi)	būt	[buːt]
to be afraid	baidīties	[bɑjdiːties]

to be hungry	**gribēt ēst**	[gribæːt æst]
to be interested in ...	**interesēties**	[intæræsæːties]
to be needed	**būt vajadzīgam**	[buːt vajadziːgam]
to be surprised	**brīnīties**	[briːnɪːties]
to be thirsty	**gribēt dzert**	[gribæːt dzært]
to begin (vt)	**sākt**	[saːkt]
to belong to ...	**piederēt**	[piedæræːt]
to boast (vi)	**lielīties**	[lieliːties]
to break (split into pieces)	**lauzt**	[lauzt]
to call (for help)	**saukt**	[saukt]
can (v aux)	**spēt**	[spæːt]
to catch (vt)	**ķert**	[kert]
to change (vt)	**mainīt**	[majniːt]
to choose (select)	**izvēlēties**	[izvæːlæːties]
to come down	**nokāpt**	[nokaːpt]
to come in (enter)	**ieiet**	[iejet]
to compare (vt)	**salīdzināt**	[saliːdzinaːt]
to complain (vi, vt)	**sūdzēties**	[suːdzæːties]
to confuse (mix up)	**sajaukt**	[sajaukt]
to continue (vt)	**turpināt**	[turpinaːt]
to control (vt)	**kontrolēt**	[kontrolæːt]
to cook (dinner)	**gatavot**	[gatavot]
to cost (vt)	**maksāt**	[maksaːt]
to count (add up)	**sarēķināt**	[saræːkinaːt]
to count on ...	**paļauties uz ...**	[paʎauties uz]
to create (vt)	**izveidot**	[izvæjdot]
to cry (weep)	**raudāt**	[raudaːt]

11. The most important verbs. Part 2

to deceive (vi, vt)	**krāpt**	[kraːpt]
to decorate (tree, street)	**izrotāt**	[izrotaːt]
to defend (a country, etc.)	**aizstāvēt**	[ajzstaːvæːt]
to demand (request firmly)	**prasīt**	[prasiːt]
to dig (vt)	**rakt**	[rakt]
to discuss (vt)	**apspriest**	[apspriest]
to do (vt)	**darīt**	[dariːt]
to doubt (have doubts)	**šaubīties**	[ʃaubiːties]
to drop (let fall)	**nomest**	[nomæst]
to exist (vi)	**eksistēt**	[æksistæːt]
to expect (foresee)	**paredzēt**	[parædzæːt]
to explain (vt)	**paskaidrot**	[paskajdrot]
to fall (vi)	**krist**	[krist]

to find (vt)	atrast	[atrast]
to finish (vt)	beigt	[bæjgt]
to fly (vi)	lidot	[lidot]
to follow ... (come after)	sekot ...	[sækot]
to forget (vi, vt)	aizmirst	[ajzmirst]
to forgive (vt)	piedot	[piedot]

| to give (vt) | dot | [dot] |
| to give a hint | dot mājienu | [dot ma:jenu] |

to go (on foot)	iet	[iet]
to go for a swim	peldēties	[pældæ:ties]
to go out (from ...)	iziet	[iziet]
to guess right	uzminēt	[uzminæ:t]

to have (vt)	būt	[bu:t]
to have breakfast	brokastot	[brokastot]
to have dinner	vakariņot	[vakari'nɜt]
to have lunch	pusdienot	[pusdienot]

to hear (vt)	dzirdēt	[dzirdæ:t]
to help (vt)	palīdzēt	[pali:dzæ:t]
to hide (vt)	slēpt	[slæ:pt]
to hope (vi, vt)	cerēt	[ʦæræ:t]
to hunt (vi, vt)	medīt	[mædi:t]
to hurry (vi)	steigties	[stæigties]

12. The most important verbs. Part 3

to inform (vt)	informēt	[informæ:t]
to insist (vi, vt)	uzstāt	[uzsta:t]
to insult (vt)	aizvainot	[ajzvajnot]
to invite (vt)	ielūgt	[ielu:gt]
to joke (vi)	jokot	[jokot]

to keep (vt)	uzglabāt	[uzglaba:t]
to keep silent	klusēt	[klusæ:t]
to kill (vt)	nogalināt	[nogalina:t]
to know (sb)	pazīt	[pazi:t]
to know (sth)	zināt	[zina:t]

to laugh (vi)	smieties	[smieties]
to liberate (city, etc.)	atbrīvot	[atbri:vot]
to like (I like ...)	patikt	[patikt]
to look for ... (search)	meklēt ...	[mæklæ:t]
to love (sb)	mīlēt	[mi:læ:t]

to make a mistake	kļūdīties	[kly:di:ties]
to manage, to run	vadīt	[vadi:t]
to mean (signify)	nozīmēt	[nozi:mæ:t]

to mention (talk about)	pieminēt	[pieminæ:t]
to miss (school, etc.)	kavēt	[kavæ:t]
to notice (see)	pamanīt	[pamani:t]

to object (vi, vt)	iebilst	[iebilst]
to observe (see)	novērot	[novæ:rot]
to open (vt)	atvērt	[atvæ:rt]
to order (meal, etc.)	pasūtīt	[pasu:tı:t]
to order (mil.)	pavēlēt	[pavæ:læ:t]
to own (possess)	pārvaldīt	[pa:rvaldi:t]

to participate (vi)	piedalīties	[piedali:ties]
to pay (vi, vt)	maksāt	[maksa:t]
to permit (vt)	atļaut	[atʎaut]
to plan (vt)	plānot	[pla:not]
to play (children)	spēlēt	[spæ:læ:t]

to pray (vi, vt)	lūgties	[lu:gties]
to prefer (vt)	dot priekšroku	[dot priekʃroku]
to promise (vt)	solīt	[soli:t]
to pronounce (vt)	izrunāt	[izruna:t]
to propose (vt)	piedāvāt	[pieda:va:t]
to punish (vt)	sodīt	[sodi:t]

to read (vi, vt)	lasīt	[lası:t]
to recommend (vt)	ieteikt	[ietæjkt]
to refuse (vi, vt)	atteikties	[attæikties]
to regret (be sorry)	nožēlot	[noʒæ:lot]

to rent (sth from sb)	īrēt	[i:ræ:t]
to repeat (say again)	atkārtot	[atka:rtot]
to reserve, to book	rezervēt	[ræzærvæ:t]
to run (vi)	skriet	[skriet]

13. The most important verbs. Part 4

to save (rescue)	glābt	[gla:bt]
to say (~ thank you)	teikt	[tæjkt]
to scold (vt)	lamāt	[lama:t]
to see (vt)	redzēt	[rædzæ:t]
to sell (vt)	pārdot	[pa:rdot]
to send (vt)	sūtīt	[su:tı:t]

to shoot (vi)	šaut	[ʃaut]
to shout (vi)	kliegt	[kliegt]
to show (vt)	parādīt	[pa:radi:t]
to sign (document)	parakstīt	[parakstı:t]
to sit down (vi)	sēsties	[sæ:sties]
to smile (vi)	smaidīt	[smaidi:t]
to speak (vi, vt)	runāt	[runa:t]

to steal (money, etc.)	zagt	[zagt]
to stop (please ~ calling me)	pārtraukt	[paːrtraukt]
to stop (for pause, etc.)	apstāties	[apstaːties]
to study (vt)	pētīt	[pæːtiːt]
to swim (vi)	peldēt	[pældæːt]

to take (vt)	ņemt	[nemt]
to think (vi, vt)	domāt	[domaːt]
to threaten (vt)	draudēt	[draudæːt]
to touch (with hands)	pieskarties	[pieskarties]
to translate (vt)	tulkot	[tulkot]
to trust (vt)	uzticēt	[uztiʦæːt]
to try (attempt)	mēģināt	[mæːginaːt]
to turn (~ to the left)	pagriezties	[pagriezties]

to underestimate (vt)	par zemu vērtēt	[par zæmu væːrtæːt]
to understand (vt)	saprast	[saprast]
to unite (vt)	apvienot	[apvienot]

to wait (vt)	gaidīt	[gajdiːt]
to want (wish, desire)	gribēt	[gribæːt]
to warn (vt)	brīdināt	[briːdinaːt]
to work (vi)	strādāt	[straːdaːt]
to write (vt)	rakstīt	[rakstiːt]
to write down	pierakstīt	[pierakstiːt]

14. Colors

color	krāsa (f)	[kraːsa]
shade (tint)	nokrāsa (f)	[nokraːsa]
hue	tonis (m)	[tonis]
rainbow	varavīksne (f)	[varaviːksnæ]

white (adj)	balts	[balts]
black (adj)	melns	[mælns]
gray (adj)	pelēks	[pælæːks]

green (adj)	zaļš	[zaʎʃ]
yellow (adj)	dzeltens	[dzæltæns]
red (adj)	sarkans	[sarkans]

blue (adj)	zils	[zils]
light blue (adj)	gaiši zils	[gajʃi zils]
pink (adj)	rozā	[roza]
orange (adj)	oranžs	[oranʒs]
violet (adj)	violets	[violæts]
brown (adj)	brūns	[bruːns]
golden (adj)	zelta	[zælta]
silvery (adj)	sudrabains	[sudrabains]

beige (adj)	**bēšs**	[bæːʃs]
cream (adj)	**krēmkrāsas**	[kræːmkraːsɑs]
turquoise (adj)	**zilganzaļš**	[zilgɑnzɑʎʃ]
cherry red (adj)	**ķiršu brīns**	[kirʃu briːns]
lilac (adj)	**lillā**	[lillɑː]
crimson (adj)	**aveņkrāsas**	[ɑvæɳkrɑːsɑs]

light (adj)	**gaišs**	[gɑjʃs]
dark (adj)	**tumšs**	[tumʃs]
bright, vivid (adj)	**spilgts**	[spilgts]

colored (pencils)	**krāsains**	[krɑːsɑins]
color (e.g., ~ film)	**krāsains**	[krɑːsɑins]
black-and-white (adj)	**melnbalts**	[mælnbɑlts]
plain (one-colored)	**vienkrāsains**	[vieɳkrɑːsɑins]
multicolored (adj)	**daudzkrāsains**	[dɑudzkrɑːsɑins]

15. Questions

Who?	**Kas?**	[kɑs]
What?	**Kas?**	[kɑs]
Where? (at, in)	**Kur?**	[kur]
Where (to)?	**Uz kurieni?**	[uz kurienɪ]
From where?	**No kurienes?**	[no kurienæs]
When?	**Kad?**	[kɑd]
Why? (What for?)	**Kādēļ?**	[kɑːdæːʎ]
Why? (reason)	**Kāpēc?**	[kɑːpæːts]

What for?	**Kam?**	[kɑm]
How? (in what way)	**Kā?**	[kɑː]
What? (What kind of ...?)	**Kāds?**	[kɑːds]
Which?	**Kurš?**	[kurʃ]

To whom?	**Kam?**	[kɑm]
About whom?	**Par kuru?**	[pɑr kuru]
About what?	**Par ko?**	[pɑr ko]
With whom?	**Ar ko?**	[ɑr ko]

How many?	**Cik daudz?**	[tsik dɑudz]
How much?	**Cik?**	[tsik]
Whose?	**Kā?**	[kɑː]

16. Prepositions

with (accompanied by)	**ar**	[ɑr]
without	**bez**	[bæz]
to (indicating direction)	**uz**	[uz]
about (talking ~ ...)	**par**	[pɑr]

| before (in time) | **pirms** | [pirms] |
| in front of ... | **priekšā** | [priekʃaː] |

under (beneath, below)	**zem**	[zæm]
above (over)	**virs**	[virs]
on (atop)	**uz**	[uz]
from (off, out of)	**no**	[no]
of (made from)	**no**	[no]

| in (e.g., ~ ten minutes) | **pēc** | [pæːts] |
| over (across the top of) | **caur** | [tsaur] |

17. Function words. Adverbs. Part 1

Where? (at, in)	**Kur?**	[kur]
here (adv)	**šeit**	[ʃæjt]
there (adv)	**tur**	[tur]

| somewhere (to be) | **kaut kur** | [kaut kur] |
| nowhere (not anywhere) | **nekur** | [nækur] |

| by (near, beside) | **pie ...** | [pie] |
| by the window | **pie loga** | [pie loga] |

Where (to)?	**Uz kurieni?**	[uz kurienɪ]
here (e.g., come ~!)	**šurp**	[ʃurp]
there (e.g., to go ~)	**turp**	[turp]
from here (adv)	**no šejienes**	[no ʃæjenæs]
from there (adv)	**no turienes**	[no turienæs]

| close (adv) | **tuvu** | [tuvu] |
| far (adv) | **tālu** | [taːlu] |

near (e.g., ~ Paris)	**pie**	[pie]
nearby (adv)	**blakus**	[blakus]
not far (adv)	**netālu**	[nætaːlu]

left (adj)	**kreisais**	[kræjsajs]
on the left	**pa kreisi**	[pa kræjsɪ]
to the left	**pa kreisi**	[pa kræjsɪ]

right (adj)	**labais**	[labajs]
on the right	**pa labi**	[pa labi]
to the right	**pa labi**	[pa labi]

in front (adv)	**priekšā**	[priekʃaː]
front (as adj)	**priekšējs**	[priekʃæːjs]
ahead (look ~)	**uz priekšu**	[uz priekʃu]
behind (adv)	**mugurpusē**	[mugurpusæː]
from behind	**no mugurpuses**	[no mugurpusæs]

back (towards the rear)	**atpakaļ**	[atpakaʎ]
middle	**vidus** (m)	[vidus]
in the middle	**vidū**	[vidu:]
at the side	**sānis**	[sɑ:nıs]
everywhere (adv)	**visur**	[visur]
around (in all directions)	**apkārt**	[apkart]
from inside	**no iekšpuses**	[no iekʃpusæs]
somewhere (to go)	**kaut kur**	[kaut kur]
straight (directly)	**taisni**	[tajsnı]
back (e.g., come ~)	**atpakaļ**	[atpakaʎ]
from anywhere	**no kaut kurienes**	[no kaut kurienæs]
from somewhere	**nez no kurienes**	[næz no kurienæs]
firstly (adv)	**pirmkārt**	[pirmka:rt]
secondly (adv)	**otrkārt**	[otrka:rt]
thirdly (adv)	**treškārt**	[træʃka:rt]
suddenly (adv)	**pēkšņi**	[pæ:kʃni]
at first (adv)	**sākumā**	[sɑ:kuma:]
for the first time	**pirmo reizi**	[pirmo ræjzi]
long before ...	**ilgu laiku pirms ...**	[ilgu laiku pirms]
anew (over again)	**no jauna**	[no jauna]
for good (adv)	**uz visiem laikiem**	[uz visiem laikiem]
never (adv)	**nekad**	[nækad]
again (adv)	**atkal**	[atkal]
now (adv)	**tagad**	[tagad]
often (adv)	**bieži**	[bieʒi]
then (adv)	**tad**	[tad]
urgently (quickly)	**steidzami**	[stæjʣami]
usually (adv)	**parasti**	[parastı]
by the way, ...	**starp citu ...**	[starp ʦitu]
possible (that is ~)	**iespējams**	[iespæ:jams]
probably (adv)	**ticams**	[tıʦams]
maybe (adv)	**varbūt**	[varbu:t]
besides ...	**turklāt, ...**	[turkla:t]
that's why ...	**tāpēc**	[ta:pæ:ʦ]
in spite of ...	**neskatoties uz ...**	[næskatoties uz]
thanks to ...	**pateicoties ...**	[patæjʦoties]
what (pron.)	**kas**	[kas]
that (conj.)	**kas**	[kas]
something	**kaut kas**	[kaut kas]
anything (something)	**kaut kas**	[kaut kas]
nothing	**nekas**	[nækas]
who (pron.)	**kas**	[kas]
someone	**kāds**	[ka:ds]

somebody	kāds	[kɑːds]
nobody	neviens	[næviens]
nowhere (a voyage to ~)	nekur	[nækur]
nobody's	neviena	[næviena]
somebody's	kāda	[kɑːdɑ]

so (I'm ~ glad)	tā	[tɑː]
also (as well)	tāpat	[tɑːpɑt]
too (as well)	arī	[ɑriː]

18. Function words. Adverbs. Part 2

Why?	Kāpēc?	[kɑːpæːts]
for some reason	nez kāpēc	[næz kɑːpæːts]
because ...	tāpēc ka ...	[tɑːpæːts kɑː]
for some purpose	nez kādēļ	[næz kɑːdæːʎ]

and	un	[un]
or	vai	[vɑi]
but	bet	[bæt]
for (e.g., ~ me)	priekš	[priekʃ]

too (~ many people)	pārāk	[pɑːrɑːk]
only (exclusively)	tikai	[tıkɑi]
exactly (adv)	tieši	[tieʃi]
about (more or less)	apmēram	[ɑpmæːrɑm]

approximately (adv)	aptuveni	[ɑptuvæni]
approximate (adj)	aptuvens	[ɑptuvæns]
almost (adv)	gandrīz	[gɑndriːz]
the rest	pārējais	[pɑːræːjɑis]

each (adj)	katrs	[kɑtrs]
any (no matter which)	jebkurš	[jebkurʃ]
many, much (a lot of)	daudz	[dɑudz]
many people	daudzi	[dɑudzi]
all (everyone)	visi	[visı]

in return for ...	apmaiņā pret ...	[ɑpmɑjŋɑː præt]
in exchange (adv)	pretī	[præti:]
by hand (made)	ar rokām	[ɑr rokɑːm]
hardly (negative opinion)	diez vai	[diez vɑi]

probably (adv)	laikam	[lɑikɑm]
on purpose (adv)	tīšām	[tiːʃɑːm]
by accident (adv)	nejauši	[næjɑuʃi]

very (adv)	ļoti	[ˈlɔtı]
for example (adv)	piemēram	[piemæːrɑm]
between	starp	[stɑrp]

among	vidū	[vidu:]
so much (such a lot)	tik daudz	[tɪk dɑudz]
especially (adv)	īpaši	[i:pɑʃi]

Basic concepts. Part 2

19. Weekdays

Monday	**pirmdiena** (f)	[pirmdiena]
Tuesday	**otrdiena** (f)	[otrdiena]
Wednesday	**trešdiena** (f)	[træʃdiena]
Thursday	**ceturtdiena** (f)	[tsæturdiena]
Friday	**piektdiena** (f)	[piekdiena]
Saturday	**sestdiena** (f)	[sæsdiena]
Sunday	**svētdiena** (f)	[svæ:tdiena]
today (adv)	**šodien**	[ʃodien]
tomorrow (adv)	**rīt**	[ri:t]
the day after tomorrow	**parīt**	[pari:t]
yesterday (adv)	**vakar**	[vakar]
the day before yesterday	**aizvakar**	[ajzvakar]
day	**diena** (f)	[diena]
working day	**darba diena** (f)	[darba diena]
public holiday	**svētku diena** (f)	[svæ:tku diena]
day off	**brīvdiena** (f)	[bri:vdiena]
weekend	**brīvdienas** (f pl)	[bri:vdienas]
all day long	**visa diena**	[visa diena]
next day (adv)	**nākamajā dienā**	[na:kamaja: diena:]
two days ago	**pirms divām dienām**	[pirms diva:m diena:m]
the day before	**dienu iepriekš**	[dienu iepriekʃ]
daily (adj)	**ikdienas**	[ikdienas]
every day (adv)	**katru dienu**	[katru dienu]
week	**nedēļa** (f)	[nædæ:ʎa]
last week (adv)	**pagājušajā nedēļā**	[paga:juʃaja: nædæ:ʎa:]
next week (adv)	**nākamajā nedēļā**	[na:kamaja: nædæ:ʎa:]
weekly (adj)	**iknedēļas**	[iknædæ:ʎas]
every week (adv)	**katru nedēļu**	[katru nædæ:ly]
twice a week	**divas reizes nedēļā**	[divas ræjzæs nædæ:ʎa:]
every Tuesday	**katru otrdienu**	[katru otrdienu]

20. Hours. Day and night

morning	**rīts** (m)	[ri:ts]
in the morning	**no rīta**	[no ri:ta]

noon, midday	pusdiena (f)	[pusdiena]
in the afternoon	pēcpusdienā	[pæːtspusdienaː]
evening	vakars (f)	[vakars]
in the evening	vakarā	[vakaraː]
night	nakts (f)	[nakts]
at night	naktī	[naktiː]
midnight	pusnakts (f)	[pusnakts]
second	sekunde (f)	[sækundæ]
minute	minūte (f)	[minuːtæ]
hour	stunda (f)	[stunda]
half an hour	pusstunda	[pusstunda]
quarter of an hour	stundas ceturksnis (m)	[stundas tsæturksnis]
fifteen minutes	piecpadsmit minūtes	[pietspatsmit minuːtæs]
24 hours	diennakts (f)	[dieŋakts]
sunrise	saullēkts (m)	[saullæːkts]
dawn	rītausma (f)	[riːtausma]
early morning	agrs rīts (m)	[agrs riːts]
sunset	saulriets (m)	[saulriets]
early in the morning	agri no rīta	[agri no riːta]
this morning	šorīt	[ʃoriːt]
tomorrow morning	rīt no rīta	[riːt no riːta]
this afternoon	šodien	[ʃodien]
in the afternoon	pēcpusdienā	[pæːtspusdienaː]
tomorrow afternoon	rīt pēcpusdienā	[riːt pæːtspusdienaː]
tonight (this evening)	šovakar	[ʃovakar]
tomorrow night	rītvakar	[riːtvakar]
at 3 o'clock sharp	tieši trijos	[tieʃi trijos]
about 4 o'clock	ap četriem	[ap tʃetriem]
by 12 o'clock	ap divpadsmitiem	[ap divpatsmitiem]
in 20 minutes	pēc divdesmit minūtēm	[pæːts divdæsmit minuːtæːm]
in an hour	pēc stundas	[pæːts stundas]
on time (adv)	laikā	[laikaː]
a quarter of …	bez ceturkšņa	[bæz tsæturkʃɲa]
within an hour	stundas laikā	[stundas laikaː]
every 15 minutes	ik pēc piecpadsmit minūtēm	[ik pæːts pietspatsmit minuːtæːm]
round the clock	caurām dienām (f pl)	[tsauraːm dienaːm]

21. Months. Seasons

January	janvāris (m)	[janvaːris]
February	februāris (m)	[fæbruaːris]

33

March	marts (m)	[marts]
April	aprīlis (m)	[apri:lis]
May	maijs (m)	[majs]
June	jūnijs (m)	[ju:nıjs]

July	jūlijs (m)	[ju:lijs]
August	augusts (m)	[augusts]
September	septembris (m)	[sæptæmbris]
October	oktobris (m)	[oktobris]
November	novembris (m)	[novæmbris]
December	decembris (m)	[dætsæmbris]

spring	pavasaris (m)	[pavasaris]
in spring	pavasarī	[pavasari:]
spring (as adj)	pavasara	[pavasara]

summer	vasara (f)	[vasara]
in summer	vasarā	[vasara:]
summer (as adj)	vasaras	[vasaras]

fall	rudens (m)	[rudæns]
in fall	rudenī	[rudæni:]
fall (as adj)	rudens	[rudæns]

winter	ziema (f)	[ziema]
in winter	ziemā	[ziema:]
winter (as adj)	ziemas	[ziemas]

month	mēnesis (m)	[mæ:næsis]
this month	šomēnes	[ʃomæ:næs]
next month	nākamajā mēnesī	[na:kamaja: mæ:næsi:]
last month	pagājušajā mēnesī	[paga:juʃaja: mæ:næsi:]

a month ago	pirms mēneša	[pirms mæ:næʃa]
in a month	pēc mēneša	[pæ:ts mæ:næʃa]
in two months	pēc diviem mēnešiem	[pæ:ts diviem mæ:næʃiem]
the whole month	visu mēnesi	[visu mæ:næsı]
all month long	veselu mēnesi	[væsælu mæ:næsı]

monthly (~ magazine)	ikmēneša	[ikmæ:næʃa]
monthly (adv)	ik mēnesi	[ik mæ:næsı]
every month	katru mēnesi	[katru mæ:næsı]
twice a month	divas reizes mēnesī	[divas ræjzæs mæ:næsi:]

year	gads (m)	[gads]
this year	šogad	[ʃogad]
next year	nākamajā gadā	[na:kamaja: gada:]
last year	pagājušajā gadā	[paga:juʃaja: gada:]

a year ago	pirms gada	[pirms gada]
in a year	pēc gada	[pæ:ts gada]

in two years	pēc diviem gadiem	[pæːts diviem gadiem]
the whole year	visu gadu	[visu gadu]
all year long	veselu gadu	[væsælu gadu]

every year	katru gadu	[katru gadu]
annual (adj)	ikgadējs	[ikgadæːjs]
annually (adv)	ik gadu	[ik gadu]
4 times a year	četras reizes gadā	[tʃetras ræizæs gadaː]

date (e.g., today's ~)	datums (m)	[datums]
date (e.g., ~ of birth)	datums (m)	[datums]
calendar	kalendārs (m)	[kalændaːrs]

half a year	pusgads	[pusgads]
six months	seši mēneši (m pl)	[sæʃi mæːnæʃi]
season (summer, etc.)	gadalaiks (f)	[gadalajks]
century	gadsimts (m)	[gadsɪmts]

22. Time. Miscellaneous

time	laiks (m)	[laiks]
instant (n)	acumirklis (m)	[atsumirklis]
moment	moments (m)	[momænts]
instant (adj)	acumirklīgs	[atsumirkliːgs]
lapse (of time)	posms (m)	[posms]
life	mūžs (m)	[muːʒs]
eternity	mūžība (f)	[muːʒiːba]

epoch	laikmets (m)	[lajkmæts]
era	ēra (f)	[æːra]
cycle	cikls (m)	[tsikls]
period	periods (m)	[pæriods]
term (short-~)	termiņš (m)	[tærmiɲʃ]

the future	nākotne (f)	[naːkotnæ]
future (as adj)	nākamais	[naːkamajs]
next time	nākamajā reizē	[naːkamaja: ræizæ:]
the past	pagātne (f)	[pagaːtnæ]
past (recent)	pagājušais	[pagaːjuʃajs]
last time	pagājušā reizē	[pagaːjuʃa: ræjzæ:]

later (adv)	vēlāk	[væːlaːk]
after (prep.)	pēc tam	[pæːts tam]
nowadays (adv)	tagad	[tagad]
now (adv)	tūlīt	[tuːliːt]
immediately (adv)	nekavējoties	[nækavæːjoties]
soon (adv)	drīz	[driːz]
in advance (beforehand)	iepriekš	[iepriekʃ]
a long time ago	sen	[sæn]
recently (adv)	nesen	[næsæn]

destiny	liktenis (m)	[liktænis]
memories (childhood ~)	atmiņas (f)	[atmiɲas]
archives	arhīvs (m)	[arhi:vs]

during ...	laikā ...	[laika:]
long, a long time (adv)	ilgi	[ilgi]
not long (adv)	neilgi	[næjlgi]
early (in the morning)	agri	[agri]
late (not early)	vēlu	[væ:lu]

forever (for good)	uz visiem laikiem	[uz visiem laikiem]
to start (begin)	sākt	[sa:kt]
to postpone (vt)	atlikt	[atlikt]

at the same time	vienlaicīgi	[vienlajtsi:gi]
permanently (adv)	pastāvīgi	[pasta:vi:gi]
constant (noise, pain)	pastāvīgs	[pasta:vi:gs]
temporary (adj)	pagaidu	[pagaidu]

sometimes (adv)	dažreiz	[daʒræjz]
rarely (adv)	reti	[rætɪ]
often (adv)	bieži	[bieʒi]

23. Opposites

rich (adj)	bagāts	[baga:ʦ]
poor (adj)	nabags	[nabags]

ill, sick (adj)	slims	[slims]
healthy (adj)	vesels	[væsæls]

big (adj)	liels	[liels]
small (adj)	mazs	[mazs]

quickly (adv)	ātri	[a:tri]
slowly (adv)	lēni	[læ:nɪ]

fast (adj)	ātrs	[a:trs]
slow (adj)	lēns	[læ:ns]

cheerful (adj)	jautrs	[jautrs]
sad (adj)	skumjš	[skumʲʃ]

together (adv)	kopā	[kopa:]
separately (adv)	atsevišķi	[atsæviʃki]

aloud (to read)	skaļi	[skali]
silently (to oneself)	klusībā	[klusɪ:ba:]
tall (adj)	garš	[garʃ]
low (adj)	zems	[zæms]

deep (adj)	dziļš	[dziʎʃ]
shallow (adj)	sekls	[sækls]
yes	jā	[jɑ:]
no	nē	[næ:]
distant (in space)	tāls	[tɑ:ls]
nearby (adj)	tuvs	[tuvs]
far (adv)	tālu	[tɑ:lu]
nearby (adv)	blakus	[blɑkus]
long (adj)	garš	[gɑrʃ]
short (adj)	īss	[i:ss]
good (kindhearted)	labs	[lɑbs]
evil (adj)	ļauns	[ʎɑuns]
married (adj)	precēts	[prætsæ:ts]
single (adj)	neprecēts	[næprætsæ:ts]
to forbid (vt)	aizliegt	[ɑjzliegt]
to permit (vt)	atļaut	[atʎɑut]
end	beigas (f pl)	[bæjgɑs]
beginning	sākums (m)	[sɑ:kums]
left (adj)	kreisais	[kræjsɑjs]
right (adj)	labais	[lɑbɑjs]
first (adj)	pirmais	[pirmɑjs]
last (adj)	pēdējais	[pædæ:jɑis]
crime	noziegums (m)	[noziegums]
punishment	sods (m)	[sods]
to order (vt)	pavēlēt	[pɑvæ:læ:t]
to obey (vi, vt)	paklausīt	[pɑklɑusit]
straight (adj)	taisns	[tɑjsns]
curved (adj)	līks	[li:ks]
paradise	paradīze (f)	[pɑrɑdi:zæ]
hell	elle (f)	[æl:æ]
to be born	piedzimt	[piedzimt]
to die (vi)	nomirt	[nomirt]
strong (adj)	stiprs	[stiprs]
weak (adj)	vājš	[vɑ:jʃ]
old (adj)	vecs	[vætss]
young (adj)	jauns	[jɑuns]

| old (adj) | vecs | [vætss] |
| new (adj) | jauns | [jɑuns] |

| hard (adj) | ciets | [tsiets] |
| soft (adj) | mīksts | [mi:ksts] |

| warm (adj) | silts | [sɪlts] |
| cold (adj) | auksts | [ɑuksts] |

| fat (adj) | resns | [ræsns] |
| thin (adj) | tievs | [tievs] |

| narrow (adj) | šaurs | [ʃɑurs] |
| wide (adj) | plats | [plɑts] |

| good (adj) | labs | [lɑbs] |
| bad (adj) | slikts | [slikts] |

| brave (adj) | drosmīgs | [drosmi:gs] |
| cowardly (adj) | gļēvulīgs | [gle:vuli:gs] |

24. Lines and shapes

square	kvadrāts (m)	[kvɑdrɑ:ts]
square (as adj)	kvadrātisks	[kvɑdrɑ:tɪsks]
circle	aplis (m)	[ɑplis]
round (adj)	apaļš	[ɑpɑʎʃ]
triangle	trīsstūris (m)	[tri:sstu:ris]
triangular (adj)	trīsstūrains	[tri:sstu:rɑjns]

oval	ovāls (m)	[ovɑ:ls]
oval (as adj)	ovāls	[ovɑ:ls]
rectangle	taisnstūris (m)	[tɑjsnstu:ris]
rectangular (adj)	taisnstūru	[tɑjsnstu:ru]

pyramid	piramīda (f)	[pirɑmi:dɑ]
rhombus	rombs (m)	[rombs]
trapezoid	trapece (f)	[trɑpætsæ]
cube	kubs (m)	[kubs]
prism	prizma (f)	[prizmɑ]

circumference	aploce (f)	[ɑplotsæ]
sphere	sfēra (f)	[sfæ:rɑ]
ball (solid sphere)	lode (f)	[lodæ]
diameter	diametrs (m)	[diɑmætrs]
radius	rādiuss (m)	[rɑ:dius]
perimeter (circle's ~)	perimetrs (m)	[pærimætrs]
center	centrs (m)	[tsæntrs]
horizontal (adj)	horizontāls	[horizontɑ:ls]
vertical (adj)	vertikāls	[værtikɑ:ls]

| parallel (n) | paralēle (f) | [paralæ:læ] |
| parallel (as adj) | paralēls | [paralæ:ls] |

line	līnija (f)	[li:nija]
stroke	svītra (f)	[svi:tra]
straight line	taisne (f)	[tajsnæ]
curve (curved line)	līkne (f)	[li:knæ]
thin (line, etc.)	tievs	[tievs]
contour (outline)	kontūrs (m)	[kontu:rs]

intersection	krustošanās (f)	[krustoʃana:s]
right angle	taisns leņķis (m)	[tajsns læŋkis]
segment	segments (m)	[sægmænts]
sector	sektors (m)	[sæktors]
side (of triangle)	mala (f)	[mala]
angle	leņķis (m)	[læŋkis]

25. Units of measurement

weight	svars (m)	[svars]
length	garums (m)	[garums]
width	platums (m)	[platums]
height	augstums (m)	[augstums]
depth	dziļums (m)	[dzilyms]
volume	apjoms (m)	[a'pjoms]
area	laukums (m)	[laukums]

gram	grams (m)	[grams]
milligram	miligrams (m)	[miligrams]
kilogram	kilograms (m)	[kilograms]
ton	tonna (f)	[tona]
pound	mārciņa (f)	[ma:rtsiņa]
ounce	unce (f)	[untsæ]

meter	metrs (m)	[mætrs]
millimeter	milimetrs (m)	[milimætrs]
centimeter	centimetrs (m)	[tsæntimætrs]
kilometer	kilometrs (m)	[kilomætrs]
mile	jūdze (f)	[ju:dzæ]

inch	colla (f)	[tsolla]
foot	pēda (f)	[pæ:da]
yard	jards (m)	[jards]

| square meter | kvadrātmetrs (m) | [kvadra:tmætrs] |
| hectare | hektārs (m) | [hækta:rs] |

liter	litrs (m)	[litrs]
degree	grāds (m)	[gra:ds]
volt	volts (m)	[volts]

ampere	**ampērs** (m)	[ampæ:rs]
horsepower	**zirgspēks** (m)	[zirgspæ:ks]
quantity	**daudzums** (m)	[daudzums]
a little bit of …	**nedaudz …**	[nædaudz]
half	**puse** (f)	[pusæ]
dozen	**ducis** (m)	[dutsis]
piece (item)	**gabals** (m)	[gabals]
size	**izmērs** (m)	[izmæ:rs]
scale (map ~)	**mērogs** (m)	[mæ:rogs]
minimal (adj)	**minimāls**	[minima:ls]
the smallest (adj)	**vismazākais**	[vismaza:kajs]
medium (adj)	**vidējs**	[vidæ:js]
maximal (adj)	**maksimāls**	[maksima:ls]
the largest (adj)	**vislielākais**	[visliela:kajs]

26. Containers

jar (glass)	**burka** (f)	[burka]
can	**bundža** (f)	[bundʒa]
bucket	**spainis** (m)	[spajnis]
barrel	**muca** (f)	[mutsa]
basin (for washing)	**bļoda** (f)	['blɜda]
tank (for liquid, gas)	**tvertne** (f)	[tværtnæ]
hip flask	**blašķe** (f)	[blaʃkæ]
jerrycan	**kanna** (f)	[kaŋa]
cistern (tank)	**cisterna** (f)	[tsistærna]
mug	**krūze** (f)	[kru:zæ]
cup (of coffee, etc.)	**tase** (f)	[tasæ]
saucer	**apakštase** (f)	[apakʃtasæ]
glass (tumbler)	**glāze** (f)	[gla:zæ]
wineglass	**pokāls** (m)	[poka:ls]
saucepan	**kastrolis** (m)	[kastrolis]
bottle (~ of wine)	**pudele** (f)	[pudælæ]
neck (of the bottle)	**kakliņš** (m)	[kakliɲʃ]
carafe	**karafe** (f)	[karafæ]
pitcher (earthenware)	**krūka** (f)	[kru:ka]
vessel (container)	**trauks** (m)	[trauks]
pot (crock)	**pods** (m)	[pods]
vase	**vāze** (f)	[va:zæ]
bottle (~ of perfume)	**flakons** (m)	[flakons]
vial, small bottle	**pudelīte** (f)	[pudæli:tæ]

tube (of toothpaste)	tūbiņa (f)	[tu:biɲa]
sack (bag)	maiss (m)	[mais]
bag (paper ~, plastic ~)	maisiņš (m)	[majsiɲʃ]
pack (of cigarettes, etc.)	paciņa (f)	[patsiɲa]

box (e.g., shoebox)	kārba (f)	[ka:rba]
crate	kastīte (f)	[kastɪ:tæ]
basket	grozs (m)	[grozs]

27. Materials

material	materiāls (m)	[matæria:ls]
wood	koks (m)	[koks]
wooden (adj)	koka	[koka]

| glass (n) | stikls (m) | [stɪkls] |
| glass (as adj) | stikla | [stɪkla] |

| stone (n) | akmens (m) | [akmæns] |
| stone (as adj) | akmeņu | [akmæny] |

| plastic (n) | plastmasa (f) | [plastmasa] |
| plastic (as adj) | plastmasas | [plastmasas] |

| rubber (n) | gumija (f) | [gumija] |
| rubber (as adj) | gumijas | [gumijas] |

| cloth, fabric (n) | audums (m) | [audums] |
| fabric (as adj) | auduma | [auduma] |

| paper (n) | papīrs (m) | [papi:rs] |
| paper (as adj) | papīra | [papi:ra] |

| cardboard (n) | kartons (m) | [kartons] |
| cardboard (as adj) | kartona | [kartona] |

| polyethylene | polietilēns (m) | [poliætilæ:ns] |
| cellophane | celofāns (m) | [tsælofa:ns] |

| linoleum | linolejs (m) | [linolæjs] |
| plywood | finieris (m) | [fiɲjeris] |

| porcelain (n) | porcelāns (m) | [portsæla:ns] |
| porcelain (as adj) | porcelāna | [portsæla:na] |

| clay (n) | māls (m) | [ma:ls] |
| clay (as adj) | māla | [ma:la] |

| ceramics (n) | keramika (f) | [keramika] |
| ceramic (as adj) | keramikas | [keramikas] |

28. Metals

metal (n)	metāls (m)	[mæta:ls]
metal (as adj)	metāla	[mæta:la]
alloy (n)	sakausējums (m)	[sakausæ:jums]

gold (n)	zelts (m)	[zælts]
gold, golden (adj)	zelta	[zælta]
silver (n)	sudrabs (m)	[sudrabs]
silver (as adj)	sudraba	[sudraba]

iron (n)	dzelzs (f)	[dzælzs]
iron (adj), made of iron	dzelzs	[dzælzs]
steel (n)	tērauds (m)	[tæ:rauds]
steel (as adj)	tērauda	[tæ:rauda]
copper (n)	varš (m)	[varʃ]
copper (as adj)	vara	[vara]

aluminum (n)	alumīnijs (m)	[alumi:nijs]
aluminum (as adj)	alumīnija	[alumi:nija]
bronze (n)	bronza (f)	[bronza]
bronze (as adj)	bronzas	[bronzas]

brass	misiņš (m)	[misɪŋʃ]
nickel	niķelis (m)	[nikelis]
platinum	platīns (m)	[platɪ:ns]
mercury	dzīvsudrabs (m)	[dzi:vsudrabs]
tin	alva (f)	[alva]
lead	svins (m)	[svins]
zinc	cinks (m)	[tsiŋks]

HUMAN BEING

Human being. The body

29. Humans. Basic concepts

human being	cilvēks (m)	[tsilvæ:ks]
man (adult male)	vīrietis (m)	[vi:rietıs]
woman	sieviete (f)	[sievietæ]
child	bērns (m)	[bæ:rns]

girl	meitene (f)	[mæitænæ]
boy	puika (m)	[puika]
teenager	pusaudzis (m)	[pusaudzis]
old man	vecītis (m)	[væʦi:tis]
old woman	vecenīte (f)	[væʦæni:tæ]

30. Human anatomy

organism	organisms (m)	[organisms]
heart	sirds (f)	[sirds]
blood	asins (f)	[asıns]
artery	artērija (f)	[artæ:rija]
vein	vēna (f)	[væ:na]

brain	smadzenes (f pl)	[smadzænæs]
nerve	nervs (m)	[nærvs]
nerves	nervi (m pl)	[nærvi]
vertebra	skriemelis (m)	[skriemælis]
spine	mugurkauls (m)	[mugurkauls]

stomach (organ)	kuņģis (m)	[kuŋis]
intestines, bowel	zarnu trakts (m)	[zarnu trakts]
intestine (e.g., large ~)	zarna (f)	[zarna]
liver	aknas (f pl)	[aknas]
kidney	niere (f)	[nieræ]

bone	kauls (m)	[kauls]
skeleton	skelets (m)	[skelets]
rib	riba (f)	[riba]
skull	galvaskauss (m)	[galvaskaus]
muscle	muskulis (m)	[muskulis]
biceps	bicepss (m)	[bitsæps]

triceps	tricepss (m)	[tritsæps]
tendon	cīpsla (f)	[tsi:psla]
joint	locītava (f)	[lotsi:tava]
lungs	plaušas (f pl)	[plauʃas]
genitals	dzimumorgāni (m pl)	[dʒimumorga:nɪ]
skin	āda (f)	[a:da]

31. Head

head	galva (f)	[galva]
face	seja (f)	[sæja]
nose	deguns (m)	[dæguns]
mouth	mute (f)	[mutæ]

eye	acs (f)	[atss]
eyes	acis (f pl)	[atsis]
pupil	acs zīlīte (f)	[atss zi:li:tæ]
eyebrow	uzacs (f)	[uzatss]
eyelash	skropsta (f)	[skropsta]
eyelid	plakstiņš (m)	[plakstɪɲʃ]

tongue	mēle (f)	[mæ:læ]
tooth	zobs (m)	[zobs]
lips	lūpas (f pl)	[lu:pas]
cheekbones	vaigu kauli (m)	[vaigu kauli]
gum	smaganas (f pl)	[smaganas]
palate	aukslējas (f pl)	[aukslæ:jas]

nostrils	nāsis (f pl)	[na:sɪs]
chin	zods (m)	[zods]
jaw	žoklis (m)	[ʒoklis]
cheek	vaigs (m)	[vaigs]

forehead	piere (f)	[pieræ]
temple	deniņi (f pl)	[dænɪnɪ]
ear	auss (f)	[aus]
back of the head	pakausis (m)	[pakausis]
neck	kakls (m)	[kakls]
throat	rīkle (f)	[ri:klæ]

hair	mati (f pl)	[matɪ]
hairstyle	frizūra (f)	[frizu:ra]
haircut	matu griezums (m)	[matu griezums]
wig	parūka (f)	[paru:ka]

mustache	ūsas (f pl)	[u:sas]
beard	bārda (f)	[ba:rda]
to have (a beard, etc.)	ir	[ir]
braid	bize (f)	[bizæ]
sideburns	vaigubārda (f)	[vaiguba:rda]

red-haired (adj)	**ruds**	[ruds]
gray (hair)	**sirms**	[sɪrms]
bald (adj)	**plikgalvains**	[plikgalvaıns]
bald patch	**plika galva** (f)	[plika galva]
ponytail	**zirgaste** (f)	[zirgastæ]
bangs	**mati uz pieres** (m)	[matı uz pieræs]

32. Human body

hand	**delna** (f)	[dælna]
arm	**roka** (f)	[roka]
finger	**pirksts** (m)	[pirksts]
thumb	**īkšķis** (m)	[i:kʃkis]
little finger	**mazais pirkstiņš** (m)	[mazais pirkstıɲʃ]
nail	**nags** (m)	[nags]
fist	**dūre** (f)	[du:ræ]
palm	**plauksta** (f)	[plauksta]
wrist	**plaukstas locītava** (f)	[plaukstas lotsi:tava]
forearm	**apakšdelms** (m)	[apakʃdælms]
elbow	**elkonis** (m)	[ælkonis]
shoulder	**augšdelms** (m)	[augʃdælms]
leg	**kāja** (f)	[ka:ja]
foot	**pēda** (f)	[pæ:da]
knee	**celis** (m)	[tsælis]
calf (part of leg)	**apakšstilbs** (m)	[apakʃstılbs]
hip	**gurns** (m)	[gurns]
heel	**papēdis** (m)	[papæ:dis]
body	**ķermenis** (m)	[kermænis]
stomach	**vēders** (m)	[væ:dærs]
chest	**krūtis** (f)	[kru:tıs]
breast	**krūts** (f)	[kru:ts]
flank	**sāns** (m)	[sa:ns]
back	**mugura** (f)	[mugura]
lower back	**krusti** (f pl)	[krustı]
waist	**viduklis** (m)	[viduklis]
navel	**naba** (f)	[naba]
buttocks	**gūžas** (f pl)	[gu:ʒas]
bottom	**dibens** (m)	[dibæns]
beauty mark	**dzimumzīme** (f)	[dzimumzi:mæ]
tattoo	**tetovējums** (m)	[tætovæ:jums]
scar	**rēta** (f)	[ræ:ta]

Clothing & Accessories

33. Outerwear. Coats

clothes	drēbes (f pl)	[dræ:bæs]
outer clothes	virsdrēbes (f pl)	[virsdræ:bæs]
winter clothes	ziemas drēbes (f pl)	[ziemas dræ:bæs]
overcoat	mētelis (m)	[mæ:tælis]
fur coat	kažoks (m)	[kaʒoks]
fur jacket	puskažoks (m)	[puskaʒoks]
down coat	dūnu mētelis (m)	[du:nu mæ:tælis]
jacket (e.g., leather ~)	jaka (f)	[jaka]
raincoat	apmetnis (m)	[apmætnis]
waterproof (adj)	ūdensnecaurlaidīgs	[u:dænsnætsaurlajdi:gs]

34. Men's & women's clothing

shirt	krekls (m)	[krækls]
pants	bikses (f pl)	[biksæs]
jeans	džinsi (f pl)	[dʒinsɪ]
jacket (of man's suit)	žakete (f)	[ʒaketæ]
suit	uzvalks (m)	[uzvalks]
dress (frock)	kleita (f)	[klæita]
skirt	svārki (f pl)	[sva:rki]
blouse	blūze (f)	[blu:zæ]
knitted jacket	vilnaina jaka (f)	[vilnaina jaka]
jacket (of woman's suit)	žakete (f)	[ʒaketæ]
T-shirt	sporta krekls (m)	[sporta krækls]
shorts (short trousers)	šorti (f pl)	[ʃortɪ]
tracksuit	sporta tērps (m)	[sporta tæ:rps]
bathrobe	halāts (m)	[hala:ts]
pajamas	pidžama (f)	[pidʒama]
sweater	svīteris (m)	[svi:tæris]
pullover	pulovers (m)	[puloværs]
vest	veste (f)	[væstæ]
tailcoat	fraka (f)	[fraka]
tuxedo	smokings (m)	[smokiŋs]
uniform	uniforma (f)	[uniforma]

workwear	**darba apģērbs** (m)	[darba apgræ:rbs]
overalls	**kombinezons** (m)	[kombinezons]
coat (e.g., doctor's smock)	**halāts** (m)	[hala:ts]

35. Clothing. Underwear

underwear	**veļa** (f)	[væʎa]
undershirt (A-shirt)	**T-krekls** (m)	[tæ krækls]
socks	**zeķes** (f pl)	[zækes]

nightgown	**naktskrekls** (m)	[naktskrækls]
bra	**krūšturis** (m)	[kru:ʃturis]
knee highs	**pusgaras zeķes** (f pl)	[pusgaras zækes]
tights	**zeķubikses** (f pl)	[zækubiksæs]
stockings (thigh highs)	**zeķes** (f pl)	[zækes]
bathing suit	**peldkostīms** (m)	[pældkosti:ms]

36. Headwear

hat	**cepure** (f)	[tsæpuræ]
fedora	**platmale** (f)	[pʎatmalæ]
baseball cap	**beisbola cepure** (f)	[bæjsbola tsæpuræ]
flatcap	**žokejcepure** (f)	[ʒokæjtsæpuræ]

beret	**berete** (f)	[bæræetæ]
hood	**kapuce** (f)	[kaputsæ]
panama hat	**panama** (f)	[panama]
knitted hat	**adīta cepurīte** (f)	[adita tsæpuri:tæ]

| headscarf | **lakats** (m) | [lakats] |
| women's hat | **cepurīte** (f) | [tsæpuri:tæ] |

hard hat	**ķivere** (f)	[kiværæ]
garrison cap	**laiviņa** (f)	[laiviŋa]
helmet	**bruņu cepure** (f)	[bruɲu tsæpuræ]

| derby | **katliņš** (m) | [katliɲʃ] |
| top hat | **cilindrs** (m) | [tsilindrs] |

37. Footwear

footwear	**apavi** (f pl)	[apavi]
ankle boots	**puszābaki** (f pl)	[pusza:baki]
shoes (low-heeled ~)	**kurpes** (f pl)	[kurpæs]
boots (cowboy ~)	**zābaki** (f pl)	[za:baki]
slippers	**čības** (f pl)	[tʃi:bas]

tennis shoes	**sporta kurpes** (f pl)	[sporta kurpæs]
sneakers	**kedas** (f pl)	[kædas]
sandals	**sandales** (f pl)	[sandalæs]

cobbler	**kurpnieks** (m)	[kurpnieks]
heel	**papēdis** (m)	[papæːdis]
pair (of shoes)	**pāris** (m)	[paːris]

shoestring	**aukla** (f)	[aukla]
to lace (vt)	**saitēt**	[saitæːt]
shoehorn	**kurpju velkamais** (m)	[kurpjy vælkamajs]
shoe polish	**apavu krēms** (m)	[apavu kræːms]

38. Textile. Fabrics

cotton (n)	**kokvilna** (f)	[kokvilna]
cotton (as adj)	**kokvilnas**	[kokvilnas]
flax (n)	**lini** (f pl)	[linɪ]
flax (as adj)	**lina**	[lina]

silk (n)	**zīds** (m)	[ziːds]
silk (as adj)	**zīda**	[ziːda]
wool (n)	**vilna** (f)	[vilna]
woolen (adj)	**vilnas**	[vilnas]

velvet	**samts** (m)	[samts]
suede	**zamšāda** (f)	[zamʃaːda]
corduroy	**velvets** (m)	[vælvæts]

nylon (n)	**neilons** (m)	[næjlons]
nylon (as adj)	**neilona**	[næjlona]
polyester (n)	**poliesteris** (m)	[poliæstæris]
polyester (as adj)	**poliestera**	[poliæstæra]

leather (n)	**āda** (f)	[aːda]
leather (as adj)	**no ādas**	[no aːdas]
fur (n)	**kažokāda** (f)	[kaʒokaːda]
fur (e.g., ~ coat)	**kažokādas**	[kaʒokaːdas]

39. Personal accessories

gloves	**cimdi** (f pl)	[tsimdi]
mittens	**dūraiņi** (m pl)	[duːraini]
scarf (muffler)	**šalle** (f)	[ʃallæ]

glasses	**brilles** (f pl)	[brillæs]
frame (eyeglass ~)	**ietvars** (m)	[ietvars]
umbrella	**lietussargs** (m)	[lietussargs]

walking stick	spieķis (m)	[spiekis]
hairbrush	matu suka (f)	[matu suka]
fan	vēdeklis (m)	[væ:dæklis]

necktie	kaklasaite (f)	[kaklasajtæ]
bow tie	tauriņš (m)	[taurɪnʃ]
suspenders	bikšturi (f pl)	[bikʃturi]
handkerchief	kabatlakatiņš (m)	[kabatlakatɪnʃ]

comb	ķemme (f)	[kemmæ]
barrette	matu sprādze (f)	[matu sprɑ:dzæ]
hairpin	matadata (f)	[matadata]
buckle	sprādze (f)	[sprɑ:dzæ]

belt	josta (f)	[josta]
shoulder strap	siksna (f)	[sɪksna]

bag (handbag)	soma (f)	[soma]
purse	somiņa (f)	[somɪɲa]
backpack	mugursoma (f)	[mugursoma]

40. Clothing. Miscellaneous

fashion	mode (f)	[modæ]
in vogue (adj)	moderns	[modærns]
fashion designer	modelētājs (m)	[modælæ:tɑ:js]

collar	apkakle (f)	[apkaklæ]
pocket	kabata (f)	[kabata]
pocket (as adj)	kabatas	[kabatas]
sleeve	piedurkne (f)	[piedurknæ]
hanging loop	pakaramais (m)	[pakaramais]
fly (on trousers)	bikšu priekša	[bikʃu priekʃa]

zipper (fastener)	rāvējslēdzējs (m)	[rɑ:væ:jslæ:dzæ:js]
fastener	aizdare (f)	[ajzdaræ]
button	poga (f)	[poga]
buttonhole	pogcaurums (m)	[pogtsaurums]
to come off (ab. button)	atrauties	[atrauties]

to sew (vi, vt)	šūt	[ʃu:t]
to embroider (vi, vt)	izšūt	[izʃu:t]
embroidery	izšūšana (f)	[izʃu:ʃana]
sewing needle	adata (f)	[adata]
thread	diegs (m)	[diegs]
seam	šuve (f)	[ʃuvæ]

to get dirty (vi)	notraipīties	[notrajpi:ties]
stain (mark, spot)	traips (m)	[trajps]
to crease, crumple (vi)	saburzīties	[saburzi:ties]

| to tear (vt) | saplēst | [saplæ:st] |
| clothes moth | kode (f) | [kodæ] |

41. Personal care. Cosmetics

toothpaste	zobu pasta (f)	[zobu pasta]
toothbrush	zobu suka (f)	[zobu suka]
to brush one's teeth	tīrīt zobus	[tiri:t zobus]

razor	skuveklis (m)	[skuvæklis]
shaving cream	skūšanas krēms (m)	[sku:ʃanas kræ:ms]
to shave (vi)	skūties	[sku:ties]

| soap | ziepes (f pl) | [ziepæs] |
| shampoo | šampūns (m) | [ʃampu:ns] |

scissors	šķēres (f pl)	[ʃke:ræs]
nail file	nagu vīlīte (f)	[nagu vi:li:tæ]
nail clippers	knaiblītes (f pl)	[knaibli:ties]
tweezers	pincete (f)	[pintsætæ]

cosmetics	kosmētika (f)	[kosmæ:tika]
face mask	maska (f)	[maska]
manicure	manikīrs (m)	[maniki:rs]
to have a manicure	taisīt manikīru	[taisi:t maniki:ru]
pedicure	pedikīrs (m)	[pædiki:rs]

make-up bag	kosmētikas somiņa (f)	[kosmæ:tikas somiɲa]
face powder	pūderis (m)	[pu:dæris]
powder compact	pūdernīca (f)	[pu:dærni:tsa]
blusher	vaigu sārtums (m)	[vajgu sa:rtums]

perfume (bottled)	smaržas (f pl)	[smarʒas]
toilet water (perfume)	tualetes ūdens (m)	[tualetæs u:dæns]
lotion	losjons (m)	[losʲons]
cologne	odekolons (m)	[odekolons]

eyeshadow	acu ēnas (f pl)	[atsu æ:nas]
eyeliner	acu zīmulis (m)	[atsu zi:mulis]
mascara	skropstu tuša (f)	[skropstu tuʃa]

lipstick	lūpu krāsa (f)	[lu:pu kra:sa]
nail polish, enamel	nagu laka (f)	[nagu laka]
hair spray	matu laka (f)	[matu laka]
deodorant	dezodorants (m)	[dæzodorants]

cream	krēms (m)	[kræ:ms]
face cream	sejas krēms (m)	[sæjas kræ:ms]
hand cream	rokas krēms (m)	[rokas kræ:ms]
anti-wrinkle cream	pretgrumbu krēms (m)	[prætgrumbu kræ:ms]

| day (as adj) | dienas | [dienas] |
| night (as adj) | nakts | [nakts] |

tampon	tampons (m)	[tampons]
toilet paper	tualetes papīrs (m)	[tualetæs papi:rs]
hair dryer	fēns (m)	[fæ:ns]

42. Jewelry

jewelry	dārglietas (f pl)	[da:rglietas]
precious (e.g., ~ stone)	dārgs	[da:rgs]
hallmark	prove (f)	[provæ]
ring	gredzens (m)	[grædzæns]
wedding ring	laulības gredzens (m)	[lauli:bas grædzæns]
bracelet	aproce (f)	[aprotsæ]

earrings	auskari (f pl)	[auskari]
necklace (~ of pearls)	kaklarota (f)	[kaklarota]
crown	kronis (m)	[kronis]
bead necklace	krelles (f pl)	[krællæs]

diamond	briljants (m)	[briʎjants]
emerald	smaragds (m)	[smaragds]
ruby	rubīns (m)	[rubi:ns]
sapphire	safīrs (m)	[safi:rs]
pearl	pērles (f pl)	[pæ:rlæs]
amber	dzintars (m)	[dzintars]

43. Watches. Clocks

watch (wristwatch)	rokas pulkstenis (f pl)	[rokas pulkstænis]
dial	ciparnīca (f)	[tsiparni:tsa]
hand (of clock, watch)	bultiņa (f)	[bultɪɲa]
metal watch band	metāla siksniņa (f)	[meta:la sɪksnɪɲa]
watch strap	siksniņa (f)	[sɪksnɪɲa]

battery	baterija (f)	[batærija]
to be dead (battery)	izlādēties	[izla:dæ:ties]
to change a battery	nomainīt bateriju	[nomajni:t batæriju]
to run fast	steigties	[stæigties]
to run slow	atpalikt	[atpalikt]

wall clock	sienas pulkstenis (f pl)	[sienas pulkstænis]
hourglass	smilšu pulkstenis (f pl)	[smilʃu pulkstænis]
sundial	saules pulkstenis (f pl)	[saulæs pulkstænis]
alarm clock	modinātājs (m)	[modina:ta:js]
watchmaker	pulksteņmeistars (m)	[pulkstæɲmæjstars]
to repair (vt)	remontēt	[ræmontæ:t]

Food. Nutricion

44. Food

meat	**gaļa** (f)	[gaʎa]
chicken	**vista** (f)	[vista]
young chicken	**cālis** (m)	[ʦaːlis]
duck	**pīle** (f)	[piːlæ]
goose	**zoss** (f)	[zoss]
game	**medījums** (m)	[mædiːjums]
turkey	**tītars** (m)	[tiːtars]
pork	**cūkgaļa** (f)	[ʦuːkgaʎa]
veal	**teļa gaļa** (f)	[tæʎa gaʎa]
lamb	**jēra gaļa** (f)	[jeːra gaʎa]
beef	**liellopu gaļa** (f)	[liellopu gaʎa]
rabbit	**trusis** (m)	[trusis]
sausage (salami, etc.)	**desa** (f)	[dæsa]
vienna sausage	**cīsiņš** (m)	[ʦiːsiɲʃ]
bacon	**bekons** (m)	[bækons]
ham	**šķiņķis** (m)	[ʃkiɲkis]
gammon (ham)	**šķiņķis** (m)	[ʃkiɲkis]
pâté	**pastēte** (f)	[pastæːtæ]
liver	**aknas** (f pl)	[aknas]
lard	**speķis** (m)	[spækis]
ground beef	**malta gaļa** (f)	[malta gaʎa]
tongue	**mēle** (f)	[mæːlæ]
egg	**ola** (f)	[ola]
eggs	**olas** (f pl)	[olas]
egg white	**baltums** (m)	[baltums]
egg yolk	**dzeltenums** (m)	[dzæltænums]
fish	**zivs** (f)	[zivs]
seafood	**jūras produkti** (f pl)	[juːras produktɪ]
crustaceans	**vēžveidīgie** (m)	[væːʒvæidiːgiæ]
caviar	**ikri** (m pl)	[ikri]
crab	**krabis** (m)	[krabis]
shrimp	**garnele** (f)	[garnælæ]
oyster	**austere** (f)	[austæræ]
spiny lobster	**langusts** (m)	[laɲusʦ]
octopus	**astoņkājis** (m)	[astoɲkaːjs]

squid	kalmārs (m)	[kalma:rs]
sturgeon	store (f)	[storæ]
salmon	lasis (m)	[lasis]
halibut	āte (f)	[a:tæ]

cod	menca (f)	[mæntsa]
mackerel	skumbrija (f)	[skumbrija]
tuna	tuncis (m)	[tuntsis]
eel	zutis (m)	[zutis]

| trout | forele (f) | [foraelæ] |
| sardine | sardīne (f) | [sardi:næ] |

| pike | līdaka (f) | [li:daka] |
| herring | siļķe (f) | [sɪʎkæ] |

| bread | maize (f) | [maizæ] |
| cheese | siers (m) | [siers] |

| sugar | cukurs (m) | [tsukurs] |
| salt | sāls (f) | [sa:ls] |

rice	rīsi (m pl)	[ri:sɪ]
pasta	makaroni (m pl)	[makaronɪ]
noodles	nūdeles (f pl)	[nu:dælæs]

butter	sviests (m)	[sviests]
vegetable oil	augu eļļa (f)	[augu æʎa]
sunflower oil	saulespuķu eļļa (f)	[saulæspuky æʎa]
margarine	margarīns (m)	[margari:ns]

| olives | olīvas (f pl) | [oli:vas] |
| olive oil | olīveļļa (f) | [oli:væʎa] |

milk	piens (m)	[piens]
condensed milk	kondensētais piens (m)	[kondænsætais piens]
yogurt	jogurts (m)	[jogurts]

| sour cream | krējums (m) | [kræ:jums] |
| cream (of milk) | salds krējums (m) | [salds kræ:jums] |

| mayonnaise | majonēze (f) | [majonæ:zæ] |
| buttercream | krēms (m) | [kræ:ms] |

cereal grain (wheat, etc.)	putraimi (m pl)	[putraimi]
flour	milti (m pl)	[miltɪ]
canned food	konservi (m pl)	[konsærvi]

cornflakes	kukurūzas pārslas (f pl)	[kukuru:zas pa:rslas]
honey	medus (m)	[mædus]
jam	džems, ievārījums (m)	[dʒæms], [jeva:ri:jums]
chewing gum	košļājamā gumija (f)	[koʃʎa:jama: gumija]

45. Drinks

water	ūdens (m)	[u:dæns]
drinking water	dzeramais ūdens (m)	[dzæramajs u:dæns]
mineral water	minerālūdens (m)	[minera:lu:dæns]

still (adj)	negāzēts	[næga:zæ:ts]
carbonated (adj)	gāzēts	[ga:zæ:ts]
sparkling (adj)	dzirkstošs	[dzirkstoʃs]
ice	ledus (m)	[lædus]
with ice	ar ledu	[ar lædu]

non-alcoholic (adj)	bezalkoholisks	[bezalkoholisks]
soft drink	bezalkoholiskais dzēriens (m)	[bezalkoholiskais dzæ:riens]
cool soft drink	atspirdzinošs dzēriens (m)	[atspirdzinoʃs dzæ:riens]
lemonade	limonāde (f)	[limona:dæ]

liquor	alkoholiskie dzērieni (m pl)	[alkoholiskie dzæ:rienı]
wine	vīns (m)	[vi:ns]
white wine	baltvīns (m)	[baltvi:ns]
red wine	sarkanvīns (m)	[sarkanvi:ns]

liqueur	liķieris (m)	[likieris]
champagne	šampanietis (m)	[ʃampanietıs]
vermouth	vermuts (m)	[værmuts]

whisky	viskijs (m)	[viskijs]
vodka	degvīns (m)	[dægvi:ns]
gin	džins (m)	[dʒins]
cognac	konjaks (m)	[koɲjaks]
rum	rums (m)	[rums]

coffee	kafija (f)	[kafija]
black coffee	melnā kafija (f)	[mælna: kafija]
coffee with milk	kafija (f) ar pienu	[kafija ar pienu]
cappuccino	kafija (f) ar saldo krējumu	[kafija ar saldo kræ:jumu]
instant coffee	šķīstošā kafija (f)	[ʃki:stoʃa: kafija]

milk	piens (m)	[piens]
cocktail	kokteilis (m)	[koktæjlis]
milk shake	piena kokteilis (m)	[piena koktæjlis]

juice	sula (f)	[sula]
tomato juice	tomātu sula (f)	[toma:tu sula]
orange juice	apelsīnu sula (f)	[apælsi:nu sula]
freshly squeezed juice	svaigi spiesta sula (f)	[svaigi spiesta sula]

beer	alus (m)	[alus]
light beer	gaišais alus (m)	[gajʃajs alus]

dark beer	tumšais alus (m)	[tumʃais alus]
tea	tēja (f)	[tæːja]
black tea	melnā tēja (f)	[mælnɑː tæːja]
green tea	zaļā tēja (f)	[zɑːʎɑː tæːja]

46. Vegetables

| vegetables | dārzeņi (m pl) | [dɑːrzæni] |
| greens | zaļumi (m pl) | [zaʎymi] |

tomato	tomāts (m)	[tomɑːts]
cucumber	gurķis (m)	[gurkis]
carrot	burkāns (m)	[burkɑːns]
potato	kartupelis (m)	[kartupælis]
onion	sīpols (m)	[siːpols]
garlic	ķiploks (m)	[kiploks]

cabbage	kāposti (m pl)	[kɑːposti]
cauliflower	puķkāposti (m pl)	[pukˈkɑːposti]
Brussels sprouts	Briseles kāposti (m pl)	[brisælæs kɑːposti]
broccoli	brokolis (m)	[brokolis]

beetroot	biete (f)	[bietæ]
eggplant	baklažāns (m)	[baklaʒɑːns]
zucchini	kabacis (m)	[kabatsis]
pumpkin	ķirbis (m)	[kirbis]
turnip	rācenis (m)	[rɑːtsænis]

parsley	pētersīlis (m)	[pæːtærsiːlis]
dill	dilles (f pl)	[dillæs]
lettuce	dārza salāti (m pl)	[dɑːrza salɑːtı]
celery	selerija (f)	[sælærija]
asparagus	sparģelis (m)	[spargelis]
spinach	spināti (m pl)	[spinɑːti]

pea	zirnis (m)	[zirnis]
beans	pupas (f pl)	[pupas]
corn (maize)	kukurūza (f)	[kukuruːza]
kidney bean	pupiņas (f pl)	[pupiɲas]

pepper	graudu pipars (m)	[graudu pipars]
radish	redīss (m)	[rædiːss]
artichoke	artišoks (m)	[artiʃoks]

47. Fruits. Nuts

| fruit | auglis (m) | [auglis] |
| apple | ābols (m) | [ɑːbols] |

pear	**bumbieris** (m)	[bumbjeris]
lemon	**citrons** (m)	[tsitrons]
orange	**apelsīns** (m)	[apælsi:ns]
strawberry	**zemene** (f)	[zæmænæ]

mandarin	**mandarīns** (m)	[mandari:ns]
plum	**plūme** (f)	[plu:mæ]
peach	**persiks** (m)	[pærsiks]
apricot	**aprikoze** (f)	[aprikozæ]
raspberry	**avene** (f)	[avænæ]
pineapple	**ananāss** (m)	[anana:s]

banana	**banāns** (m)	[bana:ns]
watermelon	**arbūzs** (m)	[arbu:zs]
grape	**vīnoga** (f)	[vi:noga]
sour cherry	**skābais ķirsis** (m)	[skabais kirsis]
sweet cherry	**saldais ķirsis** (m)	[saldais kirsis]
melon	**melone** (f)	[mælonæ]

grapefruit	**greipfrūts** (m)	[grejpfru:ts]
avocado	**avokado** (m)	[avokado]
papaya	**papaija** (f)	[papaja]
mango	**mango** (m)	[maŋo]
pomegranate	**granātābols** (m)	[grana:ta:bols]

redcurrant	**jāņoga** (f)	[ja:'nɜga]
blackcurrant	**upene** (f)	[upænæ]
gooseberry	**ērkšķoga** (f)	[æ:rkʃkoga]
bilberry	**mellene** (f)	[mællænæ]
blackberry	**kazene** (f)	[kazænæ]

raisin	**rozīne** (f)	[rozi:næ]
fig	**vīģe** (f)	[vi:gæ]
date	**datele** (f)	[datælæ]

peanut	**zemesrieksts** (m)	[zæmæsrieksts]
almond	**mandeles** (f pl)	[mandælæs]
walnut	**valrieksts** (m)	[valrieksts]
hazelnut	**lazdu rieksts** (m)	[lazdu rieksts]
coconut	**kokosrieksts** (m)	[kokosrieksts]
pistachios	**pistācijas** (f pl)	[pista:tsijas]

48. Bread. Candy

confectionery (pastry)	**konditorejas izstrādājumi** (m pl)	[konditoræjas izstra:da:jumi]
bread	**maize** (f)	[maizæ]
cookies	**cepumi** (f pl)	[tsæpumi]
chocolate (n)	**šokolāde** (f)	[ʃokola:dæ]
chocolate (as adj)	**šokolādes**	[ʃokola:dæs]

candy	konfekte (f)	[konfæktæ]
cake (e.g., cupcake)	kūka (f)	[ku:kɑ]
cake (e.g., birthday ~)	torte (f)	[tortæ]

| pie (e.g., apple ~) | pīrāgs (m) | [pi:rɑ:gs] |
| filling (for cake, pie) | pildījums (m) | [pildi:jums] |

whole fruit jam	ievārījums (m)	[ievɑ:ri:jums]
marmalade	marmelāde (f)	[mɑrmæla:dæ]
waffle	vafeles (f pl)	[vɑfælæs]
ice-cream	saldējums (m)	[sɑldæ:jums]
pudding	pudiņš (m)	[pudiɲʃ]

49. Cooked dishes

course, dish	ēdiens (m)	[æ:djens]
cuisine	virtuve (f)	[virtuvæ]
recipe	recepte (f)	[rætsæptæ]
portion	porcija (f)	[portsija]

| salad | salāti (m pl) | [sɑlɑ:ti] |
| soup | zupa (f) | [zupɑ] |

clear soup (broth)	buljons (m)	[buʎons]
sandwich (bread)	sviestmaize (f)	[sviestmɑjzæ]
fried eggs	ceptas olas (f pl)	[tsæptɑs olɑs]

cutlet (croquette)	kotlete (f)	[kotlætæ]
hamburger (beefburger)	hamburgers (m)	[hɑmburgærs]
beefsteak	bifšteks (m)	[bifʃtæks]
stew	cepetis (m)	[tsæpætis]

side dish	piedeva (f)	[piedævɑ]
spaghetti	spageti (f pl)	[spɑgeti]
mashed potatoes	kartupeļu biezenis (m)	[kɑrtupæly bjezænis]
pizza	pica (f)	[pitsɑ]
porridge (oatmeal, etc.)	biezputra (f)	[biezputrɑ]
omelet	omlete (f)	[omlætæ]

boiled (e.g., ~ beef)	vārīts	[vɑ:ri:ts]
smoked (adj)	kūpināts	[ku:pinɑ:ts]
fried (adj)	cepts	[tsæpts]
dried (adj)	žāvēts	[ʒɑ:væ:ts]
frozen (adj)	sasaldēts	[sɑsɑldæ:ts]
pickled (adj)	marinēts	[mɑrinæ:ts]

sweet (sugary)	salds	[sɑlds]
salty (adj)	sāļš	[sɑ:ʎʃ]
cold (adj)	auksts	[auksts]
hot (adj)	karsts	[kɑrsts]

bitter (adj)	**rūgts**	[ru:gts]
tasty (adj)	**garšīgs**	[garʃi:gs]

to cook in boiling water	**vārīt**	[vɑ:ri:t]
to cook (dinner)	**gatavot**	[gatavot]
to fry (vt)	**cept**	[tsæpt]
to heat up (food)	**uzsildīt**	[uzsildi:t]

to salt (vt)	**piebērt sāli**	[piebæ:rt sɑ:li]
to pepper (vt)	**piparot**	[piparot]
to grate (vt)	**rīvēt**	[ri:væ:t]
peel (n)	**miza** (f)	[miza]
to peel (vt)	**mizot**	[mizot]

50. Spices

salt	**sāls** (f)	[sɑ:ls]
salty (adj)	**sāļš**	[sɑ:ʎʃ]
to salt (vt)	**piebērt sāli**	[piebæ:rt sɑ:li]

black pepper	**melnie pipari** (m pl)	[mælnie pipari]
red pepper	**paprika** (f)	[paprika]
mustard	**sinepes** (f pl)	[sinæpæs]
horseradish	**mārrutki** (f pl)	[mɑ:rrutki]

condiment	**piedeva** (f)	[piedæva]
spice	**garšviela** (f)	[garʃviela]
sauce	**mērce** (f)	[mæ:rtsæ]
vinegar	**etiķis** (m)	[ætıkis]

anise	**anīss** (m)	[ani:ss]
basil	**baziliks** (m)	[baziliks]
cloves	**krustnagliņas** (f pl)	[krustnagliŋas]
ginger	**ingvers** (m)	[iŋværs]
coriander	**koriandrs** (m)	[koriandrs]
cinnamon	**kanēlis** (m)	[kanæ:lis]

sesame	**sezams** (m)	[sæzams]
bay leaf	**lauru lapa** (f)	[lauru lapa]
paprika	**paprika** (f)	[paprika]
caraway	**ķimenes** (f pl)	[kimænæs]
saffron	**safrāns** (m)	[safrɑ:ns]

51. Meals

food	**ēdiens** (m)	[æ:djens]
to eat (vi, vt)	**ēst**	[æ:st]
breakfast	**brokastis** (f pl)	[brokastıs]

to have breakfast	brokastot	[brokastot]
lunch	pusdienas (f pl)	[pusdienas]
to have lunch	pusdienot	[pusdienot]
dinner	vakariņas (f pl)	[vakariņas]
to have dinner	vakariņot	[vakari'nɜt]

| appetite | apetīte (f) | [apæti:tæ] |
| Enjoy your meal! | Labu apetīti! | [labu apæti:tɪ] |

to open (~ a bottle)	taisīt vaļā	[taisi:t vaʎa:]
to spill (liquid)	izliet	[izliet]
to spill out (vi)	izlieties	[izlieties]

to boil (vi)	vārīties	[va:ri:ties]
to boil (vt)	vārīt	[va:ri:t]
boiled (~ water)	vārīts	[va:ri:ts]
to chill, cool down (vt)	atdzesēt	[atdzæsæ:t]
to chill (vi)	atdzesēties	[atdzæsæ:ties]

| taste, flavor | garša (f) | [garʃa] |
| aftertaste | piegarša (f) | [piegarʃa] |

to be on a diet	tievēt	[tievæ:t]
diet	diēta (f)	[die:ta]
vitamin	vitamīns (m)	[vitami:ns]
calorie	kalorija (f)	[kalorija]

| vegetarian (n) | veģetārietis (f) | [vægeta:rietɪs] |
| vegetarian (adj) | veģetāriešu | [vægeta:rieʃu] |

fats (nutrient)	tauki (f pl)	[tauki]
proteins	olbaltumvielas (f pl)	[olbaltumvielas]
carbohydrates	ogļhidrāti (f pl)	[ogʎhidra:tɪ]

slice (of lemon, ham)	šķēlīte (f)	[ʃkæ:li:tæ]
piece (of cake, pie)	gabals (m)	[gabals]
crumb (of bread)	gabaliņš (m)	[gabalɪnʃ]

52. Table setting

spoon	karote (f)	[karotæ]
knife	nazis (m)	[nazis]
fork	dakša (f)	[dakʃa]

| cup (of coffee) | tase (f) | [tasæ] |
| plate (dinner ~) | šķīvis (m) | [ʃki:vis] |

saucer	apakštase (f)	[apakʃtasæ]
napkin (on table)	salvete (f)	[salvætæ]
toothpick	zobu bakstāmais (m)	[zobu baksta:majs]

53. Restaurant

restaurant	restorāns (m)	[ræstorɑ:ns]
coffee house	kafejnīca (f)	[kɑfæjni:ʦɑ]
pub, bar	bārs (m)	[bɑ:rs]
tearoom	tēju nams (m)	[tæ:ju nɑms]
waiter	oficiants (m)	[ofiʦiɑnts]
waitress	oficiante (f)	[ofiʦiɑntæ]
bartender	bārmenis (m)	[bɑ:rmænis]
menu	ēdienkarte (f)	[æ:djeŋkɑrtæ]
wine list	vīnu karte (f)	[vi:nu kɑrtæ]
to book a table	rezervēt galdiņu	[ræzærvæ:t gɑldiny]
course, dish	ēdiens (m)	[æ:djens]
to order (meal)	pasūtīt	[pɑsu:tɪ:t]
to make an order	pasūtīt	[pɑsu:tɪ:t]
aperitif	aperitīvs (m)	[ɑperiti:vs]
appetizer	uzkožamais (m)	[uzkoʒɑmɑis]
dessert	deserts (m)	[dæsærts]
check	rēķins (m)	[ræ:kins]
to pay the check	samaksāt rēķinu	[sɑmɑksɑ:t ræ:kinu]
to give change	iedot atlikumu	[iedot ɑtlikumu]
tip	dzeramnauda (f pl)	[dzæramnɑudɑ]

Family, relatives and friends

54. Personal information. Forms

name, first name	**vārds** (m)	[vɑːrds]
family name	**uzvārds** (m)	[uzvɑːrds]
date of birth	**dzimšanas datums** (m)	[dzimʃɑnɑs dɑtums]
place of birth	**dzimšanas vieta** (f)	[dzimʃɑnɑs vietɑ]
nationality	**tautība** (f)	[tɑutɪːbɑ]
place of residence	**dzīves vieta** (f)	[dziːvæs vietɑ]
country	**valsts** (f)	[vɑlsts]
profession (occupation)	**profesija** (f)	[profæsijɑ]
gender, sex	**dzimums** (m)	[dzimums]
height	**augums** (m)	[ɑugums]
weight	**svars** (m)	[svɑrs]

55. Family members. Relatives

mother	**māte** (f)	[mɑːtæ]
father	**tēvs** (m)	[tæːvs]
son	**dēls** (m)	[dæːls]
daughter	**meita** (f)	[mæitɑ]
younger daughter	**jaunākā meita** (f)	[jɑunɑːkɑː mæitɑ]
younger son	**jaunākais dēls** (m)	[jɑunɑːkɑjs dæːls]
eldest daughter	**vecākā meita** (f)	[væʦɑːkɑː mæitɑ]
eldest son	**vecākais dēls** (m)	[væʦɑːkɑis dæːls]
brother	**brālis** (m)	[brɑːlis]
sister	**māsa** (f)	[mɑːsɑ]
cousin (masc.)	**brālēns** (m)	[brɑːlæːns]
cousin (fem.)	**māsīca** (f)	[mɑːsiːʦɑ]
mom	**māmiņa** (f)	[mɑːmiɲɑ]
dad, daddy	**tētis** (m)	[tæːtis]
parents	**vecāki** (f pl)	[væʦɑːki]
child	**bērns** (m)	[bæːrns]
children	**bērni** (m pl)	[bæːrnɪ]
grandmother	**vecmāmiņa** (f)	[væʦmɑːmiɲɑ]
grandfather	**vectēvs** (m)	[væʦtæːvs]
grandson	**mazdēls** (m)	[mɑzdæːls]

granddaughter	**mazmeita** (f)	[mazmæita]
grandchildren	**mazbērni** (m pl)	[mazbæ:rnı]
uncle	**oņkulis** (m)	[oŋkulis]
aunt	**tante** (f)	[tantæ]
nephew	**brāļadēls, māsasdēls** (m)	[braʎjadæls], [masasdæls]
niece	**brāļameita, māsasmeita** (f)	[braʎjamæita, masasmæita]
mother-in-law (wife's mother)	**sievasmāte, vīramāte** (f)	[sievasma:tæ, vi:rama:tæ]
father-in-law (husband's father)	**sievastēvs, vīratēvs** (m)	[sievastæ:vs], [vi:ratæ:vs]
son-in-law (daughter's husband)	**znots** (m)	[znots]
stepmother	**pamāte** (f)	[pama:tæ]
stepfather	**patēvs** (m)	[patæ:vs]
infant	**krūts bērns** (m)	[kru:ts bæ:rns]
baby (infant)	**zīdainis** (m)	[zi:dainis]
little boy, kid	**mazulis** (m)	[mazulis]
wife	**sieva** (f)	[sieva]
husband	**vīrs** (m)	[vi:rs]
spouse (husband)	**dzīvesbiedrs** (m)	[dzi:væsbiedrs]
spouse (wife)	**dzīvesbiedre** (f)	[dzi:væsbiedræ]
married (masc.)	**precējies**	[prætsæ:jes]
married (fem.)	**precējusies**	[prætsæ:jusies]
single (unmarried)	**neprecējies**	[næprætsæ:jes]
bachelor	**vecpuisis** (m)	[vætspuisis]
divorced (masc.)	**šķirtenis** (m)	[ʃkirtænis]
widow	**atraitne** (f)	[atrajtnæ]
widower	**atraitnis** (m)	[atrajtnis]
relative	**radinieks** (m)	[radinieks]
close relative	**tuvs radinieks** (m)	[tuvs radinieks]
distant relative	**tāls radinieks** (m)	[ta:ls radinieks]
relatives	**radi** (f pl)	[radi]
orphan (boy or girl)	**bārenis** (m)	[ba:rænis]
guardian (of minor)	**aizbildnis** (m)	[ajzbildnis]
to adopt (a boy)	**adoptēt zēnu**	[adoptæ:t zænu]
to adopt (a girl)	**adoptēt meiteni**	[adoptæ:t mæitæni]

56. Friends. Coworkers

friend (masc.)	**draugs** (m)	[draugs]
friend (fem.)	**draudzene** (f)	[draudzænæ]
friendship	**draudzība** (f)	[draudzi:ba]

to be friends	draudzēties	[draudzæ:ties]
buddy (masc.)	draugs (m)	[draugs]
buddy (fem.)	draudzene (f)	[draudzænæ]
partner	partneris (m)	[partnæris]

chief (boss)	šefs (m)	[ʃæfs]
superior	priekšnieks (m)	[priekʃnieks]
subordinate	padotais (m)	[padotajs]
colleague	kolēģis (m)	[kolæ:gis]

acquaintance (person)	paziņa (m, f)	[paziɲa]
fellow traveler	ceļabiedrs (m)	[tsæʎabjedrs]
classmate	klases biedrs (m)	[klasæs biedrs]

neighbor (masc.)	kaimiņš (m)	[kajmiɲʃ]
neighbor (fem.)	kaimiņiene (f)	[kajminienæ]
neighbors	kaimiņi (f pl)	[kajmini]

57. Man. Woman

woman	sieviete (f)	[sievietæ]
girl (young woman)	jauniete (f)	[jaunietæ]
bride	līgava (f)	[li:gava]

beautiful (adj)	skaista	[skajsta]
tall (adj)	augsta	[augsta]
slender (adj)	slaida	[slaida]
short (adj)	neliela auguma	[næliela auguma]

| blonde (n) | blondīne (f) | [blondi:næ] |
| brunette (n) | brunete (f) | [brunætæ] |

ladies' (adj)	dāmu	[da:mu]
virgin (girl)	jaunava (f)	[jaunava]
pregnant (adj)	grūta	[gru:ta]

man (adult male)	vīrietis (m)	[vi:rietis]
blond (n)	blondīns (m)	[blondi:ns]
brunet (n)	brunets (m)	[brunæts]
tall (adj)	augsts	[augsts]
short (adj)	neliela auguma	[næliela auguma]

rude (rough)	rupjš	[rupjʃ]
stocky (adj)	drukns	[drukns]
robust (adj)	spēcīgs	[spæ:tsi:gs]
strong (adj)	spēcīgs	[spæ:tsi:gs]
strength	spēks (m)	[spæ:ks]

| stout, fat (adj) | tukls | [tukls] |
| swarthy (adj) | melnīgsnējs | [mælni:gsnæ:js] |

63

| well-built (adj) | slaids | [slaids] |
| elegant (adj) | elegants | [ælegants] |

58. Age

age	vecums (m)	[vætsums]
youth (young age)	jaunība (f)	[jaunɪːba]
young (adj)	jauns	[jauns]

| younger (adj) | jaunāks | [jaunɑːks] |
| older (adj) | vecāks | [vætsɑːks] |

young man	jauneklis (m)	[jaunæklis]
teenager	pusaudzis (m)	[pusaudzis]
guy, fellow	puisis (m)	[puisis]

| old man | vecītis (m) | [vætsiːtis] |
| old woman | vecenīte (f) | [vætsæniːtæ] |

adult	pieaudzis	[pieaudzis]
middle-aged (adj)	pusmūža gados	[pusmuːʒa gados]
elderly (adj)	pavecs	[pavætss]
old (adj)	vecs	[vætss]

| to retire (from job) | aiziet pensijā | [ajziet pænsɪja:] |
| retiree | pensionārs (m) | [pænsionɑːrs] |

59. Children

child	bērns (m)	[bæːrns]
children	bērni (m pl)	[bæːrnɪ]
twins	dvīņi (f pl)	[dviːni]

cradle	šūpulis (m)	[ʃuːpulis]
rattle	grābeklis (m)	[grɑːbæklis]
diaper	paklājiņš (m)	[paklɑːjɪɲʃ]

pacifier	knupis (m)	[knupis]
baby carriage	bērnu ratiņi (f pl)	[bæːrnu ratɪni]
kindergarten	bērnudārzs (m)	[bæːrnudɑːrzs]
babysitter	aukle (f)	[auklæ]

childhood	bērnība (f)	[bæːrniːba]
doll	lelle (f)	[lællæ]
toy	rotaļlieta (f)	[rotaʎieta]
construction set	konstruktors (m)	[konstruktors]
well-bred (adj)	audzināts	[audzinɑːts]
ill-bred (adj)	neaudzināts	[næaudzinɑːts]

spoiled (adj)	izlutināts	[izlutinɑ:ts]
to be naughty	draiskoties	[drɑjskoties]
mischievous (adj)	draiskulīgs	[drɑjskuli:gs]
mischievousness	draiskulība (f)	[drɑjskuli:bɑ]
mischievous child	draiskulis (m)	[drɑjskulis]
obedient (adj)	paklausīgs	[pɑklausi:gs]
disobedient (adj)	nepaklausīgs	[næpɑklausi:gs]
docile (adj)	saprātīgs	[sɑ:prɑ:tɪ:gs]
clever (smart)	gudrs	[gudrs]
child prodigy	brīnumbērns (m)	[bri:numbæ:rns]

60. Married couples. Family life

to kiss (vt)	skūpstīt	[sku:pstɪ:t]
to kiss (vi)	skūpstīties	[sku:pstɪ:ties]
family (n)	ģimene (f)	[gimænæ]
family (as adj)	ģimenes	[gimænæs]
couple	pāris (m)	[pɑ:ris]
marriage (state)	laulība (f)	[lauli:bɑ]
hearth (home)	ģimenes pavards (m)	[gimænæs pavards]
dynasty	dinastija (f)	[dinastijɑ]
date	randiņš (m)	[rɑndiɲʃ]
kiss	skūpsts (m)	[sku:psts]
love (for sb)	mīlestība (f)	[mi:læsti:bɑ]
to love (sb)	mīlēt	[mi:læ:t]
beloved	mīļotais	[mi:'lɔtɑjs]
tenderness	maigums (m)	[mɑjgums]
tender (affectionate)	maigs	[mɑjgs]
faithfulness	uzticība (f)	[uztɪtsi:bɑ]
faithful (adj)	uzticīgs	[uztɪtsi:gs]
care (attention)	rūpes (f pl)	[ru:pæs]
caring (~ father)	rūpīgs	[ru:pi:gs]
newlyweds	jaunlaulātie (f pl)	[jaunlaulɑ:tiæ]
honeymoon	medus mēnesis (m)	[mædus mæ:næsis]
to get married (ab. woman)	iziet pie vīra	[iziet pie vi:rɑ]
to get married (ab. man)	apņemt par sievu	[apnemt par sievu]
wedding	kāzas (f pl)	[kɑ:zɑs]
golden wedding	zelta kāzas (f pl)	[zælta kɑ:zɑs]
anniversary	gadadiena (f)	[gɑdɑdienɑ]
lover (masc.)	mīļākais (m)	[mi:ʎɑ:kɑjs]
mistress	mīļākā (f)	[mi:ʎɑ:kɑ:]

65

adultery	**nodevība** (f)	[nodævi:bɑ]
to cheat on ...	**nodot**	[nodot]
(commit adultery)		
jealous (adj)	**greizsirdīgs**	[græjzsirdi:gs]
to be jealous	**būt greizsirdīgam**	[bu:t græizsirdi:gɑm]
divorce	**šķiršanās** (f pl)	[ʃkirʃɑnɑ:s]
to divorce (vi)	**šķirties**	[ʃkirties]
to quarrel (vi)	**strīdēties**	[stri:dæ:ties]
to be reconciled	**līgt mieru**	[li:gt mieru]
together (adv)	**kopā**	[kopɑ:]
sex	**sekss** (m)	[sæks]
happiness	**laime** (f)	[lɑimæ]
happy (adj)	**laimīgs**	[lɑjmi:gs]
misfortune (accident)	**nelaime** (f)	[nælɑjmæ]
unhappy (adj)	**nelaimīgs**	[nælɑjmi:gs]

Character. Feelings. Emotions

61. Feelings. Emotions

feeling (emotion)	sajūta (f)	[saju:ta]
feelings	jūtas (f pl)	[ju:tas]
hunger	izsalkums (m)	[izsalkums]
to be hungry	gribēt ēst	[gribæːt æst]
thirst	slāpes (f pl)	[sla:pæs]
to be thirsty	gribēt dzert	[gribæːt dzært]
sleepiness	miegainība (f)	[miegajni:ba]
to feel sleepy	justies miegainam	[justies miegajnam]
tiredness	nogurums (m)	[nogurums]
tired (adj)	noguris	[noguris]
to get tired	nogurt	[nogurt]
mood (humor)	garastāvoklis (m)	[garasta:voklis]
boredom	garlaicība (f)	[garlajtsi:ba]
to be bored	garlaikoties	[garlajkoties]
seclusion	vientulība (f)	[vientuli:ba]
to seclude oneself	nošķirties	[noʃkirties]
to worry (make anxious)	uztraukt	[uztraukt]
to be worried	uztraukties	[uztraukties]
worrying (n)	satraukums (m)	[satraukums]
anxiety	raizes (f pl)	[rajzæs]
preoccupied (adj)	noraizējies	[norajzæ:jes]
to be nervous	nervozēt	[nærvozæ:t]
to panic (vi)	padoties panikai	[padoties panikai]
hope	cerība (f)	[tsæri:ba]
to hope (vi, vt)	cerēt	[tsæræ:t]
certainty	pārliecība (f)	[pa:rlietsi:ba]
certain, sure (adj)	pārliecināts	[pa:rlietsina:ts]
uncertainty	nedrošība (f)	[nædroʃi:ba]
uncertain (adj)	nedrošs	[nædroʃs]
drunk (adj)	piedzēries	[piedzæ:ries]
sober (adj)	nedzēris	[nædzæ:ris]
weak (adj)	vājš	[va:jʃ]
happy (adj)	laimīgs	[lajmi:gs]
to scare (vt)	nobiedēt	[nobiedæ:t]
fury (madness)	trakums (m)	[trakums]

rage (fury)	niknums (m)	[niknums]
depression	depresija (f)	[dæpræsija]
discomfort	diskomforts (m)	[diskomforts]
comfort	komforts (m)	[komforts]
to regret (be sorry)	nožēlot	[noʒæːlot]
regret	nožēla (f)	[noʒæːla]
bad luck	neveiksme (f)	[nævæiksmæ]
sadness	sarūgtinājums (m)	[saruːgtinaːjums]

shame (remorse)	kauns (m)	[kauns]
gladness	jautrība (f)	[jautriːba]
enthusiasm, zeal	entuziasms (m)	[æntuziasms]
enthusiast	entuziasts (m)	[æntuziasts]
to show enthusiasm	izrādīt entuziasmu	[izraːdiːt æntuziasmu]

62. Character. Personality

character	raksturs (m)	[raksturs]
character flaw	trūkums (m)	[truːkums]
mind	prāts (m)	[praːts]
reason	saprāts (m)	[sapraːts]

conscience	sirdsapziņa (f)	[sirdsapziɲa]
habit (custom)	ieradums (m)	[ieradums]
ability	spēja (f)	[spæːja]
can (e.g., ~ swim)	prast	[prast]

patient (adj)	pacietīgs	[patsietiːgs]
impatient (adj)	nepacietīgs	[næpatsietiːgs]
curious (inquisitive)	ziņkārīgs	[ziɲkaːriːgs]
curiosity	ziņkārība (f)	[ziɲkaːriːba]

modesty	kautrība (f)	[kautriːba]
modest (adj)	kautrīgs	[kautriːgs]
immodest (adj)	nekautrīgs	[nækautriːgs]

| lazy (adj) | slinks | [sliɲks] |
| lazy person (masc.) | sliņķis (m) | [sliɲkis] |

cunning (n)	viltība (f)	[viltiːba]
cunning (as adj)	viltīgs	[viltiːgs]
distrust	neuzticība (f)	[næuztɪtsiːba]
distrustful (adj)	neuzticīgs	[næuztɪtsiːgs]

generosity	devība (f)	[dæviːba]
generous (adj)	devīgs	[dæviːgs]
talented (adj)	talantīgs	[talantiːgs]
talent	talants (m)	[talants]
courageous (adj)	drosmīgs	[drosmiːgs]
courage	drosme (f)	[drosmæ]

honest (adj)	**godīgs**	[godi:gs]
honesty	**godīgums** (m)	[godi:gums]
careful (cautious)	**piesardzīgs**	[piesardzi:gs]
brave (courageous)	**drošsirdīgs**	[droʃsirdi:gs]
serious (adj)	**nopietns**	[nopietns]
strict (severe, stern)	**stingrs**	[stiŋrs]
decisive (adj)	**apņēmīgs**	[apne:mi:gs]
indecisive (adj)	**neapņēmīgs**	[næapne:mi:gs]
shy, timid (adj)	**bikls**	[bikls]
shyness, timidity	**biklums** (m)	[biklums]
confidence (trust)	**uzticība** (f)	[uztɪtsi:ba]
to believe (trust)	**uzticēt**	[uztɪtsæ:t]
trusting (naïve)	**lētticīgs**	[læ:ttɪtsi:gs]
sincerely (adv)	**vaļsirdīgi**	[vaʎsirdi:gi]
sincere (adj)	**vaļsirdīgs**	[vaʎsirdi:gs]
sincerity	**vaļsirdība** (f)	[vaʎsirdi:ba]
open (person)	**atklāts**	[atklɑ:ts]
calm (adj)	**mierīgs**	[mieri:gs]
frank (sincere)	**klajš**	[klɑjʃ]
naïve (adj)	**naivs**	[naivs]
absent-minded (adj)	**izklaidīgs**	[izklaidi:gs]
funny (odd)	**smieklīgs**	[smiekli:gs]
greed	**alkatība** (f)	[alkɑti:ba]
greedy (adj)	**alkatīgs**	[alkɑti:gs]
stingy (adj)	**skops**	[skops]
evil (adj)	**ļauns**	[ʎauns]
stubborn (adj)	**stūrgalvīgs**	[stu:rgalvi:gs]
unpleasant (adj)	**nepatīkams**	[næpatɪ:kams]
selfish person (masc.)	**egoists** (m)	[ægoists]
selfish (adj)	**egoistisks**	[ægoistisks]
coward	**gļēvulis** (m)	[gle:vulis]
cowardly (adj)	**gļēvulīgs**	[gle:vuli:gs]

63. Sleep. Dreams

to sleep (vi)	**gulēt**	[gulæ:t]
sleep, sleeping	**miegs** (m)	[miegs]
dream	**sapnis** (m)	[sapnis]
to dream (in sleep)	**sapņot**	[sap'nɜt]
sleepy (adj)	**miegains**	[miegajns]
bed	**gulta** (f)	[gulta]
mattress	**matracis** (m)	[matratsis]

blanket (comforter)	sega (f)	[sæga]
pillow	spilvens (m)	[spilvæns]
sheet	palags (m)	[palags]

insomnia	bezmiegs (m)	[bæzmiegs]
sleepless (adj)	bezmiega	[bæzmiega]
sleeping pill	miegazāles (f pl)	[miegaza:læs]
to take a sleeping pill	iedzert miegazāles	[iedzært miegaza:læs]

to feel sleepy	justies miegainam	[justies miegajnam]
to yawn (vi)	žāvāties	[ʒa:va:ties]
to go to bed	iet gulēt	[iet gulæ:t]
to make up the bed	saklāt gultu	[sakla:t gultu]
to fall asleep	aizmigt	[ajzmigt]

nightmare	murgi (m pl)	[murgi]
snoring	krākšana (f)	[kra:kʃana]
to snore (vi)	krākt	[kra:kt]

alarm clock	modinātājs (m)	[modina:ta:js]
to wake (vt)	uzmodināt	[uzmodina:t]
to wake up	uzmosties	[uzmosties]
to get up (vi)	piecelties no gultas	[pietsælties no gultas]
to wash up (vi)	mazgāties	[mazga:ties]

64. Humour. Laughter. Gladness

| humor (wit, fun) | humors (m) | [humors] |
| sense of humor | humora izjūta (f) | [humora izju:ta] |

to have fun	līksmot	[li:ksmot]
cheerful (adj)	līksms	[li:ksms]
merriment, fun	jautrība (f)	[jautri:ba]

| smile | smaids (m) | [smaids] |
| to smile (vi) | smaidīt | [smaidi:t] |

to start laughing	iesmieties	[iesmieties]
to laugh (vi)	smieties	[smieties]
laugh, laughter	smiekli (f pl)	[smiekli]

anecdote	anekdote (f)	[anækdotæ]
funny (anecdote, etc.)	smieklīgs	[smiekli:gs]
funny (odd)	jocīgs	[jotsi:gs]

to joke (vi)	jokot	[jokot]
joke (verbal)	joks (m)	[joks]
joy (emotion)	prieks (m)	[prieks]
to rejoice (vi)	priecāties	[prietsa:ties]
glad, cheerful (adj)	priecīgs	[prietsi:gs]

65. Discussion, conversation. Part 1

| communication | saiešanās (f pl) | [sɑjeʃɑnɑːs] |
| to communicate | saieties | [sɑjeties] |

conversation	saruna (f)	[sɑrunɑ]
dialog	dialogs (m)	[diɑlogs]
discussion (discourse)	diskusija (f)	[diskusijɑ]
debate	strīds (m)	[striːds]
to debate (vi)	strīdēties	[striːdæːties]

interlocutor	sarunu biedrs (m)	[sɑrunu biedrs]
topic (theme)	temats (m)	[tæmɑts]
point of view	viedoklis (m)	[viedoklis]
opinion (viewpoint)	uzskats (m)	[uzskɑts]
speech (talk)	runa (f)	[runɑ]

discussion (of report, etc.)	apspriešana (f)	[ɑpsprieʃɑnɑ]
to discuss (vt)	apspriest	[ɑpspriest]
talk (conversation)	saruna (f)	[sɑrunɑ]
to talk (vi)	sarunāties	[sɑrunɑːties]
meeting	satikšanās (f pl)	[sɑtikʃɑnɑːs]
to meet (vi, vt)	satikt	[sɑtikt]

proverb	sakāmvārds (m)	[sɑkɑːmvɑːrds]
saying	paruna (f)	[pɑrunɑ]
riddle (poser)	mīkla (f)	[miːklɑ]
to ask a riddle	uzdot mīklu	[uzdot miːklu]
password	parole (f)	[pɑrolæ]
secret	noslēpums (m)	[noslæːpums]

oath (vow)	zvērests (m)	[zvæːræsts]
to swear (an oath)	zvērēt	[zvæːræːt]
promise	solījums (m)	[soliːjums]
to promise (vt)	solīt	[soliːt]

advice (counsel)	padoms (m)	[pɑdoms]
to advise (vt)	dot padomu	[dot pɑdomu]
to listen to … (obey)	klausīt padomam	[klɑusiːt pɑdomu]

news	jaunums (m)	[jɑunums]
sensation (news)	sensācija (f)	[sænsɑːtsijɑ]
information (data)	ziņas (f pl)	[ziɲɑs]
conclusion (decision)	secinājums (m)	[sætsinɑːjums]
voice	balss (m)	[bɑlss]
compliment	kompliments (m)	[komplimænts]
kind (nice)	laipns	[lɑipns]

word	vārds (m)	[vɑːrds]
phrase	frāze (f)	[frɑːzæ]
answer	atbilde (f)	[ɑtbildæ]

| truth | **patiesība** (f) | [patiesi:ba] |
| lie | **meli** (f pl) | [mæli] |

thought	**doma** (f)	[doma]
idea (inspiration)	**ideja** (f), **doma** (f)	[idæja], [doma]
fantasy	**fantāzija** (f)	[fanta:zija]

66. Discussion, conversation. Part 2

respected (adj)	**cienījams**	[tsieni:jams]
to respect (vt)	**cienīt**	[tsieni:t]
respect	**cieņa** (f)	[tsieŋa]
Dear ... (letter)	**Cienījamais ...**	[tsieni:jamajs]

to introduce (present)	**iepazīstināt**	[iepazi:stina:t]
intention	**nodoms** (m)	[nodoms]
to intend (have in mind)	**domāt**	[doma:t]
wish	**novēlējums** (m)	[novæ:læ:jums]
to wish (~ good luck)	**novēlēt**	[novæ:læ:t]

surprise (astonishment)	**izbrīns** (m)	[izbri:ns]
to surprise (amaze)	**pārsteigt**	[pa:rstejgt]
to be surprised	**brīnīties**	[bri:ni:ties]

to give (vt)	**dot**	[dot]
to take (get hold of)	**paņemt**	[panemt]
to give back	**atdot atpakaļ**	[atdot atpakaʎ]
to return (give back)	**atdot**	[atdot]

to apologize (vi)	**atvainoties**	[atvajnoties]
apology	**atvainošanās** (f pl)	[atvajnoʃana:s]
to forgive (vt)	**piedot**	[piedot]

to talk (speak)	**sarunāties**	[saruna:ties]
to listen (vi)	**klausīt**	[klausi:t]
to hear out	**noklausīties**	[noklusi:ties]
to understand (vt)	**saprast**	[saprast]

to show (display)	**parādīt**	[pa:radi:t]
to look at ...	**skatīties uz ...**	[skatɪ:ties uz]
to call (with one's voice)	**saukt**	[saukt]
to disturb (vt)	**traucēt**	[trautsæ:t]
to pass (to hand sth)	**nodot**	[nodot]

demand (request)	**lūgums** (m)	[lu:gums]
to request (ask)	**lūgt**	[lu:gt]
demand (firm request)	**pieprasījums** (m)	[pieprasi:jums]
to demand (request firmly)	**prasīt**	[prasi:t]
to tease (nickname)	**kaitināt**	[kajtina:t]
to mock (make fun of)	**zoboties**	[zoboties]

mockery, derision	**izsmiekls** (m)	[izsmiekls]
nickname	**iesauka** (f)	[iesauka]

allusion	**netiešs norādījums** (m)	[nætjeʃs nora:di:jums]
to allude (vi)	**netieši norādīt**	[nætjeʃɪ nora:di:t]
to imply (vt)	**domāt**	[doma:t]

description	**raksturojums** (m)	[raksturojums]
to describe (vt)	**aprakstīt**	[aprakstɪ:t]
praise (compliments)	**uzslava** (f)	[uzslava]
to praise (vt)	**slavēt**	[slavæ:t]

disappointment	**vilšanās** (f)	[vilʃana:s]
to disappoint (vt)	**likt vilties**	[likt vilties]
to be disappointed	**vilties**	[vilties]

supposition	**pieņēmums** (m)	[piene:mums]
to suppose (assume)	**pieņemt**	[pienemt]
warning (caution)	**brīdinājums** (m)	[bri:dina:jums]
to warn (vt)	**brīdināt**	[bri:dina:t]

67. Discussion, conversation. Part 3

to talk into (convince)	**pierunāt**	[pieruna:t]
to calm down (vt)	**nomierināt**	[nomierina:t]

silence (~ is golden)	**klusēšana** (f)	[klusæ:ʃana]
to keep silent	**klusēt**	[klusæ:t]
to whisper (vi, vt)	**iečukstēt**	[ietʃukstæ:t]
whisper	**čuksts** (m)	[tʃuksts]

frankly, sincerely (adv)	**vaļsirdīgi**	[vaʎsirdi:gi]
in my opinion ...	**manuprāt ...**	[manupra:t]

detail (of the story)	**sīkums** (m)	[si:kums]
detailed (adj)	**sīks**	[si:ks]
in detail (adv)	**sīki**	[si:ki]

hint, clue	**priekšā teikšana** (f)	[priekʃa: tæikʃana]
to give a hint	**dot mājienu**	[dot ma:jenu]

look (glance)	**skatiens** (m)	[skatiens]
to have a look	**paskatīties**	[paskati:ties]
fixed (look)	**stingrs skatiens**	[stɪŋrs skatjens]
to blink (vi)	**mirkšķināt**	[mirkʃkina:t]
to wink (vi)	**pamirkšķināt**	[pamirkʃkina:t]
to nod (in assent)	**pamāt ar galvu**	[pama:t ar galvu]

sigh	**nopūta** (f)	[nopu:ta]
to sigh (vi)	**nopūsties**	[nopu:sties]

to shudder (vi)	satrūkties	[satru:kties]
gesture	žests (m)	[ʒæsts]
to touch (one's arm, etc.)	pieskarties	[pieskarties]
to seize (by the arm)	tvert	[tvært]
to tap (on the shoulder)	blīkšķināt	[bli:kʃkina:t]

Look out!	Uzmanīgi!	[uzmanı:gi]
Really?	vai tiešām?	[vai tieʃa:m]
Are you sure?	Vai esi pārliecināts?	[vai æsi pa:rlietsina:ts]
Good luck!	Veiksmi!	[væjksmi]
I see!	Skaidrs!	[skajdrs]
It's a pity!	Žēl!	[ʒæ:l]

68. Agreement. Refusal

consent (agreement)	piekrišana (f)	[piekriʃana]
to agree (say yes)	piekrist	[piekrist]
approval	aprobēšana (f)	[aprobæ:ʃana]
to approve (vt)	aprobēt	[aprobæ:t]

| refusal | atteice (f) | [attæitsæ] |
| to refuse (vi, vt) | atteikties | [attæikties] |

Great!	Lieliski!	[lieliski]
All right!	Labi!	[labi]
Okay! (I agree)	Lai ir!	[laj ir]

| forbidden (adj) | aizliegts | [ajzliegts] |
| it's forbidden | nedrīkst | [nædri:kst] |

| it's impossible | nav iespējams | [nau iespæ:jams] |
| incorrect (adj) | nepareizs | [næparæizs] |

to reject (~ a demand)	noraidīt	[norajdi:t]
to support (cause, idea)	atbalstīt	[atbalsti:t]
to accept (~ an apology)	pieņemt	[pienemt]

to confirm (vt)	apstiprināt	[apstıprina:t]
confirmation	apstiprinājums (m)	[apstıprina:jums]
permission	atļaušana (f)	[atʎauʃana]
to permit (vt)	atļaut	[atʎaut]

| decision | lēmums (m) | [læ:mums] |
| to say nothing | noklusēt | [noklusæ:t] |

| condition (term) | nosacījums (m) | [nosatsi:jums] |
| excuse (pretext) | atruna (f) | [atruna] |

| praise (compliments) | uzslava (f) | [uzslava] |
| to praise (vt) | slavēt | [slavæ:t] |

69. Success. Good luck. Failure

success	sekmes (f pl)	[sæːkmæs]
successfully (adv)	sekmīgi	[sæːkmiːgi]
successful (adj)	sekmīgs	[sæːkmiːgs]
good luck	veiksme (f)	[væjksmæ]
Good luck!	Veiksmi!	[væjksmi]
lucky (e.g., ~ day)	veiksmīgs	[væjksmiːgs]
lucky (fortunate)	laimīgs	[lɑjmiːgs]
failure	neveiksme (f)	[næːvæjksmæ]
misfortune	neveiksme (f)	[næːvæjksmæ]
bad luck	neveikšanās (f)	[næːvæjkʃɑnɑːs]
unsuccessful (adj)	neveiksmīgs	[næːvæjksmiːgs]
catastrophe	katastrofa (f)	[kɑtɑstrofɑ]
pride	lepnums (m)	[læpnums]
proud (adj)	lepns	[læpns]
to be proud	lepoties	[læpoties]
winner	uzvarētājs (m)	[uzvɑræːtɑːjs]
to win (vi)	uzvarēt	[uzvɑræːt]
to lose (not win)	zaudēt	[zɑudæːt]
try	mēģinājums (m)	[mæːginɑːjums]
to try (vi)	mēģināt	[mæːginɑːt]
chance (opportunity)	izredzes (f pl)	[izræʤæs]

70. Quarrels. Negative emotions

shout (scream)	kliedziens (m)	[kliedʑiens]
to shout (vi)	kliegt	[kliegt]
to start to cry out	iekliegties	[iekliegties]
quarrel	ķilda (f)	[kildɑ]
to quarrel (vi)	strīdēties	[striːdæːties]
fight (scandal)	skandāls (m)	[skɑndɑːls]
to have a fight	skandalēt	[skɑndɑlæːt]
conflict	konflikts (m)	[konflikts]
misunderstanding	pārpratums (m)	[pɑːrprɑtums]
insult	apvainošana (f)	[ɑpvɑjnoʃɑnɑ]
to insult (vt)	aizvainot	[ɑjzvɑjnot]
insulted (adj)	apvainotais	[ɑpvɑjnotais]
resentment	aizvainojums (m)	[ɑjzvɑjnojums]
to offend (vt)	aizvainot	[ɑjzvɑjnot]
to take offense	aizvainoties	[ɑjzvɑjnoties]
indignation	sašutums (m)	[sɑʃutums]
to be indignant	paust sašutumu	[pɑust sɑʃutumu]

complaint	sūdzība (f)	[suːdziːba]
to complain (vi, vt)	sūdzēties	[suːdzæːties]
apology	atvainošanās (f pl)	[atvajnoʃanaːs]
to apologize (vi)	atvainoties	[atvajnoties]
to beg pardon	lūgt piedošanu	[luːgt piedoʃanu]
criticism	kritika (f)	[kritika]
to criticize (vt)	kritizēt	[kritizæːt]
accusation	apsūdzība (f)	[apsuːdziːba]
to accuse (vt)	apsūdzēt	[apsuːdzæːt]
revenge	atriebība (f)	[atriebiːba]
to revenge (vt)	atriebties	[atriebties]
to pay back	atmaksāt	[atmaksaːt]
disdain	nicinājums (m)	[nitsinaːjums]
to despise (vt)	nicināt	[nitsinaːt]
hatred, hate	naids (m)	[naids]
to hate (vt)	ienīst	[ieniːst]
nervous (adj)	nervozs	[nærvozs]
to be nervous	nervozēt	[nærvozæːt]
angry (mad)	dusmīgs	[dusmiːgs]
to make angry	sadusmot	[sadusmot]
humiliation	pazemošana (f)	[pazæmoʃana]
to humiliate (vt)	pazemot	[pazæmot]
to humiliate oneself	pazemoties	[pazæmoties]
shock	šoks (m)	[ʃoks]
to shock (vt)	šokēt	[ʃokæːt]
trouble (annoyance)	nepatikšanas (f pl)	[næpatikʃanas]
unpleasant (adj)	nepatīkams	[næpatiːkams]
fear (dread)	bailes (f pl)	[bajlæs]
terrible (storm, heat)	baigs	[bajgs]
scary (e.g., ~ story)	šausmīgs	[ʃausmiːgs]
horror	briesmas (f pl)	[briesmas]
awful (crime, news)	briesmīgs	[briesmiːgs]
to begin to tremble	iedrebēties	[iedræbæːties]
to cry (weep)	raudāt	[raudaːt]
to start crying	ieraudāties	[ieraudaːties]
tear	asara (f)	[asara]
fault	vaina (f)	[vaina]
guilt (feeling)	vaina (f)	[vaina]
dishonor (disgrace)	kauns (m)	[kauns]
protest	protests (m)	[protæsts]
stress	stress (m)	[stræss]

to disturb (vt)	traucēt	[trauʦæːt]
to be furious	niknoties	[niknoties]
mad, angry (adj)	nikns	[nikns]
to end (~ a relationship)	pārtraukt	[paːrtraukt]
to swear (at sb)	lamāties	[lamaːties]
to be scared	baidīties	[bajdiːties]
to hit (strike with hand)	iesist	[iesɪst]
to fight (vi)	kauties	[kauties]
to settle (a conflict)	nokārtot	[nokaːrtot]
discontented (adj)	neapmierināts	[næapmierinaːʦ]
furious (adj)	sīvs	[siːvs]
It's not good!	Tas ir nelabi!	[tas ir nælabi]
It's bad!	Tas ir slikti!	[tas ir sliktɪ]

Medicine

71. Diseases

sickness	**slimība** (f)	[slimi:ba]
to be sick	**slimot**	[slimot]
health	**veselība** (f)	[væsæeli:ba]
runny nose (coryza)	**iesnas** (f pl)	[iesnas]
angina	**angīna** (f)	[aŋi:na]
cold (illness)	**saaukstēšanās** (f)	[sa:ukstæ:ʃana:s]
to catch a cold	**saaukstēties**	[sa:ukstæ:ties]
bronchitis	**bronhīts** (m)	[bronhi:ts]
pneumonia	**plaušu karsonis** (m)	[plauʃu karsonis]
flu, influenza	**gripa** (f)	[gripa]
near-sighted (adj)	**tuvredzīgs**	[tuvrædzi:gs]
far-sighted (adj)	**tālredzīgs**	[ta:lrædzi:gs]
strabismus (crossed eyes)	**šķielēšana** (f)	[ʃkelæ:ʃana]
cross-eyed (adj)	**šķielējošs**	[ʃkelæ:joʃs]
cataract	**katarakta** (f)	[katarakta]
glaucoma	**glaukoma** (f)	[glaukoma]
stroke	**insults** (m)	[insults]
heart attack	**infarkts** (m)	[infarkts]
myocardial infarction	**miokarda infarkts** (m)	[miokarda infarkts]
paralysis	**paralīze** (f)	[parali:zæ]
to paralyze (vt)	**paralizēt**	[paralizæ:t]
allergy	**alerģija** (f)	[alærgija]
asthma	**astma** (f)	[astma]
diabetes	**diabēts** (m)	[diabæ:ts]
toothache	**zobu sāpes** (f pl)	[zobu sa:pæs]
caries	**kariess** (m)	[kariæs]
diarrhea	**diareja** (f)	[diaræja]
constipation	**aizcietējums** (m)	[ajztsie:tæjums]
stomach upset	**gremošanas traucējumi** (f pl)	[græmoʃanas trautsæ:jumi]
food poisoning	**saindēšana** (f)	[saindæ:ʃana]
to have a food poisoning	**saindēties**	[saindæ:ties]
arthritis	**artrīts** (m)	[artri:ts]
rickets	**rahīts** (m)	[rahi:ts]

rheumatism	reimatisms (m)	[ræimatisms]
atherosclerosis	ateroskleroze (f)	[atærosklærozæ]
gastritis	gastrīts (m)	[gastri:ts]
appendicitis	apendicīts (m)	[apænditsi:ts]
cholecystitis	holecistīts (m)	[holætsisti:ts]
ulcer	čūla (f)	[tʃu:la]
measles	masalas (f pl)	[masalas]
German measles	masaliņas (f pl)	[masaliɲas]
jaundice	dzeltenā kaite (f)	[dzæltæna: kaitæ]
hepatitis	hepatīts (m)	[hepati:ts]
schizophrenia	šizofrēnija (f)	[ʃizofre:nija]
rabies (hydrophobia)	trakumsērga (f)	[trakumsæ:rga]
neurosis	neiroze (f)	[næirozæ]
concussion	smadzeņu satricinājums (m)	[smadzæny satritsina:jums]
cancer	vēzis (m)	[væ:zis]
sclerosis	skleroze (f)	[sklærozæ]
multiple sclerosis	multiplā skleroze (f)	[multipla: sklærozæ]
alcoholism	alkoholisms (m)	[alkoholisms]
alcoholic (n)	alkoholiķis (m)	[alkoholikis]
syphilis	sifiliss (m)	[sifilis]
AIDS	AIDS (m)	[aids]
tumor	audzējs (m)	[audzæ:js]
fever	drudzis (m)	[drudzis]
malaria	malārija (f)	[mala:rija]
gangrene	gangrēna (f)	[gaɲræ:na]
seasickness	jūras slimība (f)	[ju:ras slimi:ba]
epilepsy	epilepsija (f)	[æpilæpsija]
epidemic	epidēmija (f)	[æpidæ:mija]
typhus	tīfs (m)	[ti:fs]
tuberculosis	tuberkuloze (f)	[tuberkulozæ]
cholera	holēra (f)	[holæ:ra]
plague (bubonic ~)	mēris (m)	[mæ:ris]

72. Symptoms. Treatments. Part 1

symptom	simptoms (m)	[simptoms]
temperature	temperatūra (f)	[tæmpæratu:ra]
high temperature	augsta temperatūra (f)	[augsta tæmperatu:ra]
pulse	pulss (m)	[puls]
giddiness	galvas reibšana (f)	[galvas ræibʃana]
hot (adj)	karsts	[karsts]

| shivering | **drebuļi** (f pl) | [dræbuļi] |
| pale (e.g., ~ face) | **bāls** | [bɑːls] |

cough	**klepus** (m)	[klæpus]
to cough (vi)	**klepot**	[klæpot]
to sneeze (vi)	**šķaudīt**	[ʃkʲaudiːt]
faint	**ģībonis** (m)	[giːbonis]
to faint (vi)	**paģībt**	[pagiːbt]

bruise (hématome)	**zilums** (m)	[zilums]
bump (lump)	**puns** (m)	[puns]
to bruise oneself	**atsisties**	[atsisties]
bruise (contusion)	**sasitums** (m)	[sasitums]
to get bruised	**sasisties**	[sasɪsties]

to limp (vi)	**klibot**	[klibot]
dislocation	**izmežģījums** (m)	[izmæʒgiːjums]
to dislocate (vt)	**izmežģīt**	[izmæʒgiːt]
fracture	**lūzums** (m)	[luːzums]
to have a fracture	**dabūt lūzumu**	[dɑbuːt luːzumu]

cut (e.g., paper ~)	**iegriezums** (m)	[iegriezums]
to cut oneself	**sagriezties**	[sagriezties]
bleeding	**asiņošana** (f)	[asɪˈnʒʃana]

| burn (injury) | **apdegums** (m) | [apdægums] |
| to scald oneself | **apdedzināties** | [apdædzinɑːties] |

to prick (vt)	**sadurt**	[sadurt]
to prick oneself	**sadurties**	[sadurties]
to injure (vt)	**sabojāt**	[saboja:t]
injury	**traumēšana** (f)	[traume:ʃana]
wound	**ievainojums** (m)	[ievajnojums]
trauma	**trauma** (f)	[trauma]

to be delirious	**murgot**	[murgot]
to stutter (vi)	**stostīties**	[stosti:ties]
sunstroke	**saules dūriens** (m)	[saulæs duːriens]

73. Symptoms. Treatments. Part 2

| pain | **sāpes** (f pl) | [sɑːpæs] |
| splinter (in foot, etc.) | **skabarga** (f) | [skabarga] |

sweat (perspiration)	**sviedri** (f pl)	[sviedri]
to sweat (perspire)	**svīst**	[svi:st]
vomiting	**vemšana** (f)	[væmʃana]
convulsions	**krampji** (f pl)	[krampʲi]
pregnant (adj)	**grūta**	[gru:ta]
to be born	**piedzimt**	[piedzimt]

delivery, labor	dzemdības (f pl)	[dzæmdi:bas]
to deliver (~ a baby)	dzemdēt	[dzæmdæ:t]
abortion	aborts (m)	[aborts]

breathing, respiration	elpošana (f)	[ælpoʃana]
inhalation	ieelpa (f)	[ieælpa]
exhalation	izelpa (f)	[izælpa]
to exhale (vi)	izelpot	[izælpot]
to inhale (vi)	ieelpot	[ieælpot]

disabled person	invalīds (m)	[invali:ds]
cripple	kroplis (m)	[kroplis]
drug addict	narkomāns (m)	[narkoma:ns]

deaf (adj)	kurls	[kurls]
dumb, mute	mēms	[mæ:ms]
deaf-and-dumb (adj)	kurlmēms	[kurlmæ:ms]

mad, insane (adj)	traks	[traks]
madman	trakais (m)	[trakais]
madwoman	traka (f)	[traka]
to go insane	zaudēt prātu	[zaudæ:t pra:tu]

gene	gēns (m)	[ge:ns]
immunity	imunitāte (f)	[imunita:tæ]
hereditary (adj)	mantojams	[mantojams]
congenital (adj)	iedzimts	[iedzimts]

virus	vīruss (m)	[vi:rus]
microbe	mikrobs (m)	[mikrobs]
bacterium	baktērija (f)	[baktæ:rija]
infection	infekcija (f)	[infæktsija]

74. Symptoms. Treatments. Part 3

hospital	slimnīca (f)	[slimni:tsa]
patient	pacients (m)	[patsients]

diagnosis	diagnoze (m)	[diagnozæ]
cure	ārstēšana (f)	[a:rstæ:ʃana]
to get treatment	ārstēties	[a:rstæ:ties]
to treat (vt)	ārstēt	[a:rstæ:t]
to nurse (look after)	apkopt	[apkopt]
care (nursing ~)	apkope (f)	[apkopæ]

operation, surgery	operācija (f)	[opæra:tsija]
to bandage (head, limb)	pārsiet	[pa:rsiet]
bandaging	pārsiešana (f)	[pa:rsieʃana]
vaccination	potēšana (f)	[potæ:ʃana]
to vaccinate (vt)	potēt	[potæ:t]

| injection, shot | injekcija (m) | [iɲjeksija] |
| to give an injection | injicēt | [iɲʲitsæ:t] |

attack	lēkme (f)	[læ:kmæ]
amputation	amputācija (f)	[amputɑ:tsija]
to amputate (vt)	amputēt	[amputæ:t]
coma	koma (f)	[koma]
to be in a coma	būt komā	[bu:t komɑ:]
intensive care	reanimācija (f)	[ræanimɑ:tsija]

to recover (~ from flu)	atveseļoties	[atvæsæ'lɔties]
state (patient's ~)	stāvoklis (m)	[stɑ:voklis]
consciousness	apziņa (f)	[apziɲa]
memory (faculty)	atmiņa (f)	[atmiɲa]

to extract (tooth)	izraut	[izraut]
filling	plomba (f)	[plomba]
to fill (a tooth)	plombēt	[plombæ:t]

| hypnosis | hipnoze (f) | [hipnozæ] |
| to hypnotize (vt) | hipnotizēt | [hipnotizæ:t] |

75. Doctors

doctor	ārsts (m)	[ɑ:rsts]
nurse	medmāsa (f)	[mædmɑ:sa]
private physician	personīgais ārsts (m)	[pærsoni:gais ɑ:rsts]

dentist	dentists (m)	[dæntists]
ophthalmologist	okulists (m)	[okulists]
internist	terapeits (m)	[tærapæjts]
surgeon	ķirurgs (m)	[kirurgs]

psychiatrist	psihiatrs (m)	[psihiatrs]
pediatrician	pediatrs (m)	[pædiatrs]
psychologist	psihologs (m)	[psihologs]
gynecologist	ginekologs (m)	[ginekologs]
cardiologist	kardiologs (m)	[kardiologs]

76. Medicine. Drugs. Accessories

medicine, drug	zāles (f pl)	[zɑ:læs]
remedy	līdzeklis (m)	[li:dzæklis]
prescription	recepte (f)	[rætsæptæ]

tablet, pill	tablete (f)	[tablætæ]
ointment	ziede (f)	[ziedæ]
ampule	ampula (f)	[ampula]

mixture	**mikstūra** (f)	[mikstu:ra]
syrup	**sīrups** (m)	[si:rups]
pill	**zāļu kapsula** (f)	[za:ly kapsula]
powder	**pulveris** (m)	[pulværis]
bandage	**saite** (f)	[saitæ]
cotton wool	**vate** (f)	[vatæ]
iodine	**jods** (m)	[jods]
Band-Aid	**plāksteris** (m)	[pla:kstæris]
eyedropper	**pipete** (f)	[pipætæ]
thermometer	**termometrs** (m)	[tærmomætrs]
syringe	**šļirce** (f)	[ʃlirtsæ]
wheelchair	**ratiņi** (f pl)	[ratıni]
crutches	**kruķi** (f pl)	[kruki]
painkiller	**pretsāpju līdzeklis** (m)	[prætsa:pjy li:dzæklis]
laxative	**caurejas līdzeklis** (m)	[tsauræjas li:dzæklis]
spirit (ethanol)	**spirts** (m)	[spirts]
medicinal herbs	**zāle** (f)	[za:læ]
herbal (~ tea)	**zāļu**	[za:ly]

77. Smoking. Tobacco products

tobacco	**tabaka** (f)	[tabaka]
cigarette	**cigarete** (f)	[tsigarætæ]
cigar	**cigārs** (m)	[tsiga:rs]
pipe	**pīpe** (f)	[pi:pæ]
pack (of cigarettes)	**paciņa** (f)	[patsiɲa]
matches	**sērkociņi** (f pl)	[sæ:rkotsini]
matchbox	**sērkociņu kastīte** (f)	[sæ:rkotsiny kastı:tæ]
lighter	**šķiltavas** (f pl)	[ʃkiltavas]
ashtray	**pelnu trauks** (m)	[pælnu trauks]
cigarette case	**etvija** (f)	[ætvija]
cigarette holder	**lauznis** (m)	[lauznis]
filter (cigarette tip)	**filtrs** (m)	[filtrs]
to smoke (vi, vt)	**smēķēt**	[smæ:ket]
to light a cigarette	**uzsmēķēt**	[uzsmæ:ket]
smoking	**smēķēšana** (f)	[smæ:keʃana]
smoker	**smēķētājs** (m)	[smæ:keta:js]
stub, butt (of cigarette)	**izsmēķis** (m)	[izsmæ:kis]
smoke, fumes	**dūmi** (f pl)	[du:mi]
ash	**pelni** (f pl)	[pælni]

HUMAN HABITAT

City

78. City. Life in the city

city, town	**pilsēta** (f)	[pilsæ:ta]
capital city	**galvaspilsēta** (f)	[galvaspilsæ:ta]
village	**lauki** (f pl)	[lauki]
city map	**pilsētas plāns** (m)	[pilsæ:tas pla:ns]
downtown	**pilsētas centrs** (m)	[pilsæ:tas tsæntrs]
suburb	**piepilsēta** (f)	[piepilsæ:ta]
suburban (adj)	**piepilsētas**	[piepilsæ:tas]
outskirts	**nomale** (f)	[nomalæ]
environs (suburbs)	**apkārtnes** (f pl)	[apka:rtnæs]
city block	**kvartāls** (m)	[kvarta:ls]
residential block	**dzīvojamais kvartāls** (m)	[dzi:vojamais kvarta:ls]
traffic	**satiksme** (f)	[satıksmæ]
traffic lights	**luksofors** (m)	[luksofors]
public transportation	**sabiedriskais transports** (m)	[sabjedriskajs transports]
intersection	**krustojums** (m)	[krustojums]
crosswalk	**gājēju pāreja** (f)	[ga:je:ju pa:ræja]
pedestrian underpass	**pazemes pāreja** (f)	[pazæmæs pa:ræja]
to cross (vt)	**pāriet**	[pa:riet]
pedestrian	**kājāmgājējs** (m)	[ka:ja:mga:jæ:js]
sidewalk	**trotuārs** (m)	[trotua:rs]
bridge	**tilts** (m)	[tılts]
bank (riverbank)	**krastmala** (f)	[krastmala]
allée	**gatve** (f)	[gatvæ]
park	**parks** (m)	[parks]
boulevard	**bulvāris** (m)	[bulva:ris]
square	**laukums** (m)	[laukums]
avenue (wide street)	**prospekts** (m)	[prospækts]
street	**iela** (f)	[iela]
side street	**šķērsiela** (f)	[ʃkæ:rsiela]
dead end	**strupceļš** (m)	[struptsæʎʃ]
house	**māja** (f)	[ma:ja]
building	**ēka** (f)	[æ:ka]

skyscraper	augstceltne (f)	[augsttsælnæ]
facade	fasāde (f)	[fasɑːdæ]
roof	jumts (m)	[jumts]
window	logs (m)	[logs]
arch	loks (m)	[loks]
column	kolona (f)	[kolona]
corner	stūris (m)	[stuːris]
store window	skatlogs (m)	[skatlogs]
store sign	izkārtne (f)	[izkaːrtnæ]
poster	afiša (f)	[afiʃa]
advertising poster	reklāmu plakāts (m)	[ræklɑːmu plakɑːts]
billboard	reklāmu dēlis (m)	[ræklɑːmu dæːlis]
garbage, trash	atkritumi (f pl)	[atkritumi]
garbage can	atkritumu tvertne (f)	[atkritumu tværtnæ]
to litter (vi)	piegružot	[piegruʒot]
garbage dump	izgāztuve (f)	[izgɑːztuvæ]
phone booth	telefona būda (f)	[tælefona buːda]
lamppost	laterna (f)	[latærna]
bench (park ~)	sols (m)	[sols]
police officer	policists (m)	[politsists]
police	policija (f)	[politsija]
beggar	nabags (m)	[nabags]
homeless, bum	bezpajumtnieks (m)	[bæzpajumtnieks]

79. Urban institutions

store	veikals (m)	[væjkals]
drugstore, pharmacy	aptieka (f)	[aptieka]
optical store	optika (f)	[optika]
shopping mall	tirdzniecības centrs (m)	[tɪrdznietsiːbas tsæntrs]
supermarket	lielveikals (m)	[lielvæjkals]
bakery	maiznīca (f)	[maizniːtsa]
baker	maiznieks (m)	[maiznieks]
candy store	konditoreja (f)	[konditoræja]
grocery store	pārtikas preces (f pl)	[paːrtikas prætsæs]
butcher shop	gaļas veikals (m)	[gaʎas væikals]
produce store	sakņu veikals (m)	[sakny væikals]
market	tirgus (m)	[tɪrgus]
coffee house	kafejnīca (f)	[kafæjniːtsa]
restaurant	restorāns (m)	[ræstorɑːns]
pub	alus krogs (m)	[alus krogs]
pizzeria	picērija (f)	[pitsæːrija]
hair salon	frizētava (f)	[frizæːtava]

post office	**pasts** (m)	[pasts]
dry cleaners	**ķīmiskā tīrītava** (f)	[kiːmiska: tıːriːtava]
photo studio	**fotostudija** (f)	[fotostudija]
shoe store	**apavu veikals** (f)	[apavu væikals]
bookstore	**grāmatnīca** (f)	[graːmatniːtsa]
sporting goods store	**sporta preču veikals** (m)	[sporta prætʃu væikals]
clothes repair	**apģērbu labošana** (f)	[apge:rbu laboʃana]
formal wear rental	**apģērbu noma** (f)	[apge:rbu noma]
movie rental store	**filmu noma** (f)	[filmu noma]
circus	**cirks** (m)	[tsirks]
zoo	**zoodārzs** (m)	[zo:da:rzs]
movie theater	**kinoteātris** (m)	[kinotæa:tris]
museum	**muzejs** (m)	[muzæjs]
library	**bibliotēka** (f)	[bibliotæ:ka]
theater	**teātris** (m)	[tæa:tris]
opera	**opera** (f)	[opæra]
nightclub	**naktsklubs** (m)	[naktsklubs]
casino	**kazino** (m)	[kazino]
mosque	**mošeja** (f)	[moʃæja]
synagogue	**sinagoga** (f)	[sinagoga]
cathedral	**katedrāle** (f)	[katædra:læ]
temple	**dievnams** (m)	[dievnams]
church	**baznīca** (f)	[bazni:tsa]
college	**institūts** (m)	[institu:ts]
university	**universitāte** (f)	[universita:tæ]
school	**skola** (f)	[skola]
prefecture	**prefektūra** (f)	[præfæktu:ra]
city hall	**mērija** (f)	[mæ:rija]
hotel	**viesnīca** (f)	[viesni:tsa]
bank	**banka** (f)	[baŋka]
embassy	**vēstniecība** (f)	[væ:stnietsi:ba]
travel agency	**tūrisma aģentūra** (f)	[tu:risma agentu:ra]
information office	**izziņu birojs** (m)	[izziny birojs]
money exchange	**apmaiņas punkts** (m)	[apmajnas puŋkts]
subway	**metro** (m)	[mætro]
hospital	**slimnīca** (f)	[slimni:tsa]
gas station	**degvielas uzpildes stacija** (f)	[ægvjelas uzpildes statsija]
parking lot	**autostāvvieta** (f)	[autosta:vvjeta]

80. Signs

store sign	**izkārtne** (f)	[izka:rtnæ]
notice (written text)	**uzraksts** (m)	[uzraksts]
poster	**plakāts** (m)	[plaka:ts]
direction sign	**ceļrādis** (m)	[tsæʎra:dis]
arrow (sign)	**bultiņa** (f)	[bultɪɲa]
caution	**brīdinājums** (m)	[bri:dina:jums]
warning sign	**brīdinājums** (m)	[bri:dina:jums]
to warn (vt)	**brīdināt**	[bri:dina:t]
day off	**brīvdiena** (f)	[bri:vdiena]
timetable (schedule)	**saraksts** (m)	[saraksts]
opening hours	**darba laiks** (m)	[darba laiks]
WELCOME!	**LAIPNI LŪDZAM!**	[lajpni lu:dzam]
ENTRANCE	**IEEJA**	[ieæja]
EXIT	**IZEJA**	[izæja]
PUSH	**GRŪST**	[gru:st]
PULL	**VILKT**	[vilkt]
OPEN	**ATVĒRTS**	[atvæ:rts]
CLOSED	**AIZVĒRTS**	[ajzvæ:rts]
WOMEN	**SIEVIEŠU**	[sievieʃu]
MEN	**VĪRIEŠU**	[vi:ri:eʃu]
DISCOUNTS	**ATLAIDES**	[atlaidæs]
SALE	**IZPĀRDOŠANA**	[izpa:rdoʃana]
NEW!	**JAUNUMS!**	[jaunums]
FREE	**BEZMAKSAS**	[bæzmaksas]
ATTENTION!	**UZMANĪBU!**	[uzmani:bu]
NO VACANCIES	**VIETU NAV**	[vietu nau]
RESERVED	**REZERVĒTS**	[ræzæ:rvæ:ts]
ADMINISTRATION	**ADMINISTRĀCIJA**	[administra:tsija]
STAFF ONLY	**TIKAI PERSONĀLAM**	[tɪkai pærsona:lam]
BEWARE OF THE DOG!	**NIKNS SUNS**	[nikns suns]
NO SMOKING	**NESMĒĶĒT!**	[næsmæ:ke:t]
DO NOT TOUCH!	**AR ROKĀM NEAIZTIKT**	[ar roka:m næaiztɪkt]
DANGEROUS	**BĪSTAMI**	[bi:stami:]
DANGER	**BĪSTAMĪBA**	[bi:stami:ba]
HIGH TENSION	**AUGSTSPRIEGUMS**	[augsts priegums]
NO SWIMMING!	**PELDĒTIES AIZLIEGTS**	[pældæ:ties aizliegts]
OUT OF ORDER	**NESTRĀDĀ**	[næstra:da:]
FLAMMABLE	**UGUNSBĪSTAMI**	[ugunsbi:stami:]
FORBIDDEN	**AIZLIEGTS**	[ajzliegts]

| NO TRESPASSING! | **IEIET AIZLIEGTS** | [iejet aizliegts] |
| WET PAINT | **KRĀSOTS** | [kra:sots] |

81. Urban transportation

bus	**autobuss** (m)	[autobus]
streetcar	**tramvajs** (m)	[tramvajs]
trolley	**trolejbuss** (m)	[trolejbus]
route (of bus)	**maršruts** (m)	[marʃruts]
number (e.g., bus ~)	**numurs** (m)	[numurs]

to go by …	**braukt ar …**	[braukt ar]
to get on (~ the bus)	**iekāpt**	[ieka:pt]
to get off …	**izkāpt**	[izka:pt]

stop (e.g., bus ~)	**pietura** (f)	[pietura]
next stop	**nākamā pietura** (f)	[na:kama: pietura]
terminus	**galapunkts** (m)	[galapuŋkts]
schedule	**saraksts** (m)	[saraksts]
to wait (vt)	**gaidīt**	[gajdi:t]

| ticket | **biļete** (f) | [biletæ] |
| fare | **biļetes maksa** (f) | [biletæs maksa] |

cashier (ticket seller)	**kasieris** (m)	[kasjeris]
ticket inspection	**kontrole** (f)	[kontrolæ]
conductor	**kontrolieris** (m)	[kontrolieris]

to be late (for …)	**nokavēties**	[nokavæ:ties]
to miss (~ the train, etc.)	**nokavēt …**	[nokavæ:t]
to be in a hurry	**steigties**	[stæigties]

taxi, cab	**taksometrs** (m)	[taksomætrs]
taxi driver	**taksists** (m)	[taksists]
by taxi	**ar taksometru**	[ar taksomætru]
taxi stand	**taksometru stāvvieta** (f)	[taksomætru sta:vvieta]
to call a taxi	**izsaukt taksometru**	[izsaukt taksomætru]
to take a taxi	**nolīgt taksometru**	[noligt taksomætru]

traffic	**satiksme** (f)	[satıksmæ]
traffic jam	**sastrēgums** (m)	[sastræ:gums]
rush hour	**maksimālās slodzes laiks** (m)	[maksima:la:s slodzæs laiks]

to park (vi)	**novietot auto**	[novjetot auto]
to park (vt)	**novietot auto**	[novjetot auto]
parking lot	**autostāvvieta** (f)	[autosta:vvjeta]

subway	**metro** (m)	[mætro]
station	**stacija** (f)	[statsija]
to take the subway	**braukt ar metro**	[braukt ar mætro]

| train | **vilciens** (m) | [viltsiens] |
| train station | **dzelzceļa stacija** (f) | [dzælztsæʎa statsija] |

82. Sightseeing

monument	**piemineklis** (m)	[pieminæklis]
fortress	**cietoksnis** (m)	[tsietoksnis]
palace	**pils** (f)	[pils]
castle	**pils** (f)	[pils]
tower	**tornis** (m)	[tornis]
mausoleum	**mauzolejs** (m)	[mauzolæjs]

architecture	**arhitektūra** (f)	[arhitæktu:ra]
medieval (adj)	**viduslaiku**	[viduslaiku]
ancient (adj)	**senlaiku**	[sænlaiku]
national (adj)	**nacionāls**	[natsiona:ls]
well-known (adj)	**slavens**	[slavæns]

tourist	**tūrists** (m)	[tu:rists]
guide (person)	**gids** (m)	[gids]
excursion, guided tour	**ekskursija** (f)	[ækskursija]
to show (vt)	**parādīt**	[pa:radi:t]
to tell (vt)	**stāstīt**	[sta:sti:t]

to find (vt)	**atrast**	[atrast]
to get lost (lose one's way)	**nomaldīties**	[nomaldi:ties]
map (e.g., subway ~)	**shēma** (f)	[shæ:ma]
map (e.g., city ~)	**plāns** (m)	[pla:ns]

souvenir, gift	**suvenīrs** (m)	[suvæni:rs]
gift shop	**suvenīru veikals** (m)	[suvæni:ru væikals]
to take pictures	**fotografēt**	[fotografæ:t]
to be photographed	**fotografēties**	[fotografæ:ties]

83. Shopping

to buy (purchase)	**pirkt**	[pirkt]
purchase	**pirkums** (m)	[pirkums]
to go shopping	**iepirkties**	[iepirkties]
shopping	**iepirkšanās** (f pl)	[iepirkʃana:s]

| to be open (ab. store) | **strādāt** | [stra:da:t] |
| to be closed | **slēgties** | [slæ:gties] |

footwear	**apavi** (f pl)	[apavi]
clothes, clothing	**apģērbs** (f pl)	[apge:rbs]
cosmetics	**kosmētika** (f)	[kosmæ:tika]
food products	**pārtikas produkti** (m pl)	[pa:rtikas produktı]

gift, present	dāvana (f)	[dɑːvana]
salesman	pārdevējs (m)	[pɑːrdævæːjs]
saleswoman	pārdevēja (f)	[pɑːrdævæːja]

check out, cash desk	kase (f)	[kasæ]
mirror	spogulis (m)	[spogulis]
counter (in shop)	lete (f)	[lætæ]
fitting room	pielaikošanas kabīne (f)	[pielaikoʃanas kabiːnæ]

to try on	pielaikot	[pielaikot]
to fit (ab. dress, etc.)	derēt	[dæræːt]
to like (I like ...)	patikt	[patɪkt]

price	cena (f)	[tsæna]
price tag	cenas zīme (f)	[tsænas ziːmæ]
to cost (vt)	maksāt	[maksaːt]
How much?	Cik?	[tsik]
discount	atlaide (f)	[atlaidæ]

inexpensive (adj)	ne visai dārgs	[næ visai daːrgs]
cheap (adj)	lēts	[læːts]
expensive (adj)	dārgs	[daːrgs]
It's expensive	Tas ir dārgi	[tas ir daːrgi]

rental (n)	noma (f)	[noma]
to rent (~ a tuxedo)	paņemt nomā	[panemt nomaː]
credit	kredīts (m)	[krædiːts]
on credit (adv)	uz kredīta	[uz krædiːta]

84. Money

money	nauda (f)	[nauda]
currency exchange	maiņa (f)	[majna]
exchange rate	kurss (m)	[kurs]
ATM	bankomāts (m)	[bankomaːts]
coin	monēta (f)	[monæːta]

| dollar | dolārs (m) | [dolaːrs] |
| euro | eiro (m) | [æjro] |

lira	lira (f)	[lira]
Deutschmark	marka (f)	[marka]
franc	franks (m)	[franks]
pound sterling	sterliņu mārciņa (f)	[stærliny maːrtsina]
yen	jena (f)	[jena]

debt	parāds (m)	[paraːds]
debtor	parādnieks (m)	[paraːdnieks]
to lend (money)	aizdot	[ajzdot]
to borrow (vi, vt)	aizņemties	[ajznemties]

bank	**banka** (f)	[baŋka]
account	**konts** (m)	[konts]
to deposit into the account	**nolikt kontā**	[nolikt konta:]
to withdraw (vt)	**izņemt no konta**	[iznemt no konta]

credit card	**kredītkarte** (f)	[krædi:t kartæ]
cash	**skaidra nauda** (f pl)	[skajdra nauda]
check	**čeks** (m)	[tʃeks]
to write a check	**izrakstīt čeku**	[izrakstı:t tʃeku]
checkbook	**čeku grāmatiņa** (f)	[tʃeku gra:matıŋa]

wallet	**kabatas portfelis** (m)	[kabatas portfælis]
change purse	**maks** (m)	[maks]
billfold	**naudasmaks** (m)	[naudasmaks]
safe	**seifs** (m)	[sæjfs]

heir	**mantinieks** (m)	[mantınieks]
inheritance	**mantojums** (m)	[mantojums]
fortune (wealth)	**mantība** (f)	[manti:ba]

lease, rent	**rentēšana** (f)	[ræntæ:ʃana]
rent money	**īres maksa** (f)	[i:ræs maksa]
to rent (sth from sb)	**īrēt**	[i:ræ:t]

price	**cena** (f)	[tsæna]
cost	**vērtība** (f)	[væ:rtı:ba]
sum	**summa** (f)	[summa]

to spend (vt)	**tērēt**	[tæræ:t]
expenses	**izdevumi** (m pl)	[izdævumi]
to economize (vi, vt)	**taupīt**	[taupi:t]
economical	**taupīgs**	[taupi:gs]

to pay (vi, vt)	**maksāt**	[maksa:t]
payment	**samaksa** (f)	[samaksa]
change (give the ~)	**atlikums** (m)	[atlikums]

tax	**nodoklis** (m)	[nodoklis]
fine	**sods** (m)	[sods]
to fine (vt)	**uzlikt naudas sodu**	[uzlikt naudas sodu]

85. Post. Postal service

post office	**pasts** (m)	[pasts]
mail (letters, etc.)	**pasts** (m)	[pasts]
mailman	**pastnieks** (m)	[pastnieks]
opening hours	**darba laiks** (m)	[darba laiks]

letter	**vēstule** (f)	[væ:stulæ]
registered letter	**ierakstīta vēstule** (f)	[ierakstı:ta væ:stulæ]

postcard	**pastkarte** (f)	[pastkartæ]
telegram	**telegramma** (f)	[tælegramma]
parcel	**sūtījums** (m)	[suːtɪːjums]
money transfer	**naudas pārvedums** (m)	[naudas paːrvædums]
to receive (vt)	**saņemt**	[sanemt]
to send (vt)	**nosūtīt**	[nosuːtɪːt]
sending	**aizsūtīšana** (f)	[ajzsuːtɪːʃana]
address	**adrese** (f)	[adræsæ]
ZIP code	**indekss** (m)	[indæks]
sender	**sūtītājs** (m)	[suːtɪːtaːjs]
receiver, addressee	**saņēmējs** (m)	[sanemæːjs]
name	**vārds** (m)	[vaːrds]
family name	**uzvārds** (m)	[uzvaːrds]
rate (of postage)	**tarifs** (m)	[tarifs]
standard (adj)	**parasts**	[parasts]
economical (adj)	**ekonomisks**	[ækonomisks]
weight	**svars** (m)	[svars]
to weigh up (vt)	**svērt**	[svæːrt]
envelope	**aploksne** (f)	[aploksnæ]
postage stamp	**marka** (f)	[marka]

Dwelling. House. Home

86. House. Dwelling

house	**māja** (f)	[mɑːja]
at home (adv)	**mājās**	[mɑːjaːs]
courtyard	**sēta** (f)	[sæːta]
fence	**žogs** (m)	[ʒogs]
brick (n)	**ķieģelis** (m)	[kiegelis]
brick (as adj)	**ķieģeļu**	[kiegely]
stone (n)	**akmens** (m)	[ɑkmæns]
stone (as adj)	**akmeņu**	[ɑkmæny]
concrete (n)	**betons** (m)	[bætons]
concrete (as adj)	**betona**	[bætona]
new (new-built)	**jauns**	[jɑuns]
old (adj)	**vecs**	[væʦs]
decrepit (house)	**vecs**	[væʦs]
modern (adj)	**moderns**	[modærns]
multistory (adj)	**daudzstāvu**	[dɑudzstɑːvu]
high (adj)	**augsts**	[ɑugsʦ]
floor, story	**stāvs** (m)	[stɑːvs]
single-story (adj)	**vienstāva**	[vienstɑːva]
ground floor	**apakšstāvs** (m)	[ɑpɑkʃstɑːvs]
top floor	**augšstāvs** (m)	[ɑugʃstɑːvs]
roof	**jumts** (m)	[jumʦ]
chimney (stack)	**skurstenis** (m)	[skurstænis]
roof tiles	**dakstiņi** (m pl)	[dɑkstɪni]
tiled (adj)	**dakstiņu**	[dɑkstɪny]
loft (attic)	**bēniņi** (f pl)	[bæːnɪni]
window	**logs** (m)	[logs]
glass	**stikls** (m)	[stɪkls]
window ledge	**palodze** (f)	[palodzæ]
shutters	**slēģi** (m pl)	[slæːgi]
wall	**siena** (f)	[siena]
balcony	**balkons** (m)	[bɑlkons]
downspout	**notekcaurule** (f)	[notækʦɑurulæ]
upstairs (to be ~)	**augšā**	[ɑugʃɑː]
to go upstairs	**kāpt augšup**	[kɑːpt ɑugʃup]
to come down	**kāpt lejā**	[kɑːpt læjɑː]
to move (to new premises)	**pārcelties**	[pɑːrʦælties]

87. House. Entrance. Lift

entrance	ieeja (f)	[ieæja]
stairs (stairway)	kāpnes (f pl)	[kɑ:pnæs]
steps	pakāpenes (f pl)	[pɑkɑ:pænæs]
banisters	margas (f pl)	[mɑrgɑs]
lobby (hotel ~)	halle (f)	[hɑllæ]
mailbox	pastkaste (f)	[pɑstkɑstæ]
trash container	atkritumu tvertne (f)	[ɑtkritumu tværtnæ]
trash chute	atkritumvads (m)	[ɑtkritumvɑds]
elevator	lifts (m)	[lifts]
freight elevator	kravas lifts (m)	[krɑvɑs lifts]
elevator cage	kabīne (f)	[kɑbi:næ]
to take the elevator	braukt ar liftu	[brɑukt ɑr liftu]
apartment	dzīvoklis (m)	[dzi:voklis]
residents, inhabitants	mājas iedzīvotāji (m pl)	[mɑ:jɑs iedzi:votɑ:jɪ]
neighbors	kaimiņi (f pl)	[kɑjmini]

88. House. Electricity

electricity	elektrība (f)	[ælektri:bɑ]
light bulb	spuldze (f)	[spuldzæ]
switch	izslēdzējs (m)	[izslæ:dzæ:js]
fuse	drošinātājs (m)	[droʃinɑ:tɑ:js]
cable, wire (electric ~)	vads (m)	[vɑds]
wiring	instalācija (f)	[instɑlɑ:tsijɑ]
electricity meter	skaitītājs (m)	[skɑjtɪ:tɑ:js]
readings	rādījums (m)	[rɑ:di:jums]

89. House. Doors. Locks

door	durvis (f pl)	[durvis]
vehicle gate	vārti (m pl)	[vɑ:rtɪ]
handle, doorknob	rokturis (m)	[rokturis]
to unlock (unbolt)	attaisīt	[ɑttɑisɪ:t]
to open (vt)	atvērt	[ɑtvæ:rt]
to close (vt)	aizvērt	[ɑjzvæ:rt]
key	atslēga (f)	[ɑtslæ:gɑ]
bunch (of keys)	saišķis (m)	[sɑiʃkis]
to creak (door hinge)	čirkstēt	[tʃikstæ:t]
creak	čirkstoņa (f)	[tʃikstoɲɑ]
hinge (of door)	eņģe (f)	[æɲge]

doormat	paklājiņš (m)	[paklɑːjiɳʃ]
door lock	slēdzis (m)	[slæːdzis]
keyhole	atslēgas caurums (m)	[atslæːgɑs tsɑurums]
bolt (sliding bar)	aizšaujamais (m)	[aizʃɑujɑmɑis]
door latch	aizbīdnis (m)	[ɑjzbiːdnis]
padlock	piekaramā slēdzene (f)	[piekɑrɑmɑː slæːdzænæ]

to ring (~ the door bell)	zvanīt	[zvɑniːt]
ringing (sound)	zvans (m)	[zvɑns]
doorbell	zvans (m)	[zvɑns]
doorbell button	poga (f)	[pogɑ]
knock (at the door)	klaudziens (m)	[klɑudziens]
to knock (vi)	klauvēt	[klɑuvæːt]

code	kods (m)	[kods]
code lock	kodu slēdzene (f)	[kodu slæːdzænæ]
door phone	namrunis (m)	[nɑmrunis]
number (on the door)	numurs (m)	[numurs]
doorplate	tabuliņa (f)	[tɑbuliɳɑ]
peephole	actiņa (f)	[ɑtstiɳɑ]

90. Country house

village	lauki (f pl)	[lɑuki]
vegetable garden	sakņu dārzs (m)	[sɑkny dɑːrzs]
fence	žogs (m)	[ʒogs]
picket fence	sēta (f)	[sæːtɑ]
wicket gate	vārtiņi (f pl)	[vɑːrtiɳi]

granary	klēts (m)	[klæːts]
cellar	pagrabs (m)	[pɑgrɑbs]
shed (in garden)	šķūnis (m)	[ʃkyːnis]
well (water)	aka (f)	[ɑkɑ]

stove (wood-fired ~)	krāsns (m)	[krɑːsns]
to stoke the stove	kurināt	[kurinɑːt]
firewood	malka (m, f)	[mɑlkɑ]
log (firewood)	pagale (f)	[pɑgɑlæ]

veranda, stoop	veranda (f)	[væːrɑndɑ]
terrace (patio)	terase (m)	[tæːrɑsæ]
front steps	lievenis (m)	[lievæːnis]
swing (hanging seat)	šūpoles (f pl)	[ʃuːpolæs]

91. Villa. Mansion

| country house | ārpilsētas māja (f) | [ɑːrpilsæːtɑs mɑːjɑ] |
| villa (by sea) | villa (f) | [villɑ] |

wing (of building)	ēkas spārns (m)	[æ:kɑs spɑ:rns]
garden	dārzs (m)	[dɑ:rzs]
park	parks (m)	[pɑrks]
tropical greenhouse	oranžērija (f)	[orɑnʒæ:rijɑ]
to look after (garden, etc.)	kopt	[kopt]

swimming pool	baseins (m)	[bɑsæjns]
gym	sporta zāle (f)	[sportɑ zɑ:læ]
tennis court	tenisa laukums (m)	[tænisɑ lɑukums]
home theater room	kinoteātris (m)	[kinotæɑ:tris]
garage	garāža (f)	[gɑrɑ:ʒɑ]

| private property | privātīpašums (m) | [privɑ:ti:pɑʃums] |
| private land | privātīpašums (m) | [privɑ:ti:pɑʃums] |

| warning (caution) | brīdinājums (m) | [bri:dinɑ:jums] |
| warning sign | brīdinājuma zīme (m) | [bri:dinɑ:jumɑ zi:mæ] |

security	apsardze (f)	[ɑpsɑrdzæ]
security guard	apsargs (m)	[ɑpsɑrgs]
burglar alarm	signalizācija (f)	[signɑlizɑ:tsijɑ]

92. Castle. Palace

castle	pils (f)	[pils]
palace	pils (f)	[pils]
fortress	cietoksnis (m)	[tsietoksnis]

wall (round castle)	cietokšņa mūris (m)	[tsietokʃɲɑ mu:ris]
tower	tornis (m)	[tornis]
keep, donjon	galvenais tornis (m)	[gɑlvænɑjs tornis]

portcullis	ceļamvārti (f pl)	[tsæʎɑmvɑ:rtɪ]
underground passage	pazemes eja (f)	[pɑzæmæs æjɑ]
moat	grāvis (m)	[grɑ:vis]
chain	ķēde (f)	[ke:dæ]
arrow loop	šaujamlūka (f)	[ʃɑujɑmlu:kɑ]

magnificent (adj)	lielisks	[lielisks]
majestic (adj)	dižens	[diʒæns]
impregnable (adj)	neaizsniedzams	[næɑjzsniedzɑms]
medieval (adj)	viduslaiku	[viduslɑiku]

93. Apartment

apartment	dzīvoklis (m)	[dzi:voklis]
room	istaba (f)	[istɑbɑ]
bedroom	guļamistaba (f)	[guʎɑmistɑbɑ]

dining room	ēdamistaba (f)	[æ:damistaba]
living room	viesistaba (f)	[viesistaba]
study (home office)	kabinets (m)	[kabinæts]

entry room	priekštelpa (f)	[priekʃtælpa]
bathroom	vannas istaba (f)	[vaŋas istaba]
half bath	tualete (f)	[tualetæ]

ceiling	griesti (m pl)	[griesti]
floor	grīda (f)	[gri:da]
corner	kakts (m)	[kakts]

94. Apartment. Cleaning

to clean (vi, vt)	uzkopt	[uzkopt]
to put away (to stow)	aizvākt	[ajzva:kt]
dust	putekļi (m pl)	[putækli]
dusty (adj)	putekļains	[putækʎains]
to dust (vt)	slaucīt putekļus	[slautsi:t putæklys]
vacuum cleaner	putekļu sūcējs (m)	[putækly su:tsæ:js]
to vacuum (vt)	sūkt putekļus	[su:kt putæklys]

to sweep (vi, vt)	slaucīt	[slautsi:t]
sweepings	gruži (f pl)	[gruʒi]
order	kārtība (f)	[ka:rtɪ:ba]
disorder, mess	nekārtība (f)	[næka:rtɪ:ba]

mop	birste (f)	[birstæ]
dust cloth	lupata (f)	[lupata]
broom	slota (f)	[slota]
dustpan	liekšķere (f)	[liekʃkeræ]

95. Furniture. Interior

furniture	mēbeles (f pl)	[mæ:bælæs]
table	galds (m)	[galds]
chair	krēsls (m)	[kræ:sls]
bed	gulta (f)	[gulta]
couch, sofa	dīvāns (m)	[di:va:ns]
armchair	atpūtas krēsls (m)	[atpu:tas kræ:sls]

bookcase	grāmatplaukts (m)	[gra:matplaukts]
shelf	plaukts (m)	[plaukts]
set of shelves	etažere (f)	[ætaʒæræ]

wardrobe	drēbju skapis (m)	[dræ:bju skapis]
coat rack	pakaramais (m)	[pakaramais]
coat stand	stāvpakaramais (m)	[sta:vpakaramajs]

| dresser | kumode (f) | [kumodæ] |
| coffee table | žurnālu galdiņš (m) | [ʒurnɑ:lu gɑldiŋʃ] |

mirror	spogulis (m)	[spogulis]
carpet	paklājs (m)	[pɑklɑ:js]
rug, small carpet	paklājiņš (m)	[pɑklɑ:jiŋʃ]

fireplace	kamīns (m)	[kɑmi:ns]
candle	svece (f)	[svæʦæ]
candlestick	svečturis (m)	[svæʧturis]

drapes	aizkari (m pl)	[ɑjzkɑri]
wallpaper	tapetes (f pl)	[tɑpætæs]
blinds (jalousie)	žalūzijas (f pl)	[ʒɑlu:zijɑs]

table lamp	galda lampa (f)	[gɑldɑ lɑmpɑ]
wall lamp (sconce)	gaismeklis (m)	[gɑjsmæklis]
floor lamp	stāvlampa (f)	[stɑ:vlɑmpɑ]
chandelier	lustra (f)	[lustrɑ]

leg (of chair, table)	kāja (f)	[kɑ:jɑ]
armrest	elkoņa balsts (m)	[ælkoŋɑ bɑlsts]
back (backrest)	atzveltne (f)	[ɑtzvæltnæ]
drawer	atvilktne (f)	[ɑtvilktnæ]

96. Bedding

bedclothes	gultas veļa (f)	[gultɑs væʎɑ]
pillow	spilvens (m)	[spilvæns]
pillowcase	spilvendrāna (f)	[spilvændrɑ:nɑ]
blanket (comforter)	sega (f)	[sægɑ]
sheet	palags (m)	[pɑlɑgs]
bedspread	pārsegs (m)	[pɑ:rsægs]

97. Kitchen

kitchen	virtuve (f)	[virtuvæ]
gas	gāze (f)	[gɑ:zæ]
gas cooker	gāzes plīts (m)	[gɑ:zæs pli:ts]
electric cooker	elektriskā plīts (m)	[ælektriskɑ: pli:ts]
oven	cepeškrāsns (m)	[ʦæpæʃkrɑ:sns]
microwave oven	mikroviļņu krāsns (m)	[mikroviʎny krɑ:sns]

refrigerator	ledusskapis (m)	[lædusskɑpis]
freezer	saldētava (f)	[sɑldæ:tɑvɑ]
dishwasher	trauku mazgājamā mašīna (f)	[trɑuku mɑzgɑ:jɑmɑ: mɑʃi:nɑ]
meat grinder	gaļas mašīna (f)	[gɑʎɑs mɑʃi:nɑ]

juicer	sulu spiede (f)	[sulu spiedæ]
toaster	tosters (m)	[tostærs]
mixer	mikseris (m)	[miksæris]

coffee maker	kafijas aparāts (m)	[kafijas apara:ts]
coffee pot	kafijas kanna (f)	[kafijas kaŋa]
coffee grinder	kafijas dzirnaviņas (f)	[kafijas dzirnaviɲas]

kettle	tējkanna (f)	[tæːjkaŋa]
teapot	tējkanna (f)	[tæːjkaŋa]
lid	vāciņš (m)	[va:tsiɲʃ]
tea strainer	sietiņš (m)	[sietiɲʃ]

spoon	karote (f)	[karotæ]
teaspoon	tējkarote (f)	[tæːjkarotæ]
tablespoon	ēdamkarote (f)	[æːdamkarotæ]
fork	dakša (f)	[dakʃa]
knife	nazis (m)	[nazis]

tableware (dishes)	trauki (f pl)	[trauki]
plate (dinner ~)	šķīvis (m)	[ʃ ki:vis]
saucer	apakštase (f)	[apakʃtasæ]

shot glass	glāzīte (f)	[gla:zi:tæ]
glass (~ of water)	glāze (f)	[gla:zæ]
cup	tase (f)	[tasæ]

sugar bowl	cukurtrauks (m)	[tsukurtrauks]
salt shaker	sālstrauks (m)	[sa:lstrauks]
pepper shaker	piparu trauciņš (m)	[piparu trautsiɲʃ]
butter dish	sviesta trauks (m)	[sviesta trauks]

saucepan	kastrolis (m)	[kastrolis]
frying pan	panna (f)	[paŋa]
ladle	smeļamkarote (f)	[smæʎamkarotæ]

| colander | caurduris (m) | [tsaurduris] |
| tray | paplāte (f) | [papla:tæ] |

bottle	pudele (f)	[pudælæ]
jar (glass)	burka (f)	[burka]
can	bundža (f)	[bundʒa]

bottle opener	atvere (f)	[atværæ]
can opener	atvere (f)	[atværæ]
corkscrew	korķviļķis (m)	[korkⁱviʎkis]

| filter | filtrs (m) | [filtrs] |
| to filter (vt) | filtrēt | [filtræ:t] |

| trash | atkritumi (f pl) | [atkritumi] |
| trash can | atkritumu tvertne (f) | [atkritumu tværtnæ] |

98. Bathroom

bathroom	vannas istaba (f)	[vaŋas istaba]
water	ūdens (m)	[u:dæns]
tap, faucet	krāns (m)	[kra:ns]
hot water	karsts ūdens (m)	[karsts u:dæns]
cold water	auksts ūdens (m)	[auksts u:dæns]

toothpaste	zobu pasta (f)	[zobu pasta]
to brush one's teeth	tīrīt zobus	[tiri:t zobus]

to shave (vi)	skūties	[sku:ties]
shaving foam	skūšanās putas (f)	[sku:ʃana:s putas]
razor	skuveklis (m)	[skuvæklis]

to wash (one's hands, etc.)	mazgāt	[mazga:t]
to take a bath	mazgāties	[mazga:ties]
shower	duša (f)	[duʃa]
to take a shower	iet dušā	[iet duʃa:]

bathtub	vanna (f)	[vaŋa]
toilet (toilet bowl)	klozetpods (m)	[klozætpods]
sink (washbasin)	izlietne (f)	[izlietnæ]

soap	ziepes (f pl)	[ziepæs]
soap dish	ziepju trauks (m)	[ziepjy trauks]

sponge	sūklis (m)	[su:klis]
shampoo	šampūns (m)	[ʃampu:ns]
towel	dvielis (m)	[dvielis]
bathrobe	halāts (m)	[hala:ts]

laundry (process)	veļas mazgāšana (f)	[væʎas mazga:ʃana]
washing machine	veļas mazgājamā mašīna (f)	[væʎas mazga:jama: ma:ʃi:na]
to do the laundry	mazgāt veļu	[mazga:t væly]
laundry detergent	veļas pulveris (m)	[væʎas pulværis]

99. Household appliances

TV set	televizors (m)	[tælevizors]
tape recorder	magnetofons (m)	[magnætofons]
video, VCR	videomagnetofons (m)	[vidæomagnætofons]
radio	radio uztvērējs (m)	[radio uztvæ:ræ:js]
player (CD, MP3, etc.)	atskaņotājs (m)	[atska'nsta:is]

video projector	video projektors (m)	[vidæo projektors]
home movie theater	mājas kinoteātris (m)	[ma:jas kinotæa:tris]
DVD player	DVD atskaņotājs (m)	[dævædæ atska'nsta:js]

| amplifier | **pastiprinātājs** (m) | [pastıprina:ta:js] |
| video game console | **spēļu konsole** (f) | [spæ:ly konsolæ] |

video camera	**videokamera** (f)	[vidæokamæra]
camera (photo)	**fotoaparāts** (m)	[fotoapara:ts]
digital camera	**digitālais fotoaparāts** (m)	[digita:lajs fotoapara:ts]

vacuum cleaner	**putekļu sūcējs** (m)	[putækly su:tsæ:js]
iron (e.g., steam ~)	**gludeklis** (m)	[gludæklis]
ironing board	**gludināmais dēlis** (m)	[gludina:majs dæ:lis]

telephone	**tālrunis** (m)	[ta:lrunis]
mobile phone	**mobilais tālrunis** (m)	[mobilajs ta:lrunis]
typewriter	**rakstāmmašīna** (f)	[raksta:mmaʃi:na]
sewing machine	**šujmašīna** (f)	[ʃujmaʃi:na]

microphone	**mikrofons** (m)	[mikrofons]
headphones	**austiņas** (f pl)	[austıŋas]
remote control (TV)	**pults** (m)	[pults]

CD, compact disc	**kompaktdisks** (m)	[kompaktdisks]
cassette	**kasete** (f)	[kasætæ]
vinyl record	**plate** (f)	[platæ]

100. Repairs. Renovation

renovations	**remonts** (m)	[ræmonts]
to renovate (vt)	**renovēt**	[rænovæ:t]
to repair (vt)	**remontēt**	[ræmontæ:t]
to put in order	**sakārtot**	[saka:rtot]
to redo (do again)	**pārtaisīt**	[pa:rtajsi:t]

paint	**krāsa** (f)	[kra:sa]
to paint (~ a wall)	**krāsot**	[kra:sot]
house painter	**krāsotājs** (m)	[kra:sota:js]
paintbrush	**ota** (f)	[ota]
whitewash	**krīts** (m)	[kri:ts]
to whitewash (vt)	**balināt**	[balina:t]

wallpaper	**tapetes** (f pl)	[tapætæs]
to wallpaper (vt)	**izlīmēt tapetes**	[izli:mæ:t tapætæs]
varnish	**laka** (f)	[laka]
to varnish (vt)	**nolakot**	[nolakot]

101. Plumbing

| water | **ūdens** (m) | [u:dæns] |
| hot water | **karsts ūdens** (m) | [karsts u:dæns] |

cold water	**auksts ūdens** (m)	[auksts u:dæns]
tap, faucet	**krāns** (m)	[kra:ns]
drop (of water)	**piliens** (m)	[piliens]
to drip (vi)	**pilēt**	[pilæ:t]
to leak (ab. pipe)	**tecēt**	[tætsæ:t]
leak (pipe ~)	**sūce** (f)	[su:tsæ]
puddle	**peļķe** (f)	[pæʎkæ]
pipe	**caurule** (f)	[tsaurulæ]
stop valve	**ventilis** (m)	[væntɪlis]
to be clogged up	**aizsērēt**	[aizsæ:ræ:t]
tools	**instrumenti** (f pl)	[instrumæntɪ]
adjustable wrench	**bīdatslēga** (f)	[bi:datslæ:ga]
to unscrew, untwist (vt)	**atgriezt**	[atgriezt]
to screw (tighten)	**aizgriezt**	[ajzgriezt]
to unclog (vt)	**izslaucīt**	[izslautsi:t]
plumber	**santehniķis** (m)	[santæhnikis]
basement	**pagrabs** (m)	[pagrabs]
sewerage (system)	**kanalizācija** (f)	[kanaliza:tsija]

102. Fire. Conflagration

fire (to catch ~)	**uguns** (m)	[uguns]
flame	**liesma** (f)	[liesma]
spark	**dzirkstele** (f)	[dzirkstælæ]
smoke (from fire)	**dūmi** (f pl)	[du:mi]
torch (flaming stick)	**lāpa** (f)	[la:pa]
campfire	**ugunskurs** (m)	[ugunskurs]
gas, gasoline	**benzīns** (m)	[bænzi:ns]
kerosene (for aircraft)	**petroleja** (f)	[pætrolæja]
flammable (adj)	**degošs**	[dægoʃs]
explosive (adj)	**eksplozīvs**	[æksplozi:vs]
NO SMOKING	**NESMĒĶĒT!**	[næsmæ:ke:t]
safety	**drošība** (f)	[droʃi:ba]
danger	**briesmas** (f pl)	[briesmas]
dangerous (adj)	**bīstams**	[bi:stams]
to catch fire	**iedegties**	[iedægties]
explosion	**sprādziens** (m)	[spra:dziens]
to set fire	**aizdedzināt**	[ajzdædzina:t]
incendiary (arsonist)	**dedzinātājs** (m)	[dædzina:ta:js]
arson	**dedzināšana** (f)	[dædzina:ʃana]
to blaze (vi)	**liesmot**	[liesmot]
to burn (be on fire)	**degt**	[dægt]

to burn down	**nodegt**	[nodægt]
to call the fire department	**izsaukt ugunsdzēsējus**	[izsaukt ugunsdzæ:sæ:jus]
fireman	**ugunsdzēsējs** (m)	[ugunsdzæ:sæ:js]
fire truck	**ugunsdzēsēju mašīna** (f)	[ugunsdzæ:sæ:ju maʃi:na]
fire department	**ugunsdzēsēju komanda** (f)	[ugunsdzæ:sæ:ju komanda]
fire truck ladder	**ugunsdzēsēju kāpnes** (f pl)	[ugunsdzæ:sæ:ju ka:pnæs]
fire hose	**šļūtene** (f)	[ʃly:tænæ]
fire extinguisher	**ugunsdzēšamais aparāts** (m)	[ugunsdzæ:ʃamajs apara:ts]
helmet	**ķivere** (f)	[kiværæ]
siren	**sirēna** (f)	[siræ:na]
to call out	**kliegt**	[kliegt]
to call for help	**saukt palīgā**	[saukt pali:ga:]
rescuer	**glābējs** (m)	[gla:bæ:js]
to rescue (vt)	**glābt**	[gla:bt]
to arrive (vi)	**ierasties**	[ierasties]
to extinguish (vt)	**dzēst**	[dzæ:st]
water	**ūdens** (m)	[u:dæns]
sand	**smiltis** (f pl)	[smiltıs]
ruins (destruction)	**drupas** (f pl)	[drupas]
to collapse (building, etc.)	**sabrukt**	[sabrukt]
to fall down (vi)	**sabrukt**	[sabrukt]
to cave in (ceiling, floor)	**sagāzties**	[saga:zties]
piece of wreckage	**atlūza** (f)	[atlu:za]
ash	**pelni** (f pl)	[pælni]
to suffocate (die)	**nosmakt**	[nosmakt]
to be killed (perish)	**nomirt**	[nomirt]

HUMAN ACTIVITIES

Job. Business. Part 1

103. Office. Working in the office

office (of firm)	**birojs** (m)	[birojs]
office (of director, etc.)	**kabinets** (m)	[kabinæts]
secretary	**sekretārs** (m)	[sækræta:rs]
director	**direktors** (m)	[diræktors]
manager	**menedžeris** (m)	[mænædʒæris]
accountant	**grāmatvedis** (m)	[gra:matvædis]
employee	**darbinieks** (m)	[darbinieks]
furniture	**mēbeles** (f pl)	[mæ:bælæs]
desk	**galds** (m)	[galds]
desk chair	**krēsls** (m)	[kræ:sls]
chest of drawers	**naktsgaldiņš** (m)	[naktsgaldiɲʃ]
coat stand	**stāvpakaramais** (m)	[sta:vpakaramajs]
computer	**dators** (m)	[dators]
printer	**printeris** (m)	[printæris]
fax machine	**fakss** (m)	[faks]
photocopier	**kopējamais aparāts** (m)	[kopæ:jamajs apara:ts]
paper	**papīrs** (f)	[papi:rs]
office supplies	**kancelejas piederumi** (m pl)	[kantsælejas pjedærumi]
mouse pad	**paliktnis** (m)	[paliktnis]
sheet (of paper)	**lapa** (f)	[lapa]
folder, binder	**mape** (f)	[mapæ]
catalog	**katalogs** (m)	[katalogs]
phone book (directory)	**rokasgrāmata** (f)	[rokasgra:mata]
documentation	**dokumentācija** (f)	[dokumænta:tsija]
brochure (e.g., 12 pages ~)	**brošūra** (f)	[broʃu:ra]
leaflet	**skrejlapa** (f)	[skræjlapa]
sample	**paraugs** (m)	[paraugs]
training meeting	**praktiskā nodarbība** (f)	[praktiska: nodarbi:ba]
meeting (of managers)	**sapulce** (f)	[sapultsæ]
lunch time	**pusdienu pārtraukums** (m)	[pusdienu pa:rtraukums]

to make a copy	kopēt	[kopæ:t]
to make copies	pavairot	[pavajrot]
to receive a fax	saņemt faksu	[sanemt faksu]
to send a fax	sūtīt faksu	[su:ti:t faksu]

to call (by phone)	piezvanīt	[piezvani:t]
to answer (vt)	atbildēt	[atbildæ:t]
to put through	savienot	[savienot]

to arrange, to set up	nozīmēt	[nozi:mæ:t]
to demonstrate (vt)	demonstrēt	[dæmonstræ:t]
to be absent	nebūt klāt	[næbu:t kla:t]
absence	kavējums (m)	[kavæ:jums]

104. Business processes. Part 1

occupation	process (m)	[protsæs]
firm	firma (f)	[firma]
company	kompānija (f)	[kompa:nija]
corporation	korporācija (f)	[korpora:tsija]
enterprise	uzņēmums (m)	[uzne:mums]
agency	aģentūra (f)	[agentu:ra]

agreement (contract)	līgums (f)	[li:gums]
contract	līgums (m)	[li:gums]
deal	darījums (m)	[dari:jums]
order (to place an ~)	pasūtījums (m)	[pasu:ti:jums]
term (of contract)	nosacījums (m)	[nosatsi:jums]

wholesale (adv)	vairumā	[vajruma:]
wholesale (adj)	vairum-	[vajrum]
wholesale (n)	vairumtirdzniecība (f)	[vajrumtirdznjetsi:ba]
retail (adj)	mazumtirdzniecības-	[mazumtirdznjetsi:bas]
retail (n)	mazumtirdzniecība (f)	[mazumtirdznjetsi:ba]

competitor	konkurents (m)	[konkurænts]
competition	konkurence (f)	[konkuræntsæ]
to compete (vi)	konkurēt	[konkuræ:t]

partner (associate)	partneris (m)	[partnæris]
partnership	partnerība (f)	[partnæri:ba]

crisis	krīze (f)	[kri:zæ]
bankruptcy	bankrots (m)	[bankrots]
to go bankrupt	bankrotēt	[bankrotæ:t]
difficulty	grūtības (f pl)	[gru:ti:bas]
problem	problēma (f)	[problæ:ma]
catastrophe	katastrofa (f)	[katastrofa]
economy	ekonomika (f)	[ækonomika]
economic (~ growth)	ekonomisks	[ækonomisks]

economic recession	ekonomikas lejupeja (f)	[ækonomikas læjupæja]
goal (aim)	mērķis (m)	[mæ:rkis]
task	uzdevums (m)	[uzdævums]
to trade (vi)	tirgot	[tɪrgot]
network (distribution ~)	tīkls (m)	[tɪ:kls]
inventory (stock)	noliktava (f)	[noliktava]
assortment	sortiments (m)	[sortɪmænts]
leader (leading company)	līderis (m)	[li:dæris]
large (~ company)	liels	[liels]
monopoly	monopols (m)	[monopols]
theory	teorija (f)	[tæorija]
practice	prakse (f)	[praksæ]
experience (in my ~)	pieredze (f)	[pierædzæ]
trend (tendency)	tendence (f)	[tændæntsæ]
development	attīstība (f)	[atti:sti:ba]

105. Business processes. Part 2

benefit, profit	labums (m)	[labums]
profitable (adj)	izdevīgs	[izdævi:gs]
delegation (group)	delegācija (f)	[dælega:tsija]
salary	darba alga (f)	[darba alga]
to correct (an error)	labot	[labot]
business trip	komandējums (m)	[komandæ:jums]
commission	komisija (f)	[komisija]
to control (vt)	kontrolēt	[kontrolæ:t]
conference	konference (f)	[konfæræntsæ]
license	licence (f)	[litsæntsæ]
reliable (~ partner)	uzticams	[uztɪtsams]
initiative (undertaking)	pasākums (m)	[pasa:kums]
norm (standard)	norma (f)	[norma]
circumstance	apstāklis (m)	[apsta:klis]
duty (of employee)	pienākums (m)	[piena:kums]
organization (company)	organizācija (f)	[organiza:tsija]
organization (process)	organizēšana (f)	[organizæ:ʃana]
organized (adj)	organizēts	[organizæ:ts]
cancellation	atcelšana (f)	[attsælʃana]
to cancel (call off)	atcelt	[attsælt]
report (official ~)	atskaite (f)	[atskajtæ]
patent	patents (m)	[patænts]
to patent (obtain patent)	patentēt	[patæntæ:t]
to plan (vt)	plānot	[pla:not]

bonus (money)	prēmija (f)	[præ:mija]
professional (adj)	profesionāls (m)	[profæsiona:ls]
procedure	procedūra (f)	[protsædu:ra]

to examine (contract, etc.)	izskatīt	[izskatı:t]
calculation	aprēķins (m)	[apræ:kins]
reputation	reputācija (f)	[ræputa:tsija]
risk	risks (m)	[risks]

to manage, to run	vadīt	[vadi:t]
information	ziņas (f pl)	[ziɲas]
property	īpašums (m)	[i:paʃums]
union	savienība (f)	[savieni:ba]

life insurance	dzīvības apdrošināšana (f)	[dzi:vi:bas apdroʃina:ʃana]
to insure (vt)	apdrošināt	[apdroʃina:t]
insurance	apdrošināšana (f)	[apdroʃina:ʃana]

auction (~ sale)	izsole (f)	[izsolæ]
to notify (inform)	paziņot	[pazi'nɜt]
management (process)	vadīšana (f)	[vadi:ʃana]
service (~ industry)	pakalpojums (m)	[pakalpojums]

forum	forums (m)	[forums]
to function (vi)	funkcionēt	[fuŋktsionæ:t]
stage (phase)	posms (m)	[posms]
legal (~ services)	juridisks	[juridisks]
lawyer (legal expert)	jurists (m)	[jurists]

106. Production. Works

plant	rūpnīca (f)	[ru:pni:tsa]
factory	fabrika (f)	[fabrika]
workshop	cehs (m)	[tsæhs]
works, production site	rūpniecības nozare (f)	[ru:pnietsi:bas nozaræ]

industry	rūpniecība (f)	[ru:pnietsi:ba]
industrial (adj)	rūpniecisks	[ru:pnietsisks]
heavy industry	smagā rūpniecība (f)	[sma:ga ru:pnietsi:ba]
light industry	vieglā rūpniecība (f)	[viegla: ru:pnietsi:ba]

products	produkcija (f)	[produktsija]
to produce (vt)	ražot	[raʒot]
raw materials	izejviela (f)	[izæjviela]

foreman	brigadieris (m)	[brigadjeris]
workers team	brigāde (f)	[briga:dæ]
worker	strādnieks (m)	[stra:dnieks]
working day	darba diena (f)	[darba diena]

pause	**pārtraukums** (m)	[pɑːrtrɑukums]
meeting	**sapulce** (f)	[sɑpultsæ]
to discuss (vt)	**apspriest**	[ɑpspriest]
plan	**plāns** (m)	[plɑːns]
to fulfill the plan	**izpildīt plānu**	[izpildiːt plɑːnu]
rate of output	**norma** (f)	[normɑ]
quality	**kvalitāte** (f)	[kvɑlitɑːtæ]
checking (control)	**kontrole** (f)	[kontrolæ]
quality control	**kvalitātes kontrole** (f)	[kvɑlitɑːtæs kontrolæ]
work safety	**darba drošība** (f)	[dɑrbɑ droʃiːbɑ]
discipline	**disciplīna** (f)	[distsipliːnɑ]
violation	**pārkāpums** (m)	[pɑːrkɑːpums]
(of safety rules, etc.)		
to violate (rules)	**pārkāpt**	[pɑːrkɑːpt]
strike	**streiks** (m)	[stræjks]
striker	**streikotājs** (m)	[stræjkotɑːjs]
to be on strike	**streikot**	[stræjkot]
labor union	**arodbiedrība** (f)	[ɑrodbiedriːbɑ]
to invent (machine, etc.)	**izgudrot**	[izgudrot]
invention	**izgudrojums** (m)	[izgudrojums]
research	**pētījums** (m)	[pæːtiːjums]
to improve (make better)	**uzlabot**	[uzlabot]
technology	**tehnoloģija** (f)	[tæhnologijɑ]
technical drawing	**rasējums** (m)	[rɑsæːjums]
load, cargo	**krava** (f)	[krɑvɑ]
loader (person)	**krāvējs** (m)	[krɑːvæːjs]
to load (vehicle, etc.)	**kraut**	[krɑut]
loading (process)	**iekraušana** (f)	[iekrɑuʃɑnɑ]
to unload (vi, vt)	**izkraut**	[izkrɑut]
unloading	**izkraušana** (f)	[izkrɑuʃɑnɑ]
transportation	**transports** (m)	[trɑnsports]
transportation company	**transporta kompānija** (f)	[trɑnsportɑ kompɑːnijɑ]
to transport (vt)	**transportēt**	[trɑnsportæːt]
freight car	**vagons** (m)	[vɑgons]
cistern	**cisterna** (f)	[tsistærnɑ]
truck	**kravas automašīna** (f)	[krɑvɑs ɑutomɑʃiːnɑ]
machine tool	**darbmašīna** (f)	[dɑrbmɑʃiːnɑ]
mechanism	**mehānisms** (m)	[mæhɑːnisms]
industrial waste	**atkritumi** (f pl)	[ɑtkritumi]
packing (process)	**iesaiņošana** (f)	[iesɑjˈnʒʃɑnɑ]
to pack (vt)	**iesaiņot**	[iesɑjˈnʒt]

107. Contract. Agreement

contract	līgums (m)	[liːgums]
agreement	vienošanās (f)	[vienoʃanaːs]
addendum	pielikums (m)	[pielikums]
to sign a contract	noslēgt līgumu	[noslæːgt liːgumu]
signature	paraksts (m)	[paraksts]
to sign (vt)	parakstīt	[parakstɪːt]
stamp (seal)	zīmogs (m)	[ziːmogs]
subject of contract	līguma priekšmets (m)	[liːguma priekʃmæts]
clause	punkts (m)	[puŋkts]
parties (in contract)	puses (f pl)	[pusæs]
legal address	juridiska adrese (f)	[juridiska adræsæ]
to break the contract	pārkāpt līgumu	[paːrkaːpt liːgumu]
commitment	pienākums (m)	[pienaːkums]
responsibility	atbildība (f)	[atbildiːba]
force majeure	nepārvarama vara (f)	[næpaːrvarama vara]
dispute	strīds (m)	[striːds]
penalties	soda sankcijas (f pl)	[soda saŋktsijas]

108. Import & Export

import	imports (m)	[imports]
importer	importētājs (m)	[importæːtaːjs]
to import (vt)	importēt	[importæːt]
import (e.g., ~ goods)	importa-	[importa]
exporter	eksportētājs (m)	[æksportæːtaːjs]
to export (vi, vt)	eksportēt	[æksportæːt]
goods	prece (f)	[prætsæ]
consignment, lot	partija (f)	[partija]
weight	svars (m)	[svars]
volume	apjoms (m)	[aˈpjoms]
cubic meter	kubikmetrs (m)	[kubikmætrs]
manufacturer	ražotājs (m)	[raʒotaːjs]
transportation company	transporta kompānija (f)	[transporta kompaːnija]
container	konteiners (m)	[kontæjnærs]
border	robeža (f)	[robæʒa]
customs	muita (f)	[mujta]
customs duty	muitas nodeva (f)	[mujtas nodæva]
customs officer	muitas ierēdnis (m)	[mujtas ieræːdnis]
smuggling	kontrabanda (f)	[kontrabanda]
contraband (goods)	kontrabanda (f)	[kontrabanda]

109. Finances

stock (share)	akcija (f)	[aktsija]
bond (certificate)	obligācija (f)	[obliga:tsija]
bill of exchange	vekselis (m)	[væksælis]
stock exchange	birža (f)	[birʒa]
stock price	akciju kurss (m)	[aktsiju kurs]
to go down	kļūt lētākam	[kly:t læ:takam]
to go up	kļūt dārgākam	[kly:t da:rga:kam]
controlling interest	kontroles pakete (f)	[kontrolæs pakætæ]
investment	investīcijas (f pl)	[invæstı:tsijas]
to invest (vt)	investēt	[invæstæ:t]
percent	procents (m)	[protsænts]
interest (on investment)	procenti (f pl)	[protsæntı]
profit	peļņa (f)	[pæʎɲa]
profitable (adj)	ienesīgs	[ienæsi:gs]
tax	nodoklis (m)	[nodoklis]
currency (foreign ~)	valūta (f)	[valu:ta]
national (adj)	nacionāls	[natsiona:ls]
exchange (currency ~)	apmaiņa (f)	[apmajɲa]
accountant	grāmatvedis (m)	[gra:matvædis]
accounting	grāmatvedība (f)	[gra:matvædi:ba]
bankruptcy	bankrots (m)	[baŋkrots]
collapse, crash	krahs (m)	[krahs]
ruin	izputēšana (f)	[izputæ:ʃana]
to be ruined	izputēt	[izputæ:t]
inflation	inflācija (f)	[infla:tsija]
devaluation	devalvācija (f)	[dævalva:tsija]
capital	kapitāls (m)	[kapita:ls]
income	ienākums (m)	[iena:kums]
turnover	apgrieziens (m)	[apgrieziens]
resources	resursi (f pl)	[ræsursı]
monetary resources	naudas līdzekļi (f pl)	[naudas li:dzækli]
overhead	pieskaitāmie izdevumi (f pl)	[pieskajta:mie izdævumi]
to reduce (expenses)	samazināt	[samazina:t]

110. Marketing

marketing	mārketings (m)	[ma:rkætıŋs]
market	tirgus (m)	[tırgus]

market segment	**tirgus segments** (m)	[tɪrgus sæɡmænts]
product	**produkts** (m)	[produkts]
goods	**prece** (f)	[prætsæ]

trademark	**tirdzniecības zīme** (f)	[tɪrdznietsi:bɑs zi:mæ]
logotype	**firmas zīme** (f)	[firmɑs zi:mæ]
logo	**logotips** (m)	[logotɪps]

demand	**pieprasījums** (m)	[pieprɑsi:jums]
supply	**piedāvājums** (m)	[piedɑ:vɑ:jums]
need	**vajadzība** (f)	[vɑjɑdzi:bɑ]
consumer	**patērētājs** (m)	[pɑtæ:ræ:tɑ:js]

analysis	**analīze** (f)	[ɑnɑli:zæ]
to analyze (vt)	**analizēt**	[ɑnɑlizæ:t]
positioning	**pozicionēšana** (f)	[pozitsionæ:ʃɑnɑ]
to position (vt)	**pozicionēt**	[pozitsionæ:t]

price	**cena** (f)	[tsænɑ]
pricing policy	**cenu politika** (f)	[tsænu politikɑ]
formation of price	**cenu izveidošana** (f)	[tsænu izvæjdoʃɑnɑ]

111. Advertising

advertising	**reklāma** (f)	[ræklɑ:mɑ]
to advertise (vt)	**reklamēt**	[ræklɑmæ:t]
budget	**budžets** (m)	[budʒæts]

ad, advertisement	**reklāma** (f)	[ræklɑ:mɑ]
TV advertising	**telereklāma** (f)	[tæleræklɑ:mɑ]
radio advertising	**radioreklāma** (f)	[rɑdioræklɑ:mɑ]
outdoor advertising	**ārējā reklāma** (f)	[ɑ:ræ:jɑ: ræklɑ:mɑ]

mass media	**masu informācijas līdzekļi** (f pl)	[mɑsu informɑ:tsijɑs li:dzækli]
periodical (n)	**periodisks izdevums** (m)	[pæriodisks izdævums]
image (public appearance)	**imidžs** (m)	[imidʒs]

| slogan | **lozungs** (m) | [lozuŋs] |
| motto (maxim) | **devīze** (f) | [dævi:zæ] |

campaign	**kampaņa** (f)	[kɑmpɑɲɑ]
advertising campaign	**reklāmas kampaņa** (f)	[ræklɑ:mɑs kɑmpɑɲɑ]
target group	**mērķa auditorija** (f)	[mæ:rkʲɑ ɑuditorijɑ]

business card	**vizītkarte** (f)	[vizi:tkɑrtæ]
leaflet	**skrejlapa** (f)	[skræjlɑpɑ]
brochure (e.g., 12 pages ~)	**brošūra** (f)	[broʃu:rɑ]
pamphlet	**buklets** (m)	[buklets]

newsletter	slimības lapa (f)	[slimi:bɑs lɑpɑ]
store sign	izkārtne (f)	[izkɑ:rtnæ]
poster	plakāts (m)	[plɑkɑ:ts]
billboard	reklāmu dēlis (m)	[ræklɑ:mu dæ:lis]

112. Banking

| bank | banka (f) | [baŋkɑ] |
| branch (of bank, etc.) | nodaļa (f) | [nodaʎɑ] |

| bank clerk, consultant | konsultants (m) | [konsultants] |
| manager (director) | pārvaldnieks (m) | [pɑ:rvɑldnieks] |

banking account	konts (m)	[konts]
account number	konta numurs (m)	[konta numurs]
checking account	tekošais konts (m)	[tækoʃɑjs konts]
savings account	iekrājumu konts (m)	[iekrɑ:jumu konts]

to open an account	atvērt kontu	[ɑtvæ:rt kontu]
to close the account	aizvērt kontu	[ɑjzvæ:rt kontu]
to deposit into the account	nolikt kontā	[nolikt kontɑ:]
to withdraw (vt)	izņemt no konta	[iznemt no kontɑ]

| deposit | ieguldījums (m) | [ieguldi:jums] |
| to make a deposit | veikt ieguldījumu | [væjkt ieguldi:jumu] |

| wire transfer | pārskaitījums (m) | [pɑ:rskɑjtı:jums] |
| to wire, to transfer | pārskaitīt | [pɑ:rskɑjtı:t] |

| sum | summa (f) | [summɑ] |
| How much? | Cik? | [tsik] |

| signature | paraksts (m) | [pɑrɑksts] |
| to sign (vt) | parakstīt | [pɑrɑkstı:t] |

| credit card | kredītkarte (f) | [krædi:t kɑrtæ] |
| code | kods (m) | [kods] |

| credit card number | kredītkartes numurs (m) | [krædi:tkɑrtæs numurs] |
| ATM | bankomāts (m) | [baŋkomɑ:ts] |

check	čeks (m)	[tʃeks]
to write a check	izrakstīt čeku	[izrɑkstı:t tʃeku]
checkbook	čeku grāmatiņa (f)	[tʃeku grɑ:mɑtıŋɑ]

loan (bank ~)	kredīts (m)	[krædi:ts]
to apply for a loan	griezties pēc kredīta	[griezties pæ:ts krædi:ta]
to get a loan	ņemt kredītu	[nemt krædi:tu]
to give a loan	dot kredītu	[dot krædi:tu]
guarantee	garantija (f)	[gɑrɑntıjɑ]

113. Telephone. Phone conversation

telephone	tālrunis (m)	[ta:lrunis]
mobile phone	mobilais tālrunis (m)	[mobilajs ta:lrunis]
answering machine	autoatbildētājs (m)	[autoatbildæ:ta:js]

| to call (telephone) | zvanīt | [zvani:t] |
| phone call | zvans (m) | [zvans] |

to dial a number	uzgriezt telefona numuru	[uzgriest tælæfona numuru]
Hello!	Hallo!	[halo]
to ask (vt)	pajautāt	[pajauta:t]
to answer (vi, vt)	atbildēt	[atbildæ:t]

to hear (vt)	dzirdēt	[dzirdæ:t]
well (adv)	labi	[labi]
not well (adv)	slikti	[sliktı]
noises (interference)	traucējumi (f pl)	[trautsæ:jumi]

receiver	klausule (f)	[klausulæ]
to pick up (~ the phone)	noņemt klausuli	[nonemt klausuli]
to hang up (~ the phone)	nolikt klausuli	[nolikt klausuli]

busy (adj)	aizņemts	[ajznemts]
to ring (ab. phone)	zvanīt	[zvani:t]
telephone book	telefona grāmata (f)	[tælefona gra:mata]

local (adj)	vietējais	[vietæ:jajs]
local call	vietējais zvans (m)	[vietæ:jajs zvans]
long distance (~ call)	starppilsētu	[starppilsæ:tu]
long-distance call	starppilsētu zvans (m)	[starppilsæ:tu zvans]
international (adj)	starptautiskais	[starptautıskais]
international call	starptautiskais zvans	[starptautıskais zvans]

114. Mobile telephone

mobile phone	mobilais tālrunis (m)	[mobilajs ta:lrunis]
display	displejs (m)	[displæejs]
button	poga (f)	[poga]
SIM card	SIM-karte (f)	[sim kartæ]

battery	baterija (f)	[batærija]
to be dead (battery)	izlādēties	[izla:dæ:ties]
charger	uzlādes ierīce (f)	[uzla:dæs ieri:tsæ]

menu	izvēlne (f)	[izvæ:lnæ]
settings	uzstādījumi (f pl)	[uzsta:di:jumi]
tune (melody)	melodija (f)	[mælodija]

113

to select (vt)	izvēlēties	[izvæ:læ:ties]
calculator	kalkulators (m)	[kalkulators]
voice mail	autoatbildētājs (m)	[autoatbildæ:ta:js]
alarm clock	modinātājs (m)	[modina:ta:js]
contacts	telefona grāmata (f)	[tælefona gra:mata]

| SMS (text message) | SMS-ziņa (f) | [æsæmæs ziɲa] |
| subscriber | abonents (m) | [abonænts] |

115. Stationery

| ballpoint pen | lodīšu pildspalva (f) | [lodi:ʃu pildspalva] |
| fountain pen | spalvaskāts (m) | [spalvaska:ts] |

pencil	zīmulis (m)	[zi:mulis]
highlighter	marķieris (m)	[markjeris]
felt-tip pen	flomasteris (m)	[flomastæris]

| notepad | bloknots (m) | [bloknots] |
| agenda (diary) | dienasgrāmata (f) | [dienasgra:mata] |

ruler	lineāls (m)	[linæa:ls]
calculator	kalkulators (m)	[kalkulators]
eraser	dzēšgumija (f)	[dzæ:ʃgumija]
thumbtack	piespraude (f)	[piespraudæ]
paper clip	saspraude (f)	[saspraudæ]

glue	līme (f)	[li:mæ]
stapler	skavotājs (m)	[skavota:js]
hole punch	caurumotājs (m)	[tsaurumota:js]
pencil sharpener	zīmuļu asināmais (m)	[zi:muly asina:majs]

116. Various kinds of documents

account (report)	atskaite (f)	[atskajtæ]
agreement	vienošanās (f)	[vienoʃana:s]
application form	pieteikums (m)	[pietæjkums]
authentic (adj)	īsts	[i:sts]
badge (identity tag)	personas karte (f)	[pærsonas kartæ]
business card	vizītkarte (f)	[vizi:tkartæ]

certificate (~ of quality)	sertifikāts (m)	[særtæfika:ts]
check (e.g., draw a ~)	čeks (m)	[tʃeks]
check (in restaurant)	rēķins (m)	[ræ:kins]
constitution	konstitūcija (f)	[konstitu:tsija]

| contract | līgums (m) | [li:gums] |
| copy | kopija (f) | [kopija] |

copy (of contract, etc.)	eksemplārs (m)	[æksæmplɑ:rs]
customs declaration	deklarācija (f)	[dæklɑrɑ:ʦija]
document	dokuments (m)	[dokumænʦ]
driver's license	vadītāja apliecība (f)	[vɑdi:tɑ:jɑ ɑplietsi:bɑ]
addendum	pielikums (m)	[pielikums]
form	anketa (f)	[ɑŋkæta]
identity card, ID	apliecība (f)	[ɑplietsi:bɑ]
inquiry (request)	pieprasījums (m)	[pieprɑsi:jums]
invitation card	ielūgums (m)	[ielu:gums]
invoice	rēķins (m)	[ræ:kins]
law	likums (m)	[likums]
letter (mail)	vēstule (f)	[væ:stulæ]
letterhead	veidlapa (f)	[væjdlɑpɑ]
list (of names, etc.)	saraksts (m)	[sɑrɑksʦ]
manuscript	rokraksts (m)	[rokrɑksʦ]
newsletter	slimības lapa (f)	[slimi:bɑs lɑpɑ]
note (short message)	zīmīte (f)	[zimi:tæ]
pass (for worker, visitor)	caurlaide (f)	[ʦɑurulɑjdæ]
passport	pase (f)	[pɑsæ]
permit	atļauja (f)	[atʎɑujɑ]
résumé	kopsavilkums (m)	[kopsɑvilkums]
debt note, IOU	parādzīme (m)	[pɑrɑ:ʣi:mæ]
receipt (for purchase)	kvīts (m)	[kvi:ʦ]
sales slip, receipt	čeks (m)	[ʧeks]
report	atskaite (f)	[atskɑjtæ]
to show (ID, etc.)	uzrādīt	[uzrɑ:di:t]
to sign (vt)	parakstīt	[pɑrɑksti:t]
signature	paraksts (m)	[pɑrɑksʦ]
stamp (seal)	zīmogs (m)	[zi:mogs]
text	teksts (m)	[tæksʦ]
ticket (for entry)	biļete (f)	[biletæ]
to cross out	izsvītrot	[izsvi:trot]
to fill out (~ a form)	aizpildīt	[ɑjzpildi:t]
waybill	pavadzīme (f)	[pɑvɑʣi:mæ]
will (testament)	testaments (m)	[tæstɑmænʦ]

117. Kinds of business

accounting services	grāmatvežu pakalpojumi (f pl)	[grɑ:mɑtvæʒu pɑkɑlpojumi]
advertising	reklāma (f)	[ræklɑ:mɑ]
advertising agency	reklāmas aģentūra (f)	[ræklɑ:mɑs agentu:rɑ]
air-conditioners	kondicionieri (f pl)	[konditsinieri]
airline	aviokompānija (f)	[aviokompɑ:nija]

alcoholic drinks	alkoholiskie dzērieni (f pl)	[alkoholiskie dzæ:rienı]
antiquities	antikvariāts (m)	[antikvaria:ts]
art gallery	galerija (f)	[galærija]
audit services	audita pakalpojumi (f pl)	[audi:ta pakalpojumi]

banks	banku bizness (m)	[baŋku biznæs]
bar	bārs (m)	[ba:rs]
beauty parlor	skaistuma salons (m)	[skajstuma salons]
bookstore	grāmatnīca (f)	[gra:matni:tsa]
brewery	alus darītava (f)	[alus dari:tava]
business center	bizness-centrs (m)	[biznæs tsæntrs]
business school	bizness-skola (f)	[biznæs skola]

casino	kazino (m)	[kazino]
construction	būvniecība (f)	[bu:vnietsi:ba]
consulting	konsultācijas (f pl)	[konsulta:tsijas]

dental clinic	stomatoloģija (f)	[stomatologija]
design	dizains (m)	[dizajns]
drugstore, pharmacy	aptieka (f)	[aptieka]
dry cleaners	ķīmiskā tīrītava (f)	[ki:miska: tı:ri:tava]
employment agency	nodarbinātības aģentūra (f)	[nodarbina:ti:bas agentu:ra]

financial services	finanšu pakalpojumi (f pl)	[finanʃu pakalpojumi]
food products	pārtikas produkti (m pl)	[pa:rtikas produktı]
funeral home	apbedīšanas birojs (m)	[apbædi:ʃanas birojs]
furniture (e.g., house ~)	mēbeles (f pl)	[mæ:bælæs]
garment	apģērbs (m)	[apge:rbs]
hotel	viesnīca (f)	[viesni:tsa]

ice-cream	saldējums (m)	[saldæ:jums]
industry	rūpniecība (f)	[ru:pnietsi:ba]
insurance	apdrošināšana (f)	[apdroʃina:ʃana]
Internet	internets (m)	[intærnæts]
investment	investīcijas (f pl)	[invæstı:tsijas]

jeweler	juvelieris (m)	[juvælieris]
jewelry	juvelieru izstrādājumi (f pl)	[juvælieru izstra:da:jumi]
laundry (shop)	veļas mazgātava (f)	[væʎas mazga:tava]
legal advisor	juristu pakalpojumi (f pl)	[juristu pakalpojumi]
light industry	vieglā rūpniecība (f)	[viegla: ru:pnietsi:ba]

magazine	žurnāls (m)	[ʒurna:ls]
mail-order selling	tirdzniecība pēc katalogu (f)	[tırdznietsi:ba pæ:ts kataloga]
medicine	medicīna (f)	[mæditsi:na]
movie theater	kinoteātris (m)	[kinotæa:tris]
museum	muzejs (m)	[muzæjs]

| news agency | informāciju aģentūra (f) | [informa:tsiju agentu:ra] |
| newspaper | laikraksts (m) | [lajkraksts] |

nightclub	naktsklubs (m)	[naktsklubs]
oil (petroleum)	nafta (f)	[nafta]
parcels service	kurjeru dienests (m)	[kurjeru dienæsts]
pharmaceuticals	farmācija (f)	[farma:tsija]
printing (industry)	poligrāfija (f)	[poligra:fija]
publishing house	izdevniecība (f)	[izdævnietsi:ba]
radio (~ station)	radio (m)	[radio]
real estate	nekustamais īpašums (m)	[nækustamajs i:pafums]
restaurant	restorāns (m)	[ræstora:ns]
security agency	apsardzes aģentūra (f)	[apsardzæs agentu:ra]
sports	sports (m)	[sports]
stock exchange	birža (f)	[birʒa]
store	veikals (m)	[væjkals]
supermarket	lielveikals (m)	[lielvæjkals]
swimming pool	baseins (m)	[basæjns]
tailors	ateljē (m)	[ataeʎje:]
television	televīzija (f)	[tælevi:zija]
theater	teātris (m)	[tæa:tris]
trade	tirdzniecība (f)	[tɪrdznietsi:ba]
transportation	pārvadājumi (f pl)	[pa:rvada:jumi]
travel	tūrisms (m)	[tu:risms]
veterinarian	veterinārs (m)	[vætærina:rs]
warehouse	noliktava (f)	[noliktava]
waste collection	atkritumu izvešana (f)	[atkritumu izvæʃana]

Job. Business. Part 2

118. Show. Exhibition

exhibition, show	izstāde (f)	[izsta:dæ]
trade show	tirdzniecības izstāde (f)	[tɪrdznietsi:bɑs izsta:dæ]
participation	piedalīšanās (f)	[piedɑli:ʃɑnɑ:s]
to participate (vi)	piedalīties	[piedɑli:ties]
participant (exhibitor)	dalībnieks (m)	[dɑli:bnieks]
director	direktors (m)	[diræktors]
organizer's office	direkcija (f)	[diræktsijɑ]
organizer	organizators (m)	[organizators]
to organize (vt)	organizēt	[organizæ:t]
participation form	pieteikums dalībai (m)	[pietæjkums dɑli:bɑj]
to fill out (vt)	aizpildīt	[ɑjzpildi:t]
details	detaļas (f pl)	[dætaʎas]
information	informācija (f)	[informa:tsijɑ]
price	cena (f)	[tsæna]
including	ieskaitot	[ieskɑjtæ]
to include (vt)	ietvert	[ietvært]
to pay (vi, vt)	maksāt	[mɑksɑ:t]
registration fee	reģistrācijas iemaksa (f)	[ræegistra:tsijɑs iemɑksɑ]
entrance	ieeja (f)	[ieæjɑ]
pavilion, hall	paviljons (m)	[pavi'ʎjons]
to register (vt)	reģistrēt	[ræegistræ:t]
badge (identity tag)	personas karte (f)	[pærsonɑs kartæ]
booth, stand	stends (m)	[stænds]
to reserve, to book	rezervēt	[ræzærvæ:t]
display case	skatlogs (m)	[skatlogs]
spotlight	gaismeklis (m)	[gajsmæklis]
design	dizains (m)	[dizajns]
to place (put, set)	izvietot	[izvietot]
to be placed	atrasties	[atrasties]
distributor	izplatītājs (m)	[izplɑti:ta:js]
supplier	piegādātājs (m)	[piega:da:ta:js]
to supply (vt)	piegādāt	[piega:da:t]
country	valsts (f)	[valsts]
foreign (adj)	ārzemju	[a:rzæmjy]

product	produkts (m)	[produkts]
association	asociācija (f)	[asotsiɑ:tsijɑ]
conference hall	konferenču zāle (f)	[konfæræntʃu zɑ:læ]
congress	kongress (m)	[koŋræs]
contest (competition)	konkurss (m)	[koŋkurs]

visitor	apmeklētājs (m)	[ɑpmæklæ:tɑ:js]
to visit (attend)	apmeklēt	[ɑpmæklæ:t]
customer	pasūtītājs (m)	[pɑsu:tɪ:tɑ:js]

119. Mass Media

newspaper	laikraksts (m)	[lɑjkrɑksts]
magazine	žurnāls (m)	[ʒurnɑ:ls]
press (printed media)	prese (f)	[præsæ]
radio	radio (m)	[rɑdio]
radio station	radiostacija (f)	[rɑdiostɑtsijɑ]
television	televīzija (f)	[tælevi:zijɑ]

presenter, host	vadītājs (m)	[vɑdi:tɑ:js]
newscaster	diktors (m)	[diktors]
commentator	komentētājs (m)	[komæntæ:tɑ:js]

journalist	žurnālists (m)	[ʒurnɑ:lists]
correspondent (reporter)	korespondents (m)	[koræspondænts]
press photographer	fotokorespondents (m)	[fotokoræspondænts]
reporter	reportieris (m)	[ræportieris]

editor	redaktors (m)	[rædɑktors]
editor-in-chief	galvenais redaktors (m)	[gɑlvænɑjs rædɑktors]

to subscribe (to …)	pasūtīt	[pɑsu:tɪ:t]
subscription	parakstīšanās (f)	[pɑrɑkstɪ:ʃɑnɑ:s]
subscriber	abonents (m)	[ɑbonænts]
to read (vi, vt)	lasīt	[lɑsɪ:t]
reader	lasītājs (m)	[lɑsɪ:tɑ:js]

circulation (of newspaper)	tirāža (f)	[tɪrɑ:ʒɑ]
monthly (adj)	ikmēneša-	[ikmæ:næʃɑ]
weekly (adj)	iknedēļas	[iknædæ:ʎɑs]
issue (edition)	numurs (m)	[numurs]
new (~ issue)	svaigs	[svɑjgs]

headline	virsraksts (m)	[virsrɑksts]
short article	piezīme (f)	[piezi:mæ]
column (regular article)	rubrika (f)	[rubrikɑ]
article	raksts (m)	[rɑksts]
page	lappuse (f)	[lɑppusæ]
reportage, report	reportāža (f)	[ræportɑ:ʒɑ]
event (happening)	notikums (m)	[notɪkums]

sensation (news)	**sensācija** (f)	[sænsɑːtsija]
scandal	**skandāls** (m)	[skandɑːls]
scandalous (adj)	**skandalozs**	[skandalozs]
great (~ scandal)	**skaļš**	[skaʎʃ]

program	**raidījums** (m)	[rajdiːjums]
interview	**intervija** (f)	[intærvija]
live broadcast	**tieša translācija** (f)	[tieʃa translɑːtsija]
channel	**kanāls** (m)	[kanɑːls]

120. Agriculture

agriculture	**lauksaimniecība** (f)	[lauksajmnietsiːba]
peasant (masc.)	**zemnieks** (m)	[zæmnieks]
peasant (fem.)	**zemniece** (f)	[zæmnietsæ]
farmer	**fermeris** (m)	[færmæris]

| tractor | **traktors** (m) | [traktors] |
| combine, harvester | **kombains** (m) | [kombajns] |

plow	**arkls** (m)	[arkls]
to plow (vi, vt)	**art**	[art]
plowland	**uzarts lauks** (m)	[uzarts lauks]
furrow (in field)	**vaga** (f)	[vaga]

to sow (vi, vt)	**sēt**	[sæːt]
seeder	**sējmašīna** (f)	[sæːjmaʃiːna]
sowing (process)	**sēšana** (f)	[sæːʃana]

| scythe | **izkapts** (f) | [izkapts] |
| to mow, to scythe | **pļaut** | [pʎaut] |

| spade (tool) | **lāpsta** (f) | [lɑːpsta] |
| to dig (to till) | **rakt** | [rakt] |

hoe	**kaplis** (m)	[kaplis]
to hoe, to weed	**ravēt**	[ravæːt]
weed (plant)	**nezāle** (f)	[næzɑːlæ]

watering can	**lejkanna** (f)	[læjkana]
to water (plants)	**laistīt**	[lajstiːt]
watering (act)	**laistīšana** (f)	[lajstiːʃana]

| pitchfork | **dakšas** (f pl) | [dakʃas] |
| rake | **grābeklis** (m) | [grɑːbæklis] |

fertilizer	**mēslojums** (m)	[mæːslojums]
to fertilize (vt)	**mēslot**	[mæːslot]
manure (fertilizer)	**kūtsmēsli** (f pl)	[kuːtsmæːsli]
field	**lauks** (m)	[lauks]

meadow	**pļava** (f)	[pʎava]
vegetable garden	**sakņu dārzs** (m)	[sakny da:rzs]
orchard (e.g., apple ~)	**dārzs** (m)	[da:rzs]
to pasture (vt)	**ganīt**	[gani:t]
herdsman	**gans** (m)	[gans]
pastureland	**ganības** (f pl)	[gani:bas]
cattle breeding	**lopkopība** (f)	[lopkopi:ba]
sheep farming	**aitkopība** (f)	[ajtkopi:ba]
plantation	**plantācija** (f)	[planta:tsija]
row (garden bed ~s)	**dobe** (f)	[dobæ]
hothouse	**lecekts** (m)	[lætsækts]
drought (lack of rain)	**sausums** (m)	[sausums]
dry (~ summer)	**sauss**	[saus]
cereal crops	**graudaugi** (f pl)	[graudaugi]
to harvest, to gather	**novākt**	[nova:kt]
miller (person)	**dzirnavnieks** (m)	[dzirnavnieks]
mill (e.g., gristmill)	**dzirnavas** (f pl)	[dzirnavas]
to grind (grain)	**malt graudus**	[malt graudus]
flour	**milti** (m pl)	[miltı]
straw	**salmi** (f pl)	[salmi]

121. Building. Building process

construction site	**būvvieta** (f)	[bu:vvieta]
to build (vt)	**būvēt**	[bu:væ:t]
construction worker	**celtnieks** (m)	[tsæltnieks]
project	**projekts** (m)	[proekts]
architect	**arhitekts** (m)	[arhitækts]
worker	**strādnieks** (m)	[stra:dnieks]
foundation (of building)	**pamats** (m)	[pamats]
roof	**jumts** (m)	[jumts]
foundation pile	**pālis** (m)	[pa:lis]
wall	**siena** (f)	[siena]
reinforcing bars	**armatūra** (f)	[armatu:ra]
scaffolding	**būvkoki** (f pl)	[bu:vkoki]
concrete	**betons** (m)	[bætons]
granite	**granīts** (m)	[grani:ts]
stone	**akmens** (m)	[akmæns]
brick	**ķieģelis** (m)	[kiegelis]
sand	**smiltis** (f pl)	[smiltıs]

cement	cements (m)	[tsæmænts]
plaster (for walls)	apmetums (m)	[apmætums]
to plaster (vt)	apmest	[apmæst]
paint	krāsa (f)	[kra:sa]
to paint (~ a wall)	krāsot	[kra:sot]
barrel	muca (f)	[mutsa]

crane	krāns (m)	[kra:ns]
to lift (vt)	celt	[tsælt]
to lower (vt)	nolaist	[nolajst]

bulldozer	buldozers (m)	[buldozærs]
excavator	ekskavators (m)	[ækskavators]
scoop, bucket	kauss (m)	[kaus]
to dig (excavate)	rakt	[rakt]
hard hat	ķivere (f)	[kiværæ]

122. Science. Research. Scientists

science	zinātne (f)	[zina:tnæ]
scientific (adj)	zinātnisks	[zina:tnisks]
scientist	zinātnieks (m)	[zina:tnieks]
theory	teorija (f)	[tæorija]

axiom	aksioma (f)	[aksioma]
analysis	analīze (f)	[anali:zæ]
to analyze (vt)	analizēt	[analizæ:t]
argument (strong ~)	arguments (m)	[argumænts]
substance (matter)	viela (f)	[viela]

hypothesis	hipotēze (f)	[hipotæ:zæ]
dilemma	dilemma (f)	[dilema]
dissertation	disertācija (f)	[disærta:tsija]
dogma	dogma (f)	[dogma]

doctrine	doktrīna (f)	[doktri:na]
research	pētījums (m)	[pæ:ti:jums]
to do research	pētīt	[pæ:ti:t]
testing	kontrole (f)	[kontrolæ]
laboratory	laboratorija (f)	[laboratorija]

method	metode (f)	[mætodæ]
molecule	molekula (f)	[molækula]
monitoring	monitorings (m)	[monitoriŋs]
discovery (act, event)	atklājums (m)	[atkla:jums]

postulate	postulāts (m)	[postula:ts]
principle	princips (m)	[printsips]
forecast	prognoze (f)	[prognozæ]
prognosticate (vt)	prognozēt	[prognozæ:t]

synthesis	**sintēze** (f)	[sintæ:zæ]
trend (tendency)	**tendence** (f)	[tændæntsæ]
theorem	**teorēma** (f)	[tæoræ:ma]
teachings	**mācība** (f)	[ma:tsi:ba]
fact	**fakts** (m)	[fakts]
expedition	**ekspedīcija** (f)	[ækspædi:tsija]
experiment	**eksperiments** (m)	[ækspærɪmænts]
academician	**akadēmiķis** (m)	[akadæ:mikis]
bachelor (e.g., ~ of Arts)	**bakalaurs** (m)	[bakalaurs]
doctor (PhD)	**doktors** (m)	[doktors]
Associate Professor	**docents** (m)	[dotsænts]
Master (e.g., ~ of Arts)	**maģistrs** (m)	[magistrs]
professor	**profesors** (m)	[profæsors]

Professions and occupations

123. Job search. Dismissal

job	**darbs** (m)	[darbs]
staff (work force)	**štats** (m)	[ʃtats]
career	**karjera** (f)	[karjera]
prospects	**perspektīva** (f)	[pærspæktɪːva]
skills (mastery)	**meistarība** (f)	[mæjstari:ba]
selection (screening)	**izlase** (f)	[izlasæ]
employment agency	**nodarbinātības aģentūra** (f)	[nodarbina:ti:bas agentu:ra]
résumé	**kopsavilkums** (m)	[kopsavilkums]
interview (for job)	**pārrunas** (f pl)	[pa:rrunas]
vacancy, opening	**vakance** (f)	[vakantsæ]
salary, pay	**darba alga** (f)	[darba alga]
fixed salary	**alga** (f)	[alga]
pay, compensation	**samaksa** (f)	[samaksa]
position (job)	**amats** (m)	[amats]
duty (of employee)	**pienākums** (m)	[piena:kums]
range of duties	**loks** (m)	[loks]
busy (I'm ~)	**aizņemts**	[ajznemts]
to fire (dismiss)	**atlaist**	[atlajsts]
dismissal	**atlaišana** (f)	[atlajʃana]
unemployment	**bezdarbs** (m)	[bæzdarbs]
unemployed (n)	**bezdarbnieks** (m)	[bæzdarbnieks]
retirement	**pensija** (f)	[pænsija]
to retire (from job)	**aiziet pensijā**	[ajziet pænsija:]

124. Business people

director	**direktors** (m)	[diræktors]
manager (director)	**pārvaldnieks** (m)	[pa:rvaldnieks]
boss	**vadītājs** (m)	[vadi:ta:js]
superior	**priekšnieks** (m)	[priekʃnieks]
superiors	**priekšniecība** (f)	[priekʃnietsi:ba]
president	**prezidents** (m)	[præzidænts]

chairman	priekšsēdētājs (m)	[priekʃsæædæ:ta:js]
deputy (substitute)	aizvietotājs (m)	[ajzvietota:js]
assistant	palīgs (m)	[pali:gs]
secretary	sekretārs (m)	[sækræta:rs]
personal assistant	personīgais sekretārs (m)	[pærsonɪ:gajs sækræta:rs]

businessman	biznesmenis (m)	[biznæsmænis]
entrepreneur	uzņēmējs (m)	[uzne:mæ:js]
founder	pamatlicējs (m)	[pamatlitsæ:js]
to found (vt)	nodibināt	[nodibina:t]

incorporator	dibinātājs (m)	[dibina:ta:js]
partner	partneris (m)	[partnæris]
stockholder	akcionārs (m)	[aktsiona:rs]

millionaire	miljonārs (m)	[miʎ'ona:rs]
billionaire	miljardieris (m)	[miʎjardjeris]
owner, proprietor	īpašnieks (m)	[i:paʃnieks]
landowner	zemes īpašnieks (m)	[zæmæs i:paʃnieks]

client	klients (m)	[klients]
regular client	pastāvīgais klients (m)	[pasta:vi:gajs klients]
buyer (customer)	pircējs (m)	[pirtsæ:js]
visitor	apmeklētājs (m)	[apmæklæ:ta:js]

professional (n)	profesionālis (m)	[profæsiona:lis]
expert	eksperts (m)	[æekspæerts]
specialist	speciālists (m)	[spætsia:lists]

| banker | baņķieris (m) | [baɲkjeris] |
| broker | brokeris (m) | [brokæeris] |

cashier, teller	kasieris (m)	[kasjeris]
accountant	grāmatvedis (m)	[gra:matvæedis]
security guard	sargs (m)	[sargs]

investor	investors (m)	[invæstors]
debtor	parādnieks (m)	[para:dnieks]
creditor	kreditors (m)	[kræditors]
borrower	aizņēmējs (m)	[ajznemæ:js]

| importer | importētājs (m) | [importæ:ta:js] |
| exporter | eksportētājs (m) | [æksportæ:ta:js] |

manufacturer	ražotājs (m)	[raʒota:js]
distributor	izplatītājs (m)	[izplati:ta:js]
middleman	starpnieks (m)	[starpnieks]
consultant	konsultants (m)	[konsultants]
sales representative	pārstāvis (m)	[pa:rsta:vis]
agent	aģents (m)	[agents]
insurance agent	apdrošināšanas aģents (m)	[apdroʃina:ʃanas agents]

125. Service professions

cook	pavārs (m)	[pavɑːrs]
chef (kitchen chef)	šefpavārs (m)	[ʃæfpavɑːrs]
baker	maiznieks (m)	[maiznieks]
bartender	bārmenis (m)	[bɑːrmænis]
waiter	oficiants (m)	[ofitsiants]
waitress	oficiante (f)	[ofitsiantæ]
lawyer, attorney	advokāts (m)	[advokɑːts]
lawyer (legal expert)	jurists (m)	[jurists]
notary	notārs (m)	[notɑːrs]
electrician	elektriķis (m)	[ælektrikis]
plumber	santehniķis (m)	[santæhnikis]
carpenter	namdaris (m)	[namdaris]
masseur	masieris (m)	[masieris]
masseuse	masiere (f)	[masieræ]
doctor	ārsts (m)	[ɑːrsts]
taxi driver	taksists (m)	[taksists]
driver	šoferis (m)	[ʃofæris]
delivery man	kurjers (m)	[kurjers]
chambermaid	istabene (f)	[istabænæ]
security guard	sargs (m)	[sargs]
flight attendant	stjuarte (f)	[styartæ]
teacher (in primary school)	skolotājs (m)	[skolotɑːjs]
librarian	bibliotekārs (m)	[bibliotækɑːrs]
translator	tulks (m)	[tulks]
interpreter	tulks (m)	[tulks]
guide	gids (m)	[gids]
hairdresser	frizieris (m)	[frizjeris]
mailman	pastnieks (m)	[pastnieks]
salesman (store staff)	pārdevējs (m)	[pɑːrdævæːjs]
gardener	dārznieks (m)	[dɑːrznieks]
domestic servant	kalps (m)	[kalps]
maid	kalpone (f)	[kalponæ]
cleaner (cleaning lady)	apkopēja (f)	[apkopæːja]

126. Military professions and ranks

private	ierindnieks (m)	[ierindnieks]
sergeant	seržants (m)	[særʒants]

lieutenant	leitnants (m)	[læjtnants]
captain	kapteinis (m)	[kaptæjnis]
major	majors (m)	[majors]
colonel	pulkvedis (m)	[pulkvædis]
general	ģenerālis (m)	[genera:lis]
marshal	maršals (m)	[marʃals]
admiral	admirālis (m)	[admira:lis]
military man	karavīrs (m)	[karavi:rs]
soldier	karavīrs (m)	[karavi:rs]
officer	virsnieks (m)	[virsnieks]
commander	komandieris (m)	[komandieris]
border guard	robežsargs (m)	[robæʒsargs]
radio operator	radists (m)	[radists]
scout (searcher)	izlūks (m)	[izlu:ks]
pioneer (sapper)	sapieris (m)	[sapieris]
marksman	šāvējs (m)	[ʃa:væ:js]
navigator	stūrmanis (m)	[stu:rmanis]

127. Officials. Priests

king	karalis (m)	[karalis]
queen	karaliene (f)	[karalienæ]
prince	princis (m)	[printsis]
princess	princese (f)	[printsæsæ]
tsar, czar	cars (m)	[tsars]
czarina	cariene (f)	[tsarjenæ]
president	prezidents (m)	[præzidænts]
Secretary (~ of State)	ministrs (m)	[ministrs]
prime minister	premjerministrs (m)	[præmjerministrs]
senator	senators (m)	[sænators]
diplomat	diplomāts (m)	[diploma:ts]
consul	konsuls (m)	[konsuls]
ambassador	vēstnieks (m)	[væ:stnieks]
advisor (military ~)	padomnieks (m)	[padomnieks]
official (civil servant)	ierēdnis (m)	[ieræ:dnis]
prefect	prefekts (m)	[præfækts]
mayor	mērs (m)	[mæ:rs]
judge	tiesnesis (m)	[tiesnæsis]
district attorney (prosecutor)	prokurors (m)	[prokurors]
missionary	misionārs (m)	[misiona:rs]

monk	mūks (m)	[mu:ks]
abbot	abats (m)	[abats]
rabbi	rabīns (m)	[rabi:ns]

vizier	vezīrs (m)	[væzi:rs]
shah	šahs (m)	[ʃahs]
sheikh	šeihs (m)	[ʃæjhs]

128. Agricultural professions

beekeeper	biškopis (m)	[biʃkopis]
herder, shepherd	gans (m)	[gans]
agronomist	agronoms (m)	[agronoms]
cattle breeder	lopkopis (m)	[lopkopis]
veterinarian	veterinārs (m)	[vætæerina:rs]

farmer	fermeris (m)	[færmæris]
winemaker	vīndaris (m)	[vi:ndaris]
zoologist	zoologs (m)	[zo:logs]
cowboy	kovbojs (m)	[kovbojs]

129. Art professions

| actor | aktieris (m) | [aktieris] |
| actress | aktrise (f) | [aktrisæ] |

| singer (masc.) | dziedātājs (m) | [dzieda:ta:js] |
| singer (fem.) | dziedātāja (f) | [dzieda:ta:ja] |

| dancer (masc.) | dejotājs (m) | [dæjota:js] |
| dancer (fem.) | dejotāja (f) | [dæjota:ja] |

| performing artist (masc.) | mākslinieks (m) | [ma:kslinieks] |
| performing artist (fem.) | māksliniece (f) | [ma:kslinietsæ] |

musician	mūziķis (m)	[mu:zikis]
pianist	pianists (m)	[pianists]
guitar player	ģitārists (m)	[gita:rists]

conductor (orchestra ~)	diriģents (m)	[dirigents]
composer	komponists (m)	[komponists]
impresario	impresārijs (m)	[impræsa:rijs]

movie director	režisors (m)	[ræʒisors]
producer	producents (m)	[produtsænts]
scriptwriter	scenārija autors (m)	[stsæna:rija autors]
critic	kritiķis (m)	[kritikis]
writer	rakstnieks (m)	[rakstnieks]

poet	dzejnieks (m)	[dzæjnieks]
sculptor	skulptors (m)	[skulptors]
artist (painter)	mākslinieks (m)	[mɑːkslinieks]

juggler	žonglieris (m)	[ʒɔŋlieris]
clown	klauns (m)	[klɑuns]
acrobat	akrobāts (m)	[akrobɑːts]
magician	burvju mākslinieks (m)	[burvjy mɑːksliŋjeks]

130. Various professions

doctor	ārsts (m)	[ɑːrsts]
nurse	medmāsa (f)	[mædmɑːsɑ]
psychiatrist	psihiatrs (m)	[psihiɑtrs]
dentist	stomatologs (m)	[stomɑtologs]
surgeon	ķirurgs (m)	[kirurgs]

| astronaut | astronauts (m) | [astronɑuts] |
| astronomer | astronoms (m) | [astronoms] |

driver (of taxi, etc.)	vadītājs (m)	[vɑdiːtɑːjs]
engineer (train driver)	mašīnists (m)	[maʃiːnists]
mechanic	mehāniķis (m)	[mæhɑːnikis]

miner	oglracis (m)	[ogʎrɑtsis]
worker	strādnieks (m)	[strɑːdnieks]
metalworker	atslēdznieks (m)	[atslæːdznieks]
joiner (carpenter)	galdnieks (m)	[gɑldnieks]
turner	virpotājs (m)	[virpotɑːjs]
construction worker	celtnieks (m)	[tsæltnieks]
welder	metinātājs (m)	[mætinɑːtɑːjs]

professor (title)	profesors (m)	[profæsors]
architect	arhitekts (m)	[arhitækts]
historian	vēsturnieks (m)	[væːsturnieks]
scientist	zinātnieks (m)	[zinɑtnieks]
physicist	fiziķis (m)	[fizikis]
chemist (scientist)	ķīmiķis (m)	[kiːmikis]

archeologist	arheologs (m)	[arhæologs]
geologist	ģeologs (m)	[geologs]
researcher	pētnieks (m)	[pæːtnieks]

| babysitter | aukle (f) | [auklæ] |
| teacher, educator | pedagogs (m) | [pædagogs] |

editor	redaktors (m)	[rædaktors]
editor-in-chief	galvenais redaktors (m)	[galvænajs rædaktors]
correspondent	korespondents (m)	[koræspondænts]
typist (fem.)	mašīnrakstītāja (f)	[maʃiːnrakstitɑːja]

designer	**dizainers** (m)	[dizajnærs]
computer expert	**datoru eksperts** (m)	[datoru ækspærts]
programmer	**programmētājs** (m)	[programæ:ta:js]
engineer (designer)	**inženieris** (m)	[inʒænieris]
sailor	**jūrnieks** (m)	[ju:rnieks]
seaman	**matrozis** (m)	[matrozis]
rescuer	**glābējs** (m)	[gla:bæ:js]
fireman	**ugunsdzēsējs** (m)	[ugunsdzæ:sæ:js]
policeman	**policists** (m)	[politsists]
watchman	**sargs** (m)	[sargs]
detective	**detektīvs** (m)	[dætæktı:vs]
customs officer	**muitas ierēdnis** (m)	[mujtas ieræ:dnis]
bodyguard	**miesassargs** (m)	[miesassargs]
prison guard	**uzraugs** (m)	[uzraugs]
inspector	**inspektors** (m)	[inspæktors]
sportsman	**sportists** (m)	[sportısts]
trainer, coach	**treneris** (m)	[trænæris]
butcher	**miesnieks** (m)	[miesnieks]
cobbler	**kurpnieks** (m)	[kurpnieks]
merchant	**komersants** (m)	[komærsants]
loader (person)	**krāvējs** (m)	[kra:væ:js]
fashion designer	**modelētājs** (m)	[modæelæ:ta:js]
model (fem.)	**modele** (f)	[modæelæ]

131. Occupations. Social status

schoolboy	**skolnieks** (m)	[skolnieks]
student (college ~)	**students** (m)	[studænts]
philosopher	**filosofs** (m)	[filosofs]
economist	**ekonomists** (m)	[ækonomists]
inventor	**izgudrotājs** (m)	[izgudrota:js]
unemployed (n)	**bezdarbnieks** (m)	[bæzdarbnieks]
retiree	**pensionārs** (m)	[pænsiona:rs]
spy, secret agent	**spiegs** (m)	[spiegs]
prisoner	**ieslodzītais** (m)	[ieslodzi:tajs]
striker	**streikotājs** (m)	[stræjkota:js]
bureaucrat	**birokrāts** (m)	[birokra:ts]
traveler	**ceļotājs** (m)	[tsæ'lɜta:js]
homosexual	**homoseksuālists** (m)	[homosæksua:lists]
hacker	**hakeris** (m)	[hakæris]
hippie	**hipijs** (m)	[hipijs]

bandit	bandīts (m)	[bandi:ts]
hit man, killer	algots slepkava (m)	[algots slæpkava]
drug addict	narkomāns (m)	[narkoma:ns]
drug dealer	narkotiku tirgotājs (m)	[narkotiku tirgota:js]
prostitute (fem.)	prostitūta (f)	[prostitu:ta]
pimp	suteners (m)	[sutenærs]
sorcerer	burvis (m)	[burvis]
sorceress	burve (f)	[burvæ]
pirate	pirāts (m)	[pira:ts]
slave	vergs (m)	[værgs]
samurai	samurajs (m)	[samurajs]
savage (primitive)	mežonis (m)	[mæʒonis]

Sports

132. Kinds of sports. Sportspersons

sportsman	**sportists** (m)	[sportɪsts]
kind of sports	**sporta veids** (m)	[sporta væjds]
basketball	**basketbols** (m)	[baskætbols]
basketball player	**basketbolists** (m)	[baskætbolists]
baseball	**beisbols** (m)	[bæjsbols]
baseball player	**beisbolists** (m)	[bæjsbolists]
soccer	**futbols** (m)	[futbols]
soccer player	**futbolists** (m)	[futbolists]
goalkeeper	**vārtsargs** (m)	[vɑːrtsargs]
hockey	**hokejs** (m)	[hokæjs]
hockey player	**hokejists** (m)	[hokæjɪsts]
volleyball	**volejbols** (m)	[volæjbols]
volleyball player	**volejbolists** (m)	[volæjbolists]
boxing	**bokss** (m)	[boks]
boxer	**bokseris** (m)	[bokseris]
wrestling	**cīņa** (f)	[tsiːɲa]
wrestler	**cīkstonis** (m)	[tsiːkstonis]
karate	**karatē** (m)	[karatæː]
karate fighter	**karatists** (m)	[karatɪsts]
judo	**džudo** (m)	[dʒudo]
judo athlete	**džudists** (m)	[dʒudists]
tennis	**teniss** (m)	[tænis]
tennis player	**tenisists** (m)	[tænisists]
swimming	**peldēšana** (f)	[pældæːʃana]
swimmer	**peldētājs** (m)	[pældæːtɑːjs]
fencing	**paukošana** (f)	[paukoʃana]
fencer	**paukotājs** (m)	[paukotɑːjs]
chess	**šahs** (m)	[ʃahs]
chess player	**šahists** (m)	[ʃahists]

| alpinism | alpīnisms (m) | [alpi:nisms] |
| alpinist | alpīnists (m) | [alpi:nists] |

running	skriešana (f)	[skrieʃana]
runner	skrējējs (m)	[skræ:ejs]
athletics	vieglatlētika (f)	[vieglatlæ:tɪka]
athlete	atlēts (m)	[atlæ:ts]

| horseback riding | jāšanas sports (m) | [ja:ʃanas sports] |
| horse rider | jātnieks (m) | [ja:tnieks] |

figure skating	daiļslidošana (f)	[dajʎslidoʃana]
figure skater (masc.)	daiļslidotājs (m)	[dajʎslidota:js]
figure skater (fem.)	daiļslidotāja (f)	[dajʎslidota:ja]

weightlifting	smagatlētika (f)	[smagatlæ:tɪka]
car racing	autosacīkstes (f pl)	[autosatsi:kstæs]
racing driver	braucējs (m)	[brautsæ:js]

| cycling | riteņbraukšanas sports (m) | [ritæɲbraukʃanas sports] |
| cyclist | riteņbraucējs (m) | [ritæɲbrautsæ:js] |

broad jump	tāllēkšana (f)	[ta:llæ:kʃana]
pole vault	kārtslēkšana (f)	[ka:rtslæ:kʃana]
jumper	lēcējs (m)	[lætsæ:js]

133. Kinds of sports. Miscellaneous

football	amerikāņu futbols (m)	[amærɪka:ny futbols]
badminton	badmintons (m)	[badmintons]
biathlon	biatlons (m)	[biatlons]
billiards	biljards (m)	[biʎards]

bobsled	bobslejs (m)	[bobslæjs]
bodybuilding	bodibildings (m)	[bodibildiŋs]
water polo	ūdenspolo (m)	[u:dænspolo]
handball	rokasbumba (m)	[rokasbumba]
golf	golfs (m)	[golfs]

rowing	airēšana (f)	[ajræ:ʃana]
scuba diving	niršana (m)	[nirʃana]
cross-country skiing	slēpošanas sacīkstes (f pl)	[slæ:poʃanas satsi:kstæs]
ping-pong	galda teniss (m)	[galda tænis]

sailing	buru sports (m)	[buru sports]
rally racing	rallijs (m)	[ralijs]
rugby	regbijs (m)	[rægbijs]
snowboarding	snovbords (m)	[snovbords]
archery	loka šaušana (f)	[loka ʃauʃana]

134. Gym

barbell	stienis (m)	[stienis]
dumbbells	hanteles (f pl)	[hɑntæelæs]
training machine	trenažieris (m)	[trænɑʒieris]
bicycle trainer	velotrenažieris (m)	[vælotrænɑʒieris]
treadmill	skrejceļš (m)	[skræjtsæʎʃ]
horizontal bar	šķērssija (f)	[ʃke:rssijɑ]
parallel bars	sijas (f pl)	[sijɑs]
vaulting horse	vingrošanas zirgs (m)	[viŋroʃɑnɑs zirgs]
mat (in gym)	vingrošanas paklājs (m)	[viŋroʃɑnɑs pɑklɑ:js]
jump rope	lecamaukla (f)	[lætsɑmɑuklɑ]
aerobics	vingrošana (f)	[viŋroʃɑnɑ]
yoga	joga (f)	[jogɑ]

135. Hockey

hockey	hokejs (m)	[hokæjs]
hockey player	hokejists (m)	[hokæjısts]
to play hockey	spēlēt hokeju	[spæ:læ:t hokæju]
ice	ledus (m)	[lædus]
puck	ripa (m)	[ripɑ]
hockey stick	nūja (f)	[nu:jɑ]
ice skates	slidas (f pl)	[slidɑs]
board	borts (m)	[borts]
shot	metiens (m)	[mætiens]
goaltender	vārtsargs (m)	[vɑ:rtsargs]
goal (score)	vārti (f pl)	[vɑ:rtı]
to score a goal	gūt vārtus	[gu:t vɑ:rtus]
period	periods (m)	[pæriods]
second period	otrais periods (m)	[otrɑjs pæriods]
substitutes bench	rezervistu sols (m)	[ræzærvistu sols]

136. Football

soccer	futbols (m)	[futbols]
soccer player	futbolists (m)	[futbolists]
to play soccer	spēlēt futbolu	[spæelæ:t futbolu]
major league	augstākā līga (f)	[ɑugstɑ:kɑ: li:gɑ]
soccer club	futbola klubs (m)	[futbolɑ klubs]

coach	**treneris** (m)	[trænæeris]
owner, proprietor	**īpašnieks** (m)	[i:paʃnieks]
team	**komanda** (f)	[komanda]
team captain	**komandas kapteinis** (m)	[komandas kaptæjnis]
player	**spēlētājs** (m)	[spæelæe:ta:js]
substitute	**rezerves spēlētājs** (m)	[ræezærvæs spæe:læe:ta:js]
forward	**uzbrucējs** (m)	[uzbrutsæe:js]
center forward	**centra uzbrucējs** (m)	[tsæentra uzbrutsæe:js]
striker, scorer	**bombardieris** (m)	[bombardjeris]
defender, back	**aizsargs** (m)	[ajzsargs]
halfback	**pussargs** (m)	[pussargs]
match	**mačs** (m)	[matʃs]
to meet (vi, vt)	**satikt**	[satikt]
final	**fināls** (m)	[fina:ls]
semi-final	**pusfināls** (m)	[pusfina:ls]
championship	**čempionāts** (m)	[tʃæmpiona:ts]
period, half	**puslaiks** (m)	[puslajks]
first period	**pirmais puslaiks** (m)	[pirmajs puslajks]
half-time	**pārtraukums** (m)	[pa:rtraukums]
goal	**vārti** (m pl)	[va:rtı]
goalkeeper	**vārtsargs** (m)	[va:rtsargs]
goalpost	**stabs** (m)	[stabs]
crossbar	**vārtu pārliktnis** (m)	[va:rtu pa:rliktnis]
net	**vārtu tīkls** (m)	[va:rtu tı:kls]
to concede a goal	**palaist garām vārtus**	[palajst gara:m va:rtus]
ball	**bumba** (f)	[bumba]
pass	**piespēle** (f)	[piespæe:læe]
kick	**sitiens** (m)	[sitiens]
to kick (~ the ball)	**sist**	[sist]
free kick	**soda sitiens** (m)	[soda sitiens]
corner kick	**stūra sitiens** (m)	[stu:ra sitiens]
attack	**uzbrukums** (m)	[uzbrukums]
counterattack	**pretuzbrukums** (m)	[præetuzbrukums]
combination	**kombinācija** (f)	[kombina:tsija]
referee	**arbitrs** (m)	[arbitrs]
to whistle (vi)	**svilpot**	[svilpot]
whistle (sound)	**svilpe** (f)	[svilpæe]
foul, misconduct	**pārkāpums** (m)	[pa:rka:pums]
to commit a foul	**pārkāpt**	[pa:rka:pt]
to send off	**noraidīt no laukuma**	[norajdi:t no laukuma]
yellow card	**dzeltenā kartīte** (f)	[dzæeltæena: kartı:tæe]
red card	**sarkanā kartīte** (f)	[sarkana: kartı:tæe]
disqualification	**diskvalifikācija** (f)	[diskvalifika:tsija]

to disqualify (vt)	diskvalificēt	[diskvalifitsæ:t]
penalty kick	vienpadsmit metru soda sitiens (m)	[vienspadsmit mætru soda sitiens]
wall	siena (f)	[siena]
to score (vi, vt)	gūt	[gu:t]
goal (score)	vārti (f pl)	[va:rtı]
to score a goal	gūt vārtus	[gu:t va:rtus]
substitution	maiņa (f)	[majna]
to replace (vt)	nomainīt	[nomajni:t]
rules	noteikumi (f pl)	[notæjkumi]
tactics	taktika (f)	[taktıka]
stadium	stadions (m)	[stadions]
stand (bleachers)	tribīne (f)	[tribi:næ]
fan, supporter	līdzjutējs (m)	[li:dzjytæ:js]
to shout (vi)	kliegt	[kliegt]
scoreboard	tablo (m)	[tablo]
score	rezultāts (m)	[ræzulta:ts]
defeat	sakāve (f)	[saka:væ]
to lose (not win)	zaudēt	[zaudæ:t]
draw	neizšķirts rezultāts (m)	[næjzʃkirts ræzulta:ts]
to draw (vi)	nospēlēt neizšķirti	[nospæ:læ:t næizʃkirtı]
victory	uzvara (f)	[uzvara]
to win (vi, vt)	uzvarēt	[uzvaræ:t]
champion	čempions (m)	[ʧæmpions]
best (adj)	labākais	[laba:kajs]
to congratulate (vt)	apsveikt	[apsvæjkt]
commentator	komentētājs (m)	[komæntæ:ta:js]
to commentate (vt)	komentēt	[komæntæ:t]
broadcast	translācija (f)	[transla:tsija]

137. Alpine skiing

skis	slēpes (f pl)	[slæ:pæs]
to ski (vi)	slēpot	[slæ:pot]
mountain-ski resort	kalnu slēpošanas kūrorts (m)	[kalnu slæ:poʃanas ku:rorts]
ski lift	ceļamkrāns (m)	[ʦæʎamkra:ns]
ski poles	nūjas (f pl)	[nu:jas]
slope	nogāze (f)	[noga:zæ]
slalom	slaloms (m)	[slaloms]

138. Tennis. Golf

golf	golfs (m)	[golfs]
golf club	golfa klubs (m)	[golfa klubs]
golfer	golfa spēlētājs (m)	[golfa spæː læːtɑːjs]
hole	bedrīte (f)	[bædriːtæ]
club	nūja (f)	[nuːja]
golf trolley	ratiņi nūjām (f pl)	[ratɪni nuːjɑːm]
tennis	teniss (m)	[tænis]
tennis court	tenisa laukums (m)	[tænisa laukums]
serve	servēšana (f)	[særvæːʃana]
to serve (vt)	servēt	[særvæːt]
racket	rakete (f)	[rakætæ]
net	tīkls (m)	[tɪːkls]
ball	bumba (f)	[bumba]

139. Chess

chess	šaha spēle (f)	[ʃaha spæːlæ]
chessmen	šahs (m)	[ʃahs]
chess player	šahists (m)	[ʃahists]
chessboard	šaha galdiņš (m)	[ʃaha galdiɲʃ]
chessman	figūra (f)	[figuːra]
White (white pieces)	baltie (m)	[baltiæ]
Black (black pieces)	melnie (m)	[mælnie]
pawn	bandinieks (m)	[bandinieks]
bishop	laidnis (m)	[lajdnis]
knight	zirdziņš (m)	[zirdziɲʃ]
rook (castle)	tornis (m)	[tornis]
queen	dāma (f)	[dɑːma]
king	karalis (m)	[karalis]
move	gājiens (m)	[gɑːjens]
to move (vi, vt)	iziet	[iziet]
to sacrifice (vt)	upurēt	[upuræːt]
castling	rokāde (f)	[rokɑːdæ]
check	šahs (m)	[ʃahs]
checkmate	mats (m)	[mats]
chess tournament	šaha turnīrs (m)	[ʃaha turniːrs]
Grand Master	lielmeistars (m)	[lielmæjstars]
combination	kombinācija (f)	[kombinɑːtsija]
game (in chess)	partija (f)	[partija]
checkers	dambrete (f)	[dambrætæ]

140. Boxing

boxing	**bokss** (m)	[boks]
fight (bout)	**kauja** (f)	[kauja]
boxing match	**divcīņa** (f)	[divtsi:ɳa]
round (in boxing)	**raunds** (m)	[raunds]

ring	**rings** (m)	[riŋs]
gong	**gongs** (m)	[goŋs]

punch	**sitiens** (m)	[sitiens]
knock-down	**nokdauns** (m)	[nokdauns]
knockout	**nokauts** (m)	[nokauts]
to knock out	**nokautēt**	[nokautæ:t]

boxing glove	**boksa cimds** (m)	[boksa tsimds]
referee	**tiesnesis** (m)	[tiesnæsis]

lightweight	**vieglais svars** (m)	[vieglais svars]
middleweight	**vidējais svars** (m)	[vidæ:jais svars]
heavyweight	**smagais svars** (m)	[smagais svars]

141. Sports. Miscellaneous

Olympic Games	**Olimpiskās Spēles** (f pl)	[olimpiska:s spæ:læs]
winner	**uzvarētājs** (m)	[uzvaræta:js]
to be winning	**uzvarēt**	[uzvaræ:t]
to win (vi)	**vinnēt**	[viɳæ:t]

leader	**līderis** (m)	[li:dæris]
to lead (vi)	**izrauties vadībā**	[izrauties vadi:ba:]

first place	**pirmā vieta** (f)	[pirma: vieta]
second place	**otrā vieta** (f)	[otra: vieta]
third place	**trešā vieta** (f)	[træʃa: vieta]

medal	**medaļa** (f)	[mædaʎa]
trophy	**trofeja** (f)	[trofæja]
prize cup (trophy)	**kauss** (m)	[kaus]
prize (in game)	**balva** (f)	[balva]
main prize	**galvenā balva** (f)	[galvæna: balva]

record	**rekords** (m)	[rækords]
to set a record	**uzstādīt rekordu**	[usta:di:t rækordu]

final	**fināls** (m)	[fina:ls]
final (adj)	**fināla**	[fina:la]
champion	**čempions** (m)	[tʃæmpions]
championship	**čempionāts** (m)	[tʃæmpiona:ts]

stadium	**stadions** (m)	[stɑdions]
stand (bleachers)	**tribīne** (f)	[tribi:næ]
fan, supporter	**līdzjutējs** (m)	[li:dzjytæ:js]
opponent, rival	**pretinieks** (m)	[prætɪnieks]
start	**starts** (m)	[stɑrts]
finish line	**finišs** (m)	[finiʃs]
defeat	**sakāve** (f)	[sɑkɑ:væ]
to lose (not win)	**zaudēt**	[zɑudæ:t]
referee	**tiesnesis** (m)	[tiesnæsis]
jury	**žūrija** (f)	[ʒu:rijɑ]
score	**rezultāts** (m)	[ræzultɑ:ts]
draw	**neizšķirts rezultāts** (m)	[næjzʃkirts ræzultɑ:ts]
to draw (vi)	**nospēlēt neizšķirti**	[nospæ:læ:t næizʃkirtɪ]
point	**punkts** (m)	[puŋkts]
result (final score)	**rezultāts** (m)	[ræzultɑ:ts]
half-time	**pārtraukums** (m)	[pɑ:rtrɑukums]
doping	**dopings** (m)	[dopiŋs]
to penalize (vt)	**sodīt**	[sodi:t]
to disqualify (vt)	**diskvalificēt**	[diskvɑlifitsæ:t]
apparatus	**sporta inventārs** (m)	[sportɑ invænta:rs]
javelin	**šķēps** (m)	[ʃke:ps]
shot put ball	**lode** (f)	[lodæ]
ball (snooker, etc.)	**biljarda bumbiņa** (f)	[biʎɑrdɑ bumbiɲɑ]
aim (target)	**mērķis** (m)	[mæ:rkis]
target	**mērķis** (m)	[mæ:rkis]
to shoot (vi)	**šaut**	[ʃɑut]
precise (~ shot)	**precīzs**	[prætsi:zs]
trainer, coach	**treneris** (m)	[trænæris]
to train (sb)	**trenēt**	[trænæ:t]
to train (vi)	**trenēties**	[trænæ:ties]
training	**treniņš** (m)	[trænɪɲʃ]
gym	**sporta zāle** (f)	[sportɑ zɑ:læ]
exercise (physical)	**vingrinājums** (m)	[viɲrinɑ:jums]
warm-up (of athlete)	**izvingrināšana** (f)	[izviɲrinɑ:ʃɑnɑ]

Education

142. School

school	**skola** (f)	[skola]
headmaster	**skolas direktors** (m)	[skolas direktors]
pupil (boy)	**skolnieks** (m)	[skolnieks]
pupil (girl)	**skolniece** (f)	[skolnietsæ]
schoolboy	**skolnieks** (m)	[skolnieks]
schoolgirl	**skolniece** (f)	[skolnietsæ]
to teach (sb)	**mācīt**	[maːtsiːt]
to learn (language, etc.)	**mācīties**	[maːtsiːties]
to learn by heart	**mācīties no galvas**	[maːtsiːties no galvas]
to study (work to learn)	**mācīties**	[maːtsiːties]
to be in school	**mācīties**	[maːtsiːties]
to go to school	**iet skolā**	[iet skola:]
alphabet	**alfabēts** (m)	[alfabæːts]
subject (at school)	**mācības priekšmets** (m)	[maːtsiːbas priekʃmæts]
classroom	**klase** (f)	[klasæ]
lesson	**stunda** (f)	[stunda]
recess	**starpbrīdis** (m)	[starpbriːdis]
school bell	**zvans** (m)	[zvans]
school desk	**skolas sols** (m)	[skolas sols]
chalkboard	**tāfele** (f)	[taːfelæ]
grade	**atzīme** (f)	[atziːmæ]
good grade	**laba atzīme** (f)	[laba atziːmæ]
bad grade	**slikta atzīme** (f)	[slikta atziːmæ]
to give a grade	**likt atzīmi**	[likt atziːmi]
mistake, error	**kļūda** (f)	[klyːda]
to make mistakes	**kļūdīties**	[klyːdiːties]
to correct (an error)	**labot**	[labot]
cheat sheet	**špikeris** (m)	[ʃpikeris]
homework	**mājas darbs** (m)	[maːjas darbs]
exercise (in education)	**vingrinājums** (m)	[viŋrinaːjums]
to be present	**būt klāt**	[buːt klaːt]
to be absent	**nebūt klāt**	[næbuːt klaːt]
to miss school	**kavēt stundas**	[kavæːt stundas]

to punish (vt)	sodīt	[sodi:t]
punishment	sods (m)	[sods]
conduct (behavior)	uzvedība (f)	[uzvædi:ba]

report card	dienasgrāmata (f)	[dienasgra:mata]
pencil	zīmulis (m)	[zi:mulis]
eraser	dzēšgumija (f)	[dzæ:ʃgumija]
chalk	krīts (m)	[kri:ts]
pencil case	penālis (m)	[pæna:lis]

schoolbag	portfelis (m)	[portfælis]
pen	pildspalva (f)	[pildspalva]
school notebook	burtnīca (f)	[burtni:tsa]
textbook	mācību grāmata (f)	[ma:tsi:bu gra:mata]
compasses	cirkulis (m)	[tsirkulis]

| to draw (a blueprint, etc.) | rasēt | [rasæ:t] |
| technical drawing | rasējums (m) | [rasæ:jums] |

poem	dzejolis (m)	[dzæjolis]
by heart (adv)	no galvas	[no galvas]
to learn by heart	mācīties no galvas	[ma:tsi:ties no galvas]

school vacation	brīvlaiks (m)	[bri:vlajks]
to be on vacation	būt brīvlaikā	[bu:t bri:vlaika:]
to spend one's vacation	pavadīt brīvlaiku	[pavadi:t bri:vlajku]

test (written math ~)	kontroldarbs (m)	[kontroldarbs]
essay (composition)	sacerējums (m)	[satsæræ:jums]
dictation	diktāts (m)	[dikta:ts]
exam	eksāmens (m)	[æksa:mæns]
to take an exam	likt eksāmenus	[likt æksa:mænus]
experiment (chemical ~)	mēģinājums (m)	[mæ:gina:jums]

143. College. University

academy	akadēmija (f)	[akadæ:mija]
university	universitāte (f)	[universita:tæ]
faculty (section)	fakultāte (f)	[fakulta:tæ]

student (masc.)	students (m)	[studænts]
student (fem.)	studente (f)	[studæntæ]
lecturer (teacher)	pasniedzējs (m)	[pasniedzæ:js]

lecture hall, room	auditorija (f)	[auditorija]
graduate	absolvents (m)	[absolvænts]
diploma	diploms (m)	[diploms]
dissertation	disertācija (f)	[disærta:tsija]
study (report)	pētījums (m)	[pæ:ti:jums]
laboratory	laboratorija (f)	[laboratorija]

lecture	lekcija (f)	[læktsija]
course mate	kursa biedrs (m)	[kursa biedrs]
scholarship	stipendija (f)	[stipendija]
academic degree	zinātniskais grāds (m)	[zina:tniskais gra:ds]

144. Sciences. Disciplines

mathematics	matemātika (f)	[matæma:tika]
algebra	algebra (f)	[algebra]
geometry	ģeometrija (f)	[geomætrija]

astronomy	astronomija (f)	[astronomija]
biology	bioloģija (f)	[biolodija]
geography	ģeogrāfija (f)	[geogra:fija]
geology	ģeoloģija (f)	[geologija]
history	vēsture (f)	[væ:sturæ]

medicine	medicīna (f)	[mæditsi:na]
pedagogy	pedagoģija (f)	[pædagogija]
law	tiesības (f pl)	[tiesi:bas]

physics	fizika (f)	[fizika]
chemistry	ķīmija (f)	[ki:mija]
philosophy	filozofija (f)	[filozofija]
psychology	psiholoģija (f)	[psihologija]

145. Writing system. Orthography

grammar	gramatika (f)	[gramatika]
vocabulary	leksika (f)	[læksika]
phonetics	fonētika (f)	[fonæ:tika]

noun	lietvārds (m)	[lietva:rds]
adjective	īpašības vārds (m)	[i:paʃi:bas va:rds]

verb	darbības vārds (m)	[darbi:bas va:rds]
adverb	apstākļa vārds (m)	[apsta:kʎa va:rds]

pronoun	vietniekvārds (m)	[vietniekva:rds]
interjection	izsauksmes vārds (m)	[izsauksmæs va:rds]
preposition	prievārds (m)	[prieva:rds]

root	vārda sakne (f)	[va:rda sa:knæ]
ending	galotne (f)	[galotnæ]
prefix	priedēklis (m)	[priedæ:klis]
syllable	zilbe (f)	[zilbæ]
suffix	sufikss (m)	[sufiks]
stress mark	uzsvars (m)	[uzsvars]

apostrophe	**apostrofs** (m)	[apostrofs]
period, dot	**punkts** (m)	[puŋkts]
comma	**komats** (m)	[komats]
semicolon	**semikols** (m)	[sæmikols]
colon	**kols** (m)	[kols]
ellipsis	**daudzpunkte** (m)	[daudzpuŋktæ]
question mark	**jautājuma zīme** (f)	[jauta:juma zi:mæ]
exclamation point	**izsaukuma zīme** (f)	[izsaukuma zi:mæ]
quotation marks	**pēdiņas** (f pl)	[pæ:diɲas]
in quotation marks	**pēdiņās**	[pæ:diɲa:s]
parenthesis	**iekavas** (f pl)	[iekavas]
in parenthesis	**iekavās**	[iekava:s]
hyphen	**defise** (f)	[dæfisæ]
dash	**domuzīme** (f)	[domuzi:mæ]
space (between words)	**atstarpe** (f)	[atstarpæ]
letter	**burts** (m)	[burts]
capital letter	**lielais burts** (m)	[lielajs burts]
vowel (n)	**patskanis** (m)	[patskanis]
consonant (n)	**līdzskanis** (m)	[li:dzskanis]
sentence	**teikums** (m)	[tæjkums]
subject	**teikuma priekšmets** (m)	[tæjkuma priekʃmæts]
predicate	**izteicējs** (m)	[iztæitsæ:js]
line	**rinda** (f)	[rinda]
on a new line	**ar jaunu rindu**	[ar jaunu rindu]
paragraph	**rindkopa** (f)	[rindkopa]
word	**vārds** (m)	[va:rds]
group of words	**vārdkopa** (f)	[va:rdkopa]
expression	**izteiciens** (m)	[iztæitsiens]
synonym	**sinonīms** (m)	[sinoni:ms]
antonym	**antonīms** (m)	[antoni:ms]
rule	**likums** (m)	[likums]
exception	**izņēmums** (m)	[izne:mums]
correct (adj)	**pareizs**	[parejzs]
conjugation	**konjugācija** (f)	[koɲjyga:tsija]
declension	**deklinācija** (f)	[dæklina:tsija]
nominal case	**locījums** (m)	[lotsi:jums]
question	**jautājums** (m)	[jauta:jums]
to underline (vt)	**pasvītrot**	[pasvi:trot]
dotted line	**punktēta līnija** (f)	[puŋktæ:ta li:nija]

146. Foreign languages

language	valoda (f)	[valoda]
foreign language	svešvaloda (f)	[svæʃvaloda]
to study (vt)	pētīt	[pæ:ti:t]
to learn (language, etc.)	mācīties	[ma:tsi:ties]

to read (vi, vt)	lasīt	[lası:t]
to speak (vi, vt)	runāt	[runa:t]
to understand (vt)	saprast	[saprast]
to write (vt)	rakstīt	[rakstı:t]

fast (adv)	ātri	[a:tri]
slowly (adv)	lēni	[læ:nı]
fluently (adv)	brīvi	[bri:vi]

rules	noteikumi (f pl)	[notæjkumi]
grammar	gramatika (f)	[gramatika]
vocabulary	leksika (f)	[læksika]
phonetics	fonētika (f)	[fonæ:tika]

textbook	mācību grāmata (f)	[ma:tsi:bu gra:mata]
dictionary	vārdnīca (f)	[va:rdni:tsa]
teach-yourself book	pašmācības grāmata (f)	[paʃma:tsi:bas gra:mata]
phrasebook	sarunvārdnīca (f)	[sarunva:rdni:tsa]
cassette	kasete (f)	[kasætæ]
videotape	videokasete (f)	[videokasætæ]
CD, compact disc	kompaktdisks (m)	[kompaktdisks]
DVD	DVD (m)	[dævædæ]

alphabet	alfabēts (m)	[alfabæ:ts]
to spell (vt)	izrunāt pa burtiem	[izruna:t pa burtiem]
pronunciation	izruna (f)	[izruna]

accent	akcents (m)	[aktsænts]
with an accent	ar akcentu	[ar aktsæntu]
without an accent	bez akcenta	[bæz aktsænta]

word	vārds (m)	[va:rds]
meaning	nozīme (f)	[nozi:mæ]

course (e.g., a French ~)	kursi (f pl)	[kursı]
to sign up	pierakstīties	[pierakstı:ties]
teacher	pasniedzējs (m)	[pasniedzæ:js]

translation (process)	tulkošana (f)	[tulkoʃana]
translation (text, etc.)	tulkojums (m)	[tulkojums]
translator	tulks (m)	[tulks]
interpreter	tulks (m)	[tulks]
polyglot	poliglots (m)	[poliglots]
memory	atmiņa (f)	[atmiɲa]

147. Fairy tale characters

Santa Claus	**Santa Klauss** (m)	[santa klaus]
Cinderella	**Pelnruškīte** (f)	[pælnruʃki:tæ]
mermaid	**nāra** (f)	[na:ra]
Neptune	**Neptūns** (m)	[næptu:ns]
magician, wizard	**burvis** (m)	[burvis]
fairy	**burve** (f)	[burvæ]
magic (adj)	**burvju**	[burvjy]
magic wand	**burvju nūjiņa** (f)	[burvjy nu:jɪŋa]
fairy tale	**pasaka** (f)	[pasaka]
miracle	**brīnums** (m)	[bri:nums]
dwarf	**rūķītis** (m)	[ru:ki:tɪs]
to turn into ...	**pārvērsties par ...**	[pa:rvæ:rsties par]
ghost	**spoks** (m)	[spoks]
phantom	**rēgs** (m)	[ræ:gs]
monster	**nezvērs** (m)	[næzvæ:rs]
dragon	**pūķis** (m)	[pu:kis]
giant	**milzis** (m)	[milzis]

148. Zodiac Signs

Aries	**Auns** (m)	[auns]
Taurus	**Vērsis** (m)	[væ:rsis]
Gemini	**Dvīņi** (f pl)	[dvi:ni]
Cancer	**Vēzis** (m)	[væ:zis]
Leo	**Lauva** (m)	[lauva]
Virgo	**Jaunava** (f)	[jaunava]
Libra	**Svari** (f pl)	[svari]
Scorpio	**Skorpions** (m)	[skorpions]
Sagittarius	**Strēlnieks** (m)	[stræ:lnieks]
Capricorn	**Mežāzis** (m)	[mæʒa:zis]
Aquarius	**Ūdensvīrs** (m)	[u:dænsvi:rs]
Pisces	**Zivs** (f)	[zivs]
character	**raksturs** (m)	[raksturs]
features of character	**rakstura iezīmes** (f pl)	[rakstura iezi:mæs]
behavior	**uzvedība** (f)	[uzvædi:ba]
to tell fortunes	**zīlēt**	[zi:læ:t]
fortune-teller	**zīlniece** (f)	[zi:lnietsæ]
horoscope	**horoskops** (m)	[horoskops]

Arts

149. Theater

theater	teātris (m)	[tæɑːtris]
opera	opera (f)	[opæra]
operetta	operete (f)	[opærætæ]
ballet	balets (m)	[bɑlæts]
theater poster	afiša (f)	[ɑfiʃɑ]
theatrical company	trupa (f)	[trupɑ]
tour	viesizrāde (f)	[viesizrɑːdæ]
to be on tour	sniegt viesizrādes	[sniegt viesizrɑːdæs]
to rehearse (vi, vt)	mēģināt	[mæːginɑːt]
rehearsal	mēģinājums (m)	[mæːginɑːjums]
repertoire	repertuārs (m)	[ræpertuɑːrs]
performance	izrāde (f)	[izrɑːdæ]
theatrical show	izrāde (f)	[izrɑːdæ]
play	luga (f)	[lugɑ]
ticket	biļete (f)	[biletæ]
Box office	biļešu kase (f)	[bileʃu kɑsæ]
lobby, foyer	halle (f)	[hɑllæ]
coat check	garderobe (f)	[gɑrdærobæ]
coat check tag	numurs (m)	[numurs]
binoculars	binoklis (m)	[binoklis]
usher	kontrolieris (m)	[kontrolieris]
orchestra seats	parters (m)	[pɑrtærs]
balcony	balkons (m)	[bɑlkons]
dress circle	beletāža (f)	[bæletɑːʒɑ]
box	loža (f)	[loʒɑ]
row	rinda (f)	[rindɑ]
seat	vieta (f)	[vietɑ]
audience	publika (f)	[publikɑ]
spectator	skatītājs (m)	[skɑtiːtɑːjs]
to clap (vi, vt)	aplaudēt	[ɑplaudæːt]
applause	aplausi (f pl)	[ɑplausɪ]
ovation	ovācijas (f pl)	[ovaːtsijɑs]
stage	skatuve (f)	[skɑtuvæ]
curtain	priekškars (m)	[priekʃkɑrs]
scenery	dekorācija (f)	[dækorɑːtsijɑ]
backstage	kulises (f pl)	[kulisæs]

scene (e.g., the last ~)	**skats** (m)	[skats]
act	**cēliens** (m)	[tsæːʎjens]
intermission	**starpbrīdis** (m)	[starpbriːdis]

150. Cinema

actor	**aktieris** (m)	[aktieris]
actress	**aktrise** (f)	[aktrisæ]
movies (industry)	**kino** (m)	[kino]
movie	**kino** (m)	[kino]
episode	**sērija** (f)	[sæːrija]
detective	**detektīvs** (m)	[dætæktiːvs]
action movie	**grāvējs** (m)	[graːvæːjs]
adventure movie	**piedzīvojumu filma** (f)	[piedziːvojumu filma]
science fiction movie	**fantastiska filma** (f)	[fantastiska filma]
horror movie	**šausmu filma** (f)	[ʃausmu filma]
comedy movie	**kino komēdija** (f)	[kino komæːdija]
melodrama	**melodrāma** (f)	[mælodraːma]
drama	**drāma** (f)	[draːma]
fictional movie	**mākslas filma** (f)	[maːkslas filma]
documentary	**dokumentāla filma** (f)	[dokumæntaːla filma]
cartoon	**multfilma** (f)	[multfilma]
silent movies	**mēmais kino** (m)	[mæːmais kino]
role (part)	**loma** (f)	[loma]
leading role	**galvenā loma** (f)	[galvæna: loma]
to play (vi, vt)	**spēlēt**	[spæːlæːt]
movie star	**kinozvaigzne** (f)	[kinozvaigznæ]
well-known (adj)	**slavens**	[slavæns]
famous (adj)	**slavens**	[slavæns]
popular (adj)	**populārs**	[populaːrs]
script (screenplay)	**scenārijs** (m)	[stsænaːrijs]
scriptwriter	**scenārija autors** (m)	[stsænaːrija autors]
movie director	**režisors** (m)	[ræʒisors]
producer	**producents** (m)	[produtsænts]
assistant	**asistents** (m)	[asistænts]
cameraman	**operators** (m)	[opærators]
stuntman	**kaskadieris** (m)	[kaskadieris]
to shoot a movie	**uzņemt filmu**	[uznemt filmu]
audition, screen test	**mēģinājumi** (f pl)	[mæːgina:jumi]
shooting	**uzņemšana** (f)	[uznemʃana]
movie crew	**uzņemšanas grupa** (f)	[uznemʃanas grupa]
movie set	**uzņemšanas laukums** (m)	[uznemʃanas laukums]

camera	kinokamera (f)	[kinokamera]
movie theater	kinoteātris (m)	[kinotæɑːtris]
screen (e.g., big ~)	ekrāns (m)	[ækrɑːns]
to show a movie	rādīt filmu	[rɑːdiːt filmu]

soundtrack	skaņas celiņš (m)	[skaŋas tsæliŋʃ]
special effects	specefekti (f pl)	[spætsæfektɪ]
subtitles	subtitri (f pl)	[subtɪtri]
credits	titri (f pl)	[tɪtri]
translation	tulkojums (m)	[tulkojums]

151. Painting

art	māksla (f)	[mɑːkslɑ]
fine arts	daiļās mākslas (f pl)	[dajʎɑːs mɑːkslɑs]
art gallery	galerija (f)	[galærija]
art exhibition	gleznu izstāde (f)	[glæznu izstɑːdæ]

painting (art)	gleznniecība (f)	[glæznietsiːbɑ]
graphic art	grafika (f)	[grɑfikɑ]
abstract art	abstrakcionisms (m)	[abstraktsionisms]
impressionism	impresionisms (m)	[impræsionisms]

picture (painting)	glezna (f)	[glæznɑ]
drawing	zīmējums (m)	[ziːmæːjums]
poster	plakāts (m)	[plɑkɑːts]

illustration (picture)	ilustrācija (f)	[ilustrɑːtsija]
miniature	miniatūra (f)	[miniɑturɑ]
copy (of painting, etc.)	kopija (f)	[kopijɑ]
reproduction	reprodukcija (f)	[ræproduktsija]

mosaic	mozaīka (f)	[mozaiːkɑ]
stained glass	vitrāža (f)	[vitrɑːʒɑ]
fresco	freska (f)	[fræskɑ]
engraving	gravīra (f)	[graviːrɑ]

bust (sculpture)	biste (f)	[bistæ]
sculpture	skulptūra (f)	[skulptuːrɑ]
statue	statuja (f)	[statujɑ]
plaster of Paris	ģipsis (m)	[gipsis]
plaster (as adj)	ģipša	[gipʃɑ]

portrait	portrets (m)	[portræts]
self-portrait	pašportrets (m)	[paʃportræts]
landscape painting	ainava (f)	[ajnavɑ]
still life	klusā daba (f)	[klusɑː dabɑ]
caricature	karikatūra (f)	[karikatuːrɑ]
sketch	uzmetums (m)	[uzmætums]
paint	krāsa (f)	[krɑːsɑ]

watercolor	akvareļkrāsa (f)	[akvaræʌkrɑːsɑ]
oil (paint)	eļļas krāsas (f pl)	[æʌɑs krɑːsɑs]
pencil	zīmulis (m)	[ziːmulis]
Indian ink	tuša (f)	[tuʃɑ]
charcoal	ogle (f)	[oglæ]

| to draw (vi, vt) | zīmēt | [ziːmæːt] |
| to paint (vi, vt) | gleznot | [glæznot] |

to pose (vi)	pozēt	[pozæːt]
artist's model (masc.)	modelis (m)	[modælis]
artist's model (fem.)	modele (f)	[modælæ]

artist (painter)	mākslinieks (m)	[mɑːkslinieks]
work of art	darbs (m)	[dɑrbs]
masterpiece	šedevrs (m)	[ʃædævrs]
artist's workshop	darbnīca (f)	[dɑrbniːtsɑ]

canvas (cloth)	audekls (m)	[audækls]
easel	molberts (m)	[molbærts]
palette	palete (f)	[palætæ]

frame (of picture, etc.)	ietvars (m)	[ietvars]
restoration	restaurācija (f)	[ræstaurɑːtsijɑ]
to restore (vt)	restaurēt	[ræstauræːt]

152. Literature & Poetry

literature	literatūra (f)	[literatuːrɑ]
author (writer)	autors (m)	[autors]
pseudonym	pseidonīms (m)	[psæidoniːms]

book	grāmata (f)	[grɑːmatɑ]
volume	sējums (m)	[sæːjums]
table of contents	satura rādītājs (m)	[satura rɑːdiːtɑːjs]
page	lappuse (f)	[lappusæ]
main character	galvenais varonis (m)	[galvænajs varonis]
autograph	autogrāfs (m)	[autogrɑːfs]

short story	stāsts (m)	[stɑːsts]
story (novella)	stāsts (m)	[stɑːsts]
novel	romāns (m)	[romɑːns]
work (writing)	sacerējums (m)	[satsæræːjums]
fable	fabula (f)	[fabula]
detective novel	detektīvs (m)	[dætæktɪːvs]

poem (verse)	dzejolis (m)	[dzæjolis]
poetry	dzeja (f)	[dzæjɑ]
poem (epic, ballad)	poēma (f)	[poæːmɑ]
poet	dzejnieks (m)	[dzæjnieks]

fiction	beletristika (f)	[bæletristika]
science fiction	zinātniskā fantastika (f)	[zina:tniska: fantastika]
adventures	piedzīvojumi (f pl)	[piedʒi:vojumi]
educational literature	mācību literatūra (f)	[ma:tsi:bu litæratu:ra]
children's literature	bērnu literatūra (f)	[bæ:rnu litæratu:ra]

153. Circus

circus	cirks (m)	[tsirks]
chapiteau circus	ceļojošais cirks (m)	[tsæ'lʒjoʃajs tsirks]
program	programma (f)	[programa]
performance	izrāde (f)	[izra:dæ]

| act (circus ~) | numurs (m) | [numurs] |
| circus ring | arēna (f) | [aræ:na] |

| pantomime (act) | pantomīma (f) | [pantomi:ma] |
| clown | klauns (m) | [klauns] |

acrobat	akrobāts (m)	[akroba:ts]
acrobatics	akrobātika (f)	[akroba:tika]
gymnast	vingrotājs (m)	[viŋrota:js]
gymnastics	vingrošana (f)	[viŋroʃana]
somersault	salto (m)	[salto]

athlete (strongman)	atlēts, spēkavīrs (m)	[atlæ:ts], [spe:kavi:rs]
animal-tamer	dīdītājs (m)	[didi:ta:js]
equestrian	jātnieks (m)	[ja:tnieks]
assistant	asistents (m)	[asistænts]

stunt	triks (m)	[triks]
magic trick	fokuss (m)	[fokus]
conjurer, magician	triku meistars (m)	[triku mæjstars]

juggler	žonglieris (m)	[ʒoŋlieris]
to juggle (vi, vt)	žonglēt	[ʒoŋlæ:t]
animal trainer	dresētājs (m)	[dræsæ:ta:js]
animal training	dresēšana (f)	[dræsæ:ʃana]
to train (animals)	dresēt	[dræsæ:t]

154. Music. Pop music

music	mūzika (f)	[mu:zika]
musician	mūziķis (m)	[mu:zikis]
musical instrument	mūzikas instruments (m)	[mu:zikas instrumænts]
to play ...	spēlēt ...	[spælæ:t]
guitar	ģitāra (f)	[gita:ra]
violin	vijole (f)	[vijolæ]

cello	čells (m)	[ʧæls]
double bass	kontrabass (m)	[kontrabɑs]
harp	arfa (f)	[ɑrfɑ]

piano	pianīns (m)	[piɑni:ns]
grand piano	klavieres (f pl)	[klɑvieræs]
organ	ērģeles (f pl)	[æ:rgelæs]

wind instruments	pūšamie instrumenti (f pl)	[pu:ʃɑmie instrumæntɪ]
oboe	oboja (f)	[obojɑ]
saxophone	saksofons (m)	[sɑksofons]
clarinet	klarnete (f)	[klɑrnætæ]
flute	flauta (f)	[flɑutɑ]
trumpet	trompete (f)	[trompætæ]

| accordion | akordeons (m) | [ɑkordæons] |
| drum | bungas (f pl) | [buŋɑs] |

duo	duets (m)	[duæts]
trio	trio (m)	[trio]
quartet	kvartets (m)	[kvartæts]
choir	koris (m)	[koris]
orchestra	orķestris (m)	[orkestris]

pop music	popmūzika (f)	[popmu:zikɑ]
rock music	rokmūzika (f)	[rokmu:zikɑ]
rock group	rokgrupa (f)	[rokgrupɑ]
jazz	džezs (m)	[dʒæzs]

| idol | elks (m) | [ælks] |
| admirer, fan | cienītājs (m) | [ʦieni:tɑ:js] |

concert	koncerts (m)	[konʦærʦ]
symphony	simfonija (f)	[simfonijɑ]
composition	sacerējums (m)	[sɑʦæræ:jums]
to compose (write)	sacerēt	[sɑʦæræ:t]

singing	dziedāšana (f)	[dziedɑ:ʃɑnɑ]
song	dziesma (f)	[dziesmɑ]
tune (melody)	melodija (f)	[mælodijɑ]
rhythm	ritms (m)	[ritms]
blues	blūzs (m)	[blu:zs]

sheet music	notis (f pl)	[notis]
baton	zizlis (m)	[zizlis]
bow	lociņš (m)	[loʦiɲʃ]
string	stīga (f)	[sti:gɑ]
case (e.g., guitar ~)	futrālis (m)	[futrɑ:lis]

Rest. Entertainment. Travel

155. Trip. Travel

tourism	**tūrisms** (m)	[tu:risms]
tourist	**tūrists** (m)	[tu:rists]
trip, voyage	**ceļojums** (m)	[tsæ'lɜjums]
adventure	**piedzīvojums** (m)	[piedzi:vojums]
trip, journey	**brauciens** (m)	[brautsiens]
vacation	**atvaļinājums** (m)	[atvaɫina:jums]
to be on vacation	**būt atvaļinājumā**	[bu:t atvaɫina:juma:]
rest	**atpūta** (f)	[atpu:ta]
train	**vilciens** (m)	[viltsiens]
by train	**ar vilcienu**	[ar viltsienu]
airplane	**lidmašīna** (f)	[lidmaʃi:na]
by airplane	**ar lidmašīnu**	[ar lidmaʃi:nu]
by car	**ar automobili**	[ar automobili]
by ship	**ar kuģi**	[ar kugi]
luggage	**bagāža** (f)	[baga:ʒa]
suitcase, luggage	**čemodāns** (m)	[ʧemoda:ns]
luggage cart	**bagāžas ratiņi** (f pl)	[baga:ʒas ratıni]
passport	**pase** (f)	[pasæ]
visa	**vīza** (f)	[vi:za]
ticket	**biļete** (f)	[biletæ]
air ticket	**aviobiļete** (f)	[aviobiletæ]
guidebook	**ceļvedis** (m)	[tsæ⋀vædis]
map	**karte** (f)	[kartæ]
area (rural ~)	**apvidus** (m)	[apvidus]
place, site	**vieta** (f)	[vieta]
exotic (n)	**eksotika** (f)	[æksotika]
exotic (adj)	**eksotisks**	[æksotisks]
amazing (adj)	**apbrīnojams**	[apbri:nojams]
group	**grupa** (f)	[grupa]
excursion	**ekskursija** (f)	[ækskursija]
guide (person)	**gids** (m)	[gids]

156. Hotel

hotel	viesnīca (f)	[viesni:tsa]
motel	motelis (m)	[motælis]
three-star	trīszvaigžņu	[tri:szvaigʒny]
five-star	pieczvaigžņu	[pietszvajgʒny]
to stay (in hotel, etc.)	apmesties	[apmæsties]
room	numurs (m)	[numurs]
single room	vienvietīgs numurs (m)	[vienvietɪ:gs numurs]
double room	divvietīgs numurs (m)	[divvjetɪ:gs numurs]
to book a room	rezervēt numuru	[ræzærvæ:t numuru]
half board	pus pansija (f)	[pus pansija]
full board	pilna pansija (f)	[pilna pansija]
with bath	ar vannu	[ar vaŋu]
with shower	ar dušu	[ar duʃu]
satellite television	satelīta televīzija (f)	[satæli:ta tælævi:zija]
air-conditioner	kondicionētājs (m)	[konditsionæ:ta:js]
towel	dvielis (m)	[dvielis]
key	atslēga (f)	[atslæ:ga]
administrator	administrators (m)	[administrators]
chambermaid	istabene (f)	[istabænæ]
porter, bellboy	nesējs (m)	[næsæ:js]
doorman	portjē (m)	[portje:]
restaurant	restorāns (m)	[ræstora:ns]
pub, bar	bārs (m)	[ba:rs]
breakfast	brokastis (f pl)	[brokastɪs]
dinner	vakariņas (f pl)	[vakariɲas]
buffet	zviedru galds (m)	[zviedru galds]
lobby	vestibils (m)	[væstɪbils]
elevator	lifts (m)	[lifts]
DO NOT DISTURB	NETRAUCĒT	[nætrautse:t]
NO SMOKING	NESMĒĶĒT!	[næsmæ:ke:t]

157. Books. Reading

book	grāmata (f)	[gra:mata]
author	autors (m)	[autors]
writer	rakstnieks (m)	[rakstnieks]
to write (~ a book)	uzrakstīt	[uzrakstɪ:t]
reader	lasītājs (m)	[lasɪ:ta:js]
to read (vi, vt)	lasīt	[lasɪ:t]

reading (activity)	**lasīšana** (f)	[lɑsɪːʃɑnɑ]
silently (to oneself)	**klusībā**	[klusɪːbɑː]
aloud (adv)	**balsī**	[bɑlsɪː]

to publish (vt)	**izdot**	[izdot]
publishing (process)	**izdevums** (m)	[izdævums]
publisher	**izdevējs** (m)	[izdævæːjs]
publishing house	**izdevniecība** (f)	[izdævnietsiːbɑ]

to come out (be released)	**iznākt**	[iznɑːkt]
release (of a book)	**iznākšana** (f)	[iznɑːkʃɑnɑ]
print run	**izloze** (f)	[izlozæ]

bookstore	**grāmatnīca** (f)	[grɑːmɑtniːtsɑ]
library	**bibliotēka** (f)	[bibliotæːkɑ]

story (novella)	**stāsts** (m)	[stɑːsts]
short story	**stāsts** (m)	[stɑːsts]
novel	**romāns** (m)	[romɑːns]
detective novel	**detektīvs** (m)	[dætæktɪːvs]

memoirs	**memuāri** (f pl)	[mæmuɑːri]
legend	**leģenda** (f)	[læɡendɑ]
myth	**mīts** (m)	[miːts]

poetry, poems	**dzeja** (f)	[dzæjɑ]
autobiography	**autobiogrāfija** (f)	[ɑutobiogrɑːfijɑ]
selected works	**izlase** (f)	[izlɑsæ]
science fiction	**zinātniskā fantastika** (f)	[zinɑːtniskɑ: fɑntɑstikɑ]

title	**nosaukums** (m)	[nosɑukums]
introduction	**ievads** (m)	[ievɑds]
title page	**titullapa** (f)	[titullɑpɑ]

chapter	**nodaļa** (f)	[nodɑʎɑ]
extract	**fragments** (m)	[frɑgmænts]
episode	**epizode** (f)	[æpizodæ]

plot (storyline)	**sižets** (m)	[siʒæts]
contents	**saturs** (m)	[sɑturs]
table of contents	**satura rādītājs** (m)	[sɑturɑ rɑːdiːtɑːjs]
main character	**galvenais varonis** (m)	[gɑlvænɑjs vɑronis]

volume	**sējums** (m)	[sæːjums]
cover	**vāks** (m)	[vɑːks]
binding	**iesējums** (m)	[iesæːjums]
bookmark	**ieliekamā zīme** (f)	[ieliekɑmɑː ziːmæ]

page	**lappuse** (f)	[lɑppusæ]
to flick through	**šķirstīt**	[ʃkirstɪːt]
margins	**apmales** (f pl)	[ɑpmɑlæs]
annotation	**ķeksītis** (m)	[keksiːtɪs]

footnote	piezīme (f)	[piezi:mæ]
text	teksts (m)	[tæksts]
type, font	burtu raksts (m)	[burtu raksts]
misprint, typo	drukas kļūda (f)	[drukas kly:da]

translation	tulkojums (m)	[tulkojums]
to translate (vt)	tulkot	[tulkot]
original (n)	oriģināldarbs (m)	[origina:ldarbs]

famous (adj)	slavens	[slavæns]
unknown (adj)	nezināms	[næzina:ms]
interesting (adj)	interesants	[intæræsants]
bestseller	bestsellers (m)	[bæstsællærs]

dictionary	vārdnīca (f)	[va:rdni:tsa]
textbook	mācību grāmata (f)	[ma:tsi:bu gra:mata]
encyclopedia	enciklopēdija (f)	[æntsiklopæ:dija]

158. Hunting. Fishing

hunting	medības (f pl)	[mædi:bas]
to hunt (vi, vt)	medīt	[mædi:t]
hunter	mednieks (m)	[mædnieks]

to shoot (vi)	šaut	[ʃaut]
rifle	šautene (f)	[ʃautænæ]
bullet (shell)	patrona (m)	[patrona]
shot (lead balls)	skrotis (f pl)	[skrotis]

trap (e.g., bear ~)	lamatas (f pl)	[lamatas]
snare (for birds, etc.)	slazds (m)	[slazds]
to fall into the trap	iekrist lamatās	[iekrist lamata:s]
to lay a trap	izlikt lamatas	[izlikt lamatas]

poacher	malumednieks (m)	[malumædnieks]
game (in hunting)	medījums (m)	[mædi:jums]
hound dog	medību suns (m)	[mædi:bu suns]
safari	safari (m)	[safari]
mounted animal	izbāzenis (m)	[izba:zænis]

fisherman	zvejnieks (m)	[zvæjnieks]
fishing	makšķerēšana (f)	[makʃkeræ:ʃana]
to fish (vi)	zvejot	[zvæjot]

fishing rod	makšķere (f)	[makʃkeræ]
fishing line	makšķeres aukla (f)	[makʃkeræs aukla]
hook	āķis (m)	[a:kis]
float	pludiņš (m)	[pludiɲʃ]
bait	ēsma (f)	[æ:sma]
to cast a line	iemest makšķeri	[iemæst makʃkeri]

to bite (ab. fish)	ķerties	[kerties]
catch (of fish)	ķēriens (m)	[ke:riens]
ice-hole	āliņģis (m)	[ɑ:liŋgis]

fishing net	tīkls (m)	[tɪ:kls]
boat	laiva (f)	[lɑiva]
to net (catch with net)	zvejot	[zvæjot]
to cast the net	iemest tīklu	[iemæst tɪ:klu]
to haul in the net	izvilkt tīklu	[izvilkt tɪ:klu]
to fall into the net	ieskriet tīklā	[ieskriet tɪ:klɑ:]

whaler (person)	valzivju mednieks (m)	[valzivjy mædnieks]
whaleboat	valzivju medību kuģis (m)	[valzivjy mædi:bu kugis]
harpoon	harpūna (f)	[harpu:na]

159. Games. Billiards

billiards	biljards (m)	[biʎards]
billiard room, hall	biljarda istaba (f)	[biʎarda istaba]
ball	biljarda bumbiņa (f)	[biʎarda bumbiɲa]

to pocket a ball	iesist bumbu	[iesɪst bumbu]
cue	biljarda nūja (f)	[biʎarda nu:ja]
pocket	maks (m)	[maks]

160. Games. Playing cards

diamonds	kāravs (m)	[kɑ:ravs]
spades	pīķis (m)	[pi:kis]
hearts	erci (m pl)	[ærtsi]
clubs	kreici (m pl)	[kræjtsi]

ace	dūzis (m)	[du:zis]
king	kungs (m)	[kuŋs]
queen	dāma (f)	[dɑ:ma]
jack, knave	kalps (m)	[kalps]

| playing card | spēļu kārts (m) | [spæ:ly kɑ:rts] |
| cards | kārtis (f pl) | [kɑ:rtis] |

| trump | trumpis (m) | [trumpis] |
| deck of cards | kāršu kava (f) | [kɑ:rʃu kava] |

point	punkts (m)	[puŋkts]
to deal (vi, vt)	izdot	[izdot]
to shuffle (cards)	jaukt	[jaukt]
lead, turn (n)	gājiens (m)	[gɑ:jens]
cardsharp	blēdis (m)	[blæ:dis]

161. Casino. Roulette

casino	**kazino** (m)	[kazino]
roulette (game)	**rulete** (f)	[rulætæ]
bet, stake	**likme** (f)	[likmæ]
to place bets	**līkt likmes**	[li:kt likmæs]
red	**sarkanais** (m)	[sarkanais]
black	**melnais** (m)	[mælnajs]
to bet on red	**likt uz sarkano**	[likt uz sarkano]
to bet on black	**likt uz melno**	[likt uz mælno]
croupier (dealer)	**krupjē** (m)	[krupjæ:]
to turn the wheel	**griezt laimes ratu**	[griezt lajmæs ratu]
rules (of game)	**spēles noteikumi** (f pl)	[spæ:læs notæjkumi]
chip	**spēļu marka** (f)	[spæ:ly marka]
to win (vi, vt)	**laimēt**	[lajmæ:t]
winnings	**laimests** (m)	[lajmæsts]
to lose (~ 100 dollars)	**zaudēt**	[zaudæ:t]
loss	**zaudējums** (m)	[zaudæ:jums]
player	**spēlētājs** (m)	[spæælæ:ta:js]
blackjack (card game)	**blekdžeks** (m)	[blækdʒæks]
craps (dice game)	**kauliņu spēle** (f)	[kauliny spæ:læ]
dice	**spēļu kauliņi** (f pl)	[spæ:ly kaulini]
slot machine	**spēļu automāts** (m)	[spæ:ly automa:ts]

162. Rest. Games. Miscellaneous

to walk, to stroll (vi)	**pastaigāties**	[pastaiga:ties]
walk, stroll	**pastaiga** (f)	[pastaiga]
road trip	**izbrauciens** (m)	[izbrautsiens]
adventure	**piedzīvojums** (m)	[piedzi:vojums]
picnic	**pikniks** (m)	[pikniks]
game (chess, etc.)	**spēle** (f)	[spæ:læ]
player	**spēlētājs** (m)	[spæælæ:ta:js]
game (one ~ of chess)	**partija** (f)	[partija]
collector (e.g., philatelist)	**kolekcionārs** (m)	[kolæktsiona:rs]
to collect (vt)	**kolekcionēt**	[kolæktsionæ:t]
collection	**kolekcija** (f)	[kolæktsija]
crossword puzzle	**krustvārdu mīkla** (f)	[krustva:rdu mi:kla]
racetrack (hippodrome)	**hipodroms** (m)	[hipodroms]
discotheque	**diskotēka** (f)	[diskotæ:ka]
sauna	**sauna** (f)	[sauna]

lottery	**loterija** (f)	[lotærija]
camping trip	**gājiens** (m)	[gɑ:jens]
camp	**nometne** (f)	[nomætnæ]
tent (for camping)	**telts** (f)	[tælts]
compass	**kompass** (m)	[kompɑs]
camper	**tūrists** (m)	[tu:rists]
to watch (movie, etc.)	**skatīties**	[skɑtı:ties]
viewer	**televīzijas skatītājs** (m)	[tælevi:zijɑs skɑtı:tɑ:js]
TV show	**televīzijas raidījums** (m)	[tælevi:zijɑs raidi:jums]

163. Photography

camera (photo)	**fotoaparāts** (m)	[fotoɑpɑrɑ:ts]
photo, picture	**foto** (m)	[foto]
photographer	**fotogrāfs** (m)	[fotogrɑ:fs]
photo studio	**fotostudija** (f)	[fotostudijɑ]
photo album	**fotoalbums** (m)	[fotoɑlbums]
camera lens	**objektīvs** (m)	[objektı:vs]
telephoto lens	**teleobjektīvs** (m)	[tæleobjektı:vs]
filter	**filtrs** (m)	[filtrs]
lens	**lēca** (f)	[læ:tsɑ]
optics (high-quality ~)	**optika** (f)	[optikɑ]
diaphragm (aperture)	**diafragma** (f)	[diɑfrɑgmɑ]
exposure time	**izturējums** (m)	[izturæ:jums]
viewfinder	**vizieris** (m)	[vizieris]
digital camera	**ciparkamera** (f)	[tsiparkɑmæra]
tripod	**statīvs** (m)	[stɑtı:vs]
flash	**zibsnis** (m)	[zibsnis]
to photograph (vt)	**fotografēt**	[fotogrɑfæ:t]
to take pictures	**fotografēt**	[fotogrɑfæ:t]
to be photographed	**fotografēties**	[fotogrɑfæ:ties]
focus	**asums** (m)	[ɑsums]
to adjust the focus	**noregulēt asumu**	[norægulæ:t ɑsumu]
sharp, in focus (adj)	**ass**	[ɑss]
sharpness	**asums** (m)	[ɑsums]
contrast	**kontrasts** (m)	[kontrɑsts]
contrasty (adj)	**kontrasta**	[kontrɑstɑ]
picture (photo)	**attēls** (m)	[ɑttæ:ls]
negative (n)	**negatīvs** (m)	[nægɑti:vs]
film (a roll of ~)	**filma** (f)	[filmɑ]
frame (still)	**kadrs** (m)	[kɑdrs]
to print (photos)	**drukāt**	[drukɑ:t]

164. Beach. Swimming

beach	**pludmale** (f)	[pludmalæ]
sand	**smiltis** (f pl)	[smiltıs]
deserted (beach)	**tukšs**	[tukʃs]
suntan	**iedegums** (m)	[iedægums]
to get a tan	**sauļoties**	[sau'lɜties]
tan (adj)	**nosauļojies**	[nosau'lɜties]
sunscreen	**sauļošanas krēms** (m)	[sau'lɜʃanas kræ:ms]
bikini	**bikini** (m)	[bikini]
bathing suit	**peldkostīms** (m)	[pældkosti:ms]
swim briefs	**peldbikses** (f pl)	[pældbiksæs]
swimming pool	**baseins** (m)	[basæjns]
to swim (vi)	**peldēt**	[pældæ:t]
shower	**duša** (f)	[duʃa]
to change (one's clothes)	**pārģērbties**	[pa:rge:rbties]
towel	**dvielis** (m)	[dvielis]
boat	**laiva** (f)	[laiva]
motorboat	**kuteris** (m)	[kutæris]
water ski	**ūdensslēpes** (f pl)	[u:dænsslæ:pæs]
paddle boat	**ūdens ritenis** (m)	[u:dæns ritænis]
surfing	**sērfings** (m)	[se:rfiŋs]
surfer	**sērfotājs** (m)	[se:rfota:js]
scuba set	**akvalangs** (m)	[akvalaŋs]
flippers (swimfins)	**peldpleznas** (f pl)	[pældplæznas]
mask	**maska** (f)	[maska]
diver	**nirējs** (m)	[niræ:js]
to dive (vi)	**nirt**	[nirt]
underwater (adv)	**zem ūdens**	[zæm u:dæns]
beach umbrella	**lietussargs** (m)	[lietussargs]
beach chair	**guļamkrēsls** (m)	[guʎamkræ:sls]
sunglasses	**brilles** (f pl)	[brillæs]
air mattress	**peldmatracis** (m)	[pældmatratsis]
to play (amuse oneself)	**spēlēt**	[spæ:læ:t]
to go for a swim	**peldēties**	[pældæ:ties]
beach ball	**bumba** (f)	[bumba]
to inflate (vt)	**piepūst**	[piepu:st]
inflatable, air- (adj)	**piepūšams**	[piepu:ʃams]
wave	**vilnis** (m)	[vilnis]
buoy	**boja** (f)	[boja]
to drown (ab. person)	**slīkt**	[sli:kt]

to save, to rescue	**glābt**	[glɑːbt]
life vest	**glābšanas veste** (f)	[glɑːbʃɑnɑs væstæ]
to observe, to watch	**novērot**	[novæːrot]
lifeguard	**glābējs** (m)	[glɑːbæːjs]

TECHNICAL EQUIPMENT. TRANSPORTATION

Technical equipment

165. Computer

computer	**dators** (m)	[dɑtors]
notebook, laptop	**portatīvais dators** (m)	[portɑtɪ:vɑjs dɑtors]
to turn on	**ieslēgt**	[ieslæ:gt]
to turn off	**izslēgt**	[izslæ:gt]
keyboard	**tastatūra** (f)	[tɑstɑtu:rɑ]
key	**taustiņš** (m)	[taustɪɲʃ]
mouse	**pele** (f)	[pælæ]
mouse pad	**paliktnis** (m)	[pɑliktnis]
button	**poga** (f)	[pogɑ]
cursor	**kursors** (m)	[kursors]
monitor	**monitors** (m)	[monitors]
screen	**ekrāns** (m)	[ækrɑ:ns]
hard disk	**cietais disks** (m)	[ʦietɑis disks]
hard disk volume	**cieta diska apjoms** (m)	[ʦietɑ diskɑ ɑpʲoms]
memory	**atmiņa** (f)	[ɑtmiɲɑ]
random access memory	**operatīvā atmiņa** (f)	[opærɑtɪ:vɑ: ɑtmiɲɑ]
file	**datne** (f)	[dɑtnæ]
folder	**mape** (f)	[mɑpæ]
to open (vt)	**atvērt**	[ɑtvæ:rt]
to close (vt)	**aizvērt**	[ɑjzvæ:rt]
to save (vt)	**saglabāt**	[sɑglɑbɑ:t]
to delete (vt)	**izdzēst**	[izdzæ:st]
to copy (vt)	**nokopēt**	[nokopæ:t]
to sort (vt)	**šķirot**	[ʃkirot]
to transfer (copy)	**pārrakstīt**	[pɑ:rrɑkstɪ:t]
program	**programma** (f)	[progrɑmɑ]
software	**programmatūra** (f)	[progrɑmɑtu:rɑ]
programmer	**programmētājs** (m)	[progrɑmæ:tɑ:js]
to program (vt)	**programmēt**	[progrɑmæ:t]
hacker	**hakeris** (m)	[hɑkæris]
password	**parole** (f)	[pɑrolæ]

virus	vīruss (m)	[vi:rus]
to find, to detect	atrast	[atrast]

byte	baits (m)	[bajts]
megabyte	megabaits (m)	[mægabajts]

data	dati (f pl)	[datı]
database	datu bāze (f)	[datu ba:zæ]

cable (USB, etc.)	kabelis (m)	[kabælis]
to disconnect (vt)	atvienot	[atvienot]
to connect (sth to sth)	pievienot	[pievienot]

166. Internet. E-mail

Internet	internets (m)	[intærnæts]
browser	pārlūka programma (f)	[pa:rlu:ka programma]
search engine	meklēšanas resurss (m)	[mæklæ:ʃanas ræsurs]
provider	provaiders (m)	[provajdærs]

web master	tīmekļa meistars (m)	[ti:mækʎa mæistars]
website	saits (m)	[sajts]
web page	tīmekļa lappuse (f)	[ti:mækʎa lappusæ]

address	adrese (f)	[adræsæ]
address book	adrešu grāmata (f)	[adræʃu gra:mata]

mailbox	pastkastīte (f)	[pastkastı:tæ]
mail	pasts (m)	[pasts]
full (adj)	pārpildīts	[pa:rpildi:ts]

message	ziņojums (m)	[zi'nʒjums]
incoming messages	ienākošie ziņojumi (f pl)	[iena:koʃie zi'nʒjumi]
outgoing messages	aizsūtītie ziņojumi (f pl)	[ajzsu:tı:tie zi'nʒjumi]

sender	sūtītājs (m)	[su:tı:ta:js]
to send (vt)	nosūtīt	[nosu:tı:t]
sending (of mail)	aizsūtīšana (f)	[ajzsu:tı:ʃana]

receiver	saņēmējs (m)	[sanemæ:js]
to receive (vt)	saņemt	[sanemt]

correspondence	sarakste (f)	[sarakstæ]
to correspond (vi)	sarakstīties	[sarakstı:ties]

file	datne (f)	[datnæ]
to download (vt)	novilkt	[novilkt]
to create (vt)	izveidot	[izvæjdot]
to delete (vt)	izdzēst	[izdzæ:st]
deleted (adj)	izdzēstais	[izdzæ:stajs]

connection (ADSL, etc.)	sakars (m)	[sakars]
speed	ātrums (m)	[a:trums]
modem	modems (m)	[modæms]
access	pieeja (f)	[piæ:ja]
port (e.g., input ~)	pieslēgvieta (f)	[pieslæ:gvieta]

| connection (make a ~) | pieslēgšana (f) | [pieslæ:gʃana] |
| to connect to ... (vi) | pieslēgties | [pieslæ:gties] |

| to select (vt) | izvēlēties | [izvæ:læ:ties] |
| to search (for ...) | meklēt ... | [mæklæ:t] |

167. Electricity

electricity	elektrība (f)	[ælektri:ba]
electrical (adj)	elektrisks	[ælektrisks]
electric power station	elektrostacija (f)	[ælektrostatsija]
energy	enerģija (f)	[ænærgija]
electric power	elektroenerģija (f)	[ælektroænærgija]

light bulb	spuldze (f)	[spuldzæ]
flashlight	lukturītis (m)	[lukturi:tıs]
street light	laterna (f)	[latærna]

light	gaisma (f)	[gajsma]
to turn on	ieslēgt	[ieslæ:gt]
to turn off	izslēgt	[izslæ:gt]
to turn off the light	izdzēst gaismu	[izdzæ:st gaismu]

to burn out (vi)	izdegt	[izdægt]
short circuit	īssavienojums (m)	[i:ssavjenojums]
broken wire	pārtrūkums (m)	[pa:rtru:kums]
contact	kontakts (m)	[kontakts]

light switch	slēdzis (m)	[slæ:dzis]
wall socket	rozete (f)	[rozætæ]
plug	dakša (f)	[dakʃa]
extension cord	pagarinātājs (m)	[pagarina:ta:js]

fuse	drošinātājs (m)	[droʃina:ta:js]
cable, wire	vads (m)	[vads]
wiring	instalācija (f)	[instala:tsija]

ampere	ampērs (m)	[ampæ:rs]
amperage	strāvas stiprums (m)	[stra:vas stiprums]
volt	volts (m)	[volts]
voltage	spriegums (m)	[spriegums]

| electrical device | elektriskais aparāts (m) | [ælektriskajs apara:ts] |
| indicator | indikators (m) | [indikators] |

electrician	elektriķis (m)	[ælektrikis]
to solder (vt)	lodēt	[lodæ:t]
soldering iron	lodāmurs (m)	[loda:murs]
electric current	strāva (f)	[stra:va]

168. Tools

tool, instrument	instruments (m)	[instrumænts]
tools	instrumenti (f pl)	[instrumæntı]
equipment (factory ~)	ierīce (f)	[ieri:tsæ]

hammer	āmurs (m)	[a:murs]
screwdriver	skrūvgriezis (m)	[skru:vgriezis]
ax	cirvis (m)	[tsirvis]

saw	zāģis (m)	[za:gis]
to saw (vt)	zāģēt	[za:ge:t]
plane (tool)	ēvele (f)	[æ:vælæ]
to plane (vt)	ēvelēt	[æ:væla:t]
soldering iron	lodāmurs (m)	[loda:murs]
to solder (vt)	lodēt	[lodæ:t]

file (for metal)	vīle (f)	[vi:læ]
carpenter pincers	knaibles (f pl)	[knaiblæs]
lineman's pliers	platknaibles (f pl)	[platknaiblæs]
chisel	kalts (m)	[kalts]

drill bit	urbis (m)	[urbis]
electric drill	elektriskais urbis (m)	[ælektriskajs urbis]
to drill (vi, vt)	urbt	[urbt]

knife	nazis (m)	[nazis]
pocket knife	kabatas nazis (m)	[kabatas nazis]
folding (~ knife)	saliecams	[salietsams]
blade	asmens (m)	[asmæns]

sharp (blade, etc.)	ass	[ass]
blunt (adj)	truls	[truls]
to become blunt	notrulināties	[notrulina:ts]
to sharpen (vt)	asināt	[asına:t]

bolt	skrūve (f)	[skru:væ]
nut	uzgrieznis (m)	[uzgrieznis]
thread (of a screw)	vītne (f)	[vi:tnæ]
wood screw	kokskrūve (f)	[kokskru:væ]

nail	nagla (f)	[nagla]
nailhead	galviņa (f)	[galviņa]
ruler (for measuring)	lineāls (m)	[linæa:ls]
tape measure	mērlente (f)	[mæ:rlæntæ]

| spirit level | līmeņrādis (m) | [li:mæŋra:dis] |
| magnifying glass | lupa (f) | [lupa] |

measuring instrument	mērierīce (f)	[mæ:rieri:tsæ]
to measure (vt)	mērīt	[mæ:ri:t]
scale	skala (f)	[skala]
(of thermometer, etc.)		
readings	rādījums (m)	[ra:di:jums]

| compressor | kompresors (m) | [kompræsors] |
| microscope | mikroskops (m) | [mikroskops] |

pump (e.g., water ~)	sūknis (m)	[su:knis]
robot	robots (m)	[robots]
laser	lāzers (m)	[la:zærs]

wrench	uzgriežņu atslēga (f)	[uzgrieʒny atslæ:ga]
adhesive tape	līmlente (m)	[li:mlæntæ]
glue	līme (f)	[li:mæ]

emery paper	smilšpapīrs (m)	[smilʃpapi:rs]
spring	atspere (f)	[atspæræ]
magnet	magnēts (m)	[magnæ:ts]
gloves	cimdi (f pl)	[tsimdi]

rope	virve (f)	[virvæ]
cord	aukla (f)	[aukla]
wire (e.g., telephone ~)	vads (m)	[vads]
cable	kabelis (m)	[kabælis]

sledgehammer	uzsitējveseris (m)	[uzsitæ:jvæsæris]
crowbar	lauznis (m)	[lauznis]
ladder	stalažu kāpnes (f pl)	[stalaʒu ka:pnæs]
stepladder	slietnes (f pl)	[slietnæs]

to screw (tighten)	aizgriezt	[ajzgriezt]
to unscrew, untwist (vt)	atgriezt	[atgriezt]
to tighten (vt)	aizspiest	[aizspiest]
to glue, to stick	pielīmēt	[pieli:mæ:t]
to cut (vt)	griezt	[griezt]

malfunction (fault)	bojājums (m)	[boja:jums]
repair (mending)	labošana (f)	[laboʃana]
to repair, to mend (vt)	remontēt	[ræmontæ:t]
to adjust (machine, etc.)	regulēt	[rægulæ:t]

to check (to examine)	pārbaudīt	[pa:rbaudi:t]
checking	pārbaudīšana (f)	[pa:rbaudi:ʃana]
readings	rādījums (m)	[ra:di:jums]

| reliable (machine) | drošs | [droʃs] |
| complicated (adj) | sarežģīts | [sareʒgi:ts] |

to rust (get rusted)	**rūsēt**	[ru:sæ:t]
rusty, rusted (adj)	**sarūsējis**	[saru:sæ:jes]
rust	**rūsa** (f)	[ru:sa]

Transportation

169. Airplane

airplane	lidmašīna (f)	[lidmaʃi:na]
air ticket	aviobiļete (f)	[aviobiletæ]
airline	aviokompānija (f)	[aviokompa:nija]
airport	lidosta (f)	[lidosta]
supersonic (adj)	virsskaņas	[virsskaɲas]
captain	kuģa komandieris (m)	[kudʲa komandieris]
crew	apkalpe (f)	[apkalpæ]
pilot	pilots (m)	[pilots]
flight attendant	stjuarte (f)	[styartæ]
navigator	stūrmanis (m)	[stu:rmanis]
wings	spārni (m pl)	[spa:rni]
tail	aste (f)	[astæ]
cockpit	kabīne (f)	[kabi:næ]
engine	dzinējs (m)	[dzinæ:js]
undercarriage	šasija (f)	[ʃasija]
turbine	turbīna (f)	[turbi:na]
propeller	propelleris (m)	[propælæris]
black box	melnā kaste (f)	[mælna: kastæ]
control column	stūres rats (m)	[stu:ræs rats]
fuel	degviela (f)	[dægviela]
safety card	instrukcija (f)	[instruktsija]
oxygen mask	skābekļa maska (f)	[ska:bækʎa maska]
uniform	uniforma (f)	[uniforma]
life vest	glābšanas veste (f)	[gla:bʃanas væstæ]
parachute	izpletnis (m)	[izplætnis]
takeoff	pacelšanās (f pl)	[patsælʃana:s]
to take off (vi)	pacelties	[patsælties]
runway	skrejceļš (m)	[skræjtsæ ʎʃ]
visibility	redzamība (f)	[rædzami:ba]
flight (act of flying)	lidojums (m)	[lidojums]
altitude	augstums (m)	[augstums]
air pocket	gaisa bedre (f)	[gajsa bædræ]
seat	sēdeklis (m)	[sæ:dæklis]
headphones	austiņas (f pl)	[austiɲas]
folding tray	galdiņš (m)	[galdiɲʃ]

| airplane window | iluminators (m) | [iluminators] |
| aisle | eja (f) | [æja] |

170. Train

train	vilciens (m)	[viltsiens]
suburban train	elektrovilciens (m)	[ælektroviltsiens]
express train	ātrvilciens (m)	[a:trviltsiens]
diesel locomotive	dīzeļlokomotīve (f)	[di:zæʎ lokomoti:væ]
steam engine	lokomotīve (f)	[lokomoti:væ]

| passenger car | vagons (m) | [vagons] |
| dining car | restorānvagons (m) | [ræstora:nvagons] |

rails	sliedes (f pl)	[sliedæs]
railroad	dzelzceļš (m)	[dzælztsæʎʃ]
railway tie	gulsnis (m)	[gulsnis]

platform (railway ~)	platforma (f)	[platforma]
track (~ 1, 2, etc.)	ceļš (m)	[tsæʎʃ]
semaphore	semafors (m)	[sæmafors]
station	stacija (f)	[statsija]

engineer	mašīnists (m)	[maʃi:nists]
porter (of luggage)	nesējs (m)	[næsæ:js]
train steward	pavadonis (m)	[pavadonis]
passenger	pasažieris (m)	[pasaʒieris]
conductor	kontrolieris (m)	[kontrolieris]

| corridor (in train) | koridors (m) | [koridors] |
| emergency break | stop-krāns (m) | [stop kra:ns] |

compartment	kupeja (f)	[kupæja]
berth	plaukts (m)	[plaukts]
upper berth	augšējais plaukts (m)	[augʃæ:jajs plaukts]
lower berth	apakšējais plaukts (m)	[apakʃæ:jajs plaukts]
bed linen	gultas veļa (f)	[gultas væʎa]

ticket	biļete (f)	[biletæ]
schedule	saraksts (m)	[saraksts]
information display	tablo (m)	[tablo]

to leave, to depart	atiet	[atiet]
departure (of train)	atiešana (f)	[atieʃana]
to arrive (ab. train)	ierasties	[ierasties]
arrival	pienākšana (f)	[piena:kʃana]

to arrive by train	atbraukt ar vilcienu	[atbraukt ar viltsienu]
to get on the train	iekāpt vilcienā	[ieka:pt viltsiena:]
to get off the train	izkāpt no vilciena	[izka:pt no viltsiena]

train wreck	katastrofa (f)	[katastrofa]
to be derailed	noskriet no sliedēm	[noskriet no sliedæ:m]
steam engine	lokomotīve (f)	[lokomoti:væ]
stoker, fireman	kurinātājs (m)	[kurina:ta:js]
firebox	kurtuve (f)	[kurtuvæ]
coal	ogles (f pl)	[oglæs]

171. Ship

ship	kuģis (m)	[kugis]
vessel	kuģis (m)	[kugis]
steamship	tvaikonis (m)	[tvaikonis]
riverboat	motorkuģis (m)	[motorkugis]
ocean liner	laineris (m)	[lajnæris]
cruiser	kreiseris (m)	[kræisæris]
yacht	jahta (f)	[jahta]
tugboat	velkonis (m)	[vælkonis]
barge	barža (f)	[barʒa]
ferry	prāmis (m)	[pra:mis]
sailing ship	burinieks (m)	[burinjeks]
brigantine	brigantīna (f)	[briganti:na]
ice breaker	ledlauzis (m)	[lædlauzis]
submarine	zemūdene (f)	[zæmu:dænæ]
boat (flat-bottomed ~)	laiva (f)	[laiva]
dinghy	laiva (f)	[laiva]
lifeboat	glābšanas laiva (f)	[gla:bʃanas lajva]
motorboat	kuteris (m)	[kutæris]
captain	kapteinis (m)	[kaptæjnis]
seaman	matrozis (m)	[matrozis]
sailor	jūrnieks (m)	[ju:rnieks]
crew	apkalpe (f)	[apkalpæ]
boatswain	bocmanis (m)	[botsmanis]
ship's boy	junga (m)	[juŋa]
cook	kuģa pavārs (m)	[kuga pava:rs]
ship's doctor	kuģa ārsts (m)	[kuga a:rsts]
deck	klājs (m)	[kla:js]
mast	masts (m)	[masts]
sail	bura (f)	[bura]
hold	tilpne (f)	[tilpnæ]
bow (prow)	priekšgals (m)	[priekʃgals]
stern	pakaļgals (m)	[pakaʌgals]

| oar | airis (m) | [airis] |
| screw propeller | dzenskrūve (f) | [dzænskru:væ] |

cabin	kajīte (f)	[kajı:tæ]
wardroom	kopkajīte (f)	[kopkajı:tæ]
engine room	mašīnu nodaļa (f)	[maʃi:nu nodaʎa]
bridge	komandtiltiņš (m)	[komandtıltıɲʃ]
radio room	radio telpa (f)	[radio tælpa]
wave (radio)	vilnis (m)	[vilnis]
logbook	kuģa žurnāls (m)	[kuga ʒurna:ls]

spyglass	tālskatis (m)	[ta:lskatis]
bell	zvans (m)	[zvans]
flag	karogs (m)	[karogs]

rope (mooring ~)	tauva (f)	[tauva]
knot (bowline, etc.)	mezgls (m)	[mæzgls]
deckrail	rokturis (m)	[rokturis]
gangway	traps (m)	[traps]

anchor	enkurs (m)	[æŋkurs]
to weigh anchor	pacelt enkuru	[patsælt æŋkuru]
to drop anchor	izmest enkuru	[izmæst æŋkuru]
anchor chain	enkurķēde (f)	[æŋkurke:dæ]

port (harbor)	osta (f)	[osta]
berth, wharf	piestātne (f)	[piesta:tnæ]
to berth (moor)	pietauvot	[pietauvot]
to cast off	atiet no krasta	[atiet no krasta]

trip, voyage	ceļojums (m)	[tsæ'lɜjums]
cruise (sea trip)	kruīzs (f)	[krui:zs]
course (route)	kurss (m)	[kurs]
route (itinerary)	maršruts (m)	[marʃruts]

fairway	kuģu ceļš (m)	[kugy tsæʎʃ]
shallows (shoal)	sēklis (m)	[sæ:klis]
to run aground	uzsēsties uz sēkļa	[uzsæ:sties uz sæ:kʎa]

storm	vētra (f)	[væ:tra]
signal	signāls (m)	[signa:ls]
to sink (vi)	grimt	[grimt]
Man overboard!	Cilvēks aiz borta!	[tsilvæ:ks aiz borta]
SOS	SOS	[æs o æs]
ring buoy	glābšanas riņķis (m)	[gla:bʃanas riɲkis]

172. Airport

| airport | lidosta (f) | [lidosta] |
| airplane | lidmašīna (f) | [lidmaʃi:na] |

airline	**aviokompānija** (f)	[aviokompa:nija]
air-traffic controller	**dispečers** (m)	[dispetʃærs]
departure	**izlidojums** (m)	[izlidojums]
arrival	**atlidošana** (f)	[atlidoʃana]
to arrive (by plane)	**atlidot**	[atlidot]
departure time	**izlidojuma laiks** (m)	[izlidojuma laiks]
arrival time	**atlidošanās laiks** (m)	[atlidoʃana:s laiks]
to be delayed	**kavēties**	[kavæ:ties]
flight delay	**izlidojuma aizkavēšanās** (f pl)	[izlidojuma ajzkavæ:ʃana:s]
information board	**informācijas tablo** (m)	[informa:tsijas tablo]
information	**informācija** (f)	[informa:tsija]
to announce (vt)	**paziņot**	[pazi'nɔt]
flight (e.g., next ~)	**reiss** (m)	[ræjs]
customs	**muita** (f)	[mujta]
customs officer	**muitas ierēdnis** (m)	[mujtas ieræ:dnis]
customs declaration	**deklarācija** (f)	[dæklara:tsija]
to fill out the declaration	**aizpildīt deklarāciju**	[aizpildi:t dæklara:tsiju]
passport control	**pasu kontrole** (f)	[pasu kontrolæ]
luggage	**bagāža** (f)	[baga:ʒa]
hand luggage	**rokas bagāža** (f)	[rokas baga:ʒa]
Lost Luggage Desk	**bagāžas pārmeklēšana** (f)	[baga:ʒas pa:rmæklæ:ʃana]
luggage cart	**bagāžas ratiņi** (f pl)	[baga:ʒas ratini]
landing	**nosēšanās** (f pl)	[nosæ:ʃana:s]
landing strip	**nosēšanās josla** (f)	[nosæ:ʃana:s josla]
to land (vi)	**nosēsties**	[nosæ:sties]
airstairs	**traps** (m)	[traps]
check-in	**reģistrācija** (f)	[ræɡistra:tsija]
check-in desk	**reģistrācijas galdiņš** (m)	[ræɡistra:tsijas galdiɲʃ]
to check-in (vi)	**piereģistrēties**	[pieræɡistræ:ties]
boarding pass	**iekāpšanas talons** (m)	[ieka:pʃanas talons]
departure gate	**izeja** (f)	[izæja]
transit	**tranzīts** (m)	[tranzi:ts]
to wait (vt)	**gaidīt**	[gajdi:t]
departure lounge	**uzgaidāmā telpa** (f)	[uzgaida:ma: tælpa]
to see off	**aizvadīt**	[ajzvadi:t]
to say goodbye	**atvadīties**	[atvadi:ties]

173. Bicycle. Motorcycle

bicycle	**divritenis** (m)	[divritænis]
scooter	**motorollers** (m)	[motorollers]
motorcycle, bike	**motocikls** (m)	[mototsikls]
to go by bicycle	**braukt ar divriteni**	[braukt ar divritæni]
handlebars	**stūre** (f)	[stu:ræ]
pedal	**pedālis** (m)	[pæda:lis]
brakes	**bremzes** (f pl)	[bræmzæs]
bicycle seat	**sēdeklis** (m)	[sæ:dæklis]
pump	**sūknis** (m)	[su:knis]
luggage rack	**bagāžnieks** (m)	[baga:ʒnieks]
front lamp	**lukturis** (m)	[lukturis]
helmet	**aizsargcepure** (f)	[aizsargtsæpuræ]
wheel	**ritenis** (m)	[ritænis]
fender	**spārns** (m)	[spa:rns]
rim	**riteņa stīpa** (f)	[ritæɲa sti:pa]
spoke	**spieķis** (m)	[spiekis]

Cars

174. Types of cars

automobile, car	**automobilis** (m)	[automobilis]
sports car	**sporta automobilis** (m)	[sporta automobilis]
limousine	**limuzīns** (m)	[limuzi:ns]
off-road vehicle	**apvidus automašīna** (f)	[apvidus automaʃi:na]
convertible	**kabriolets** (m)	[kabriolæts]
minibus	**mikroautobuss** (m)	[mikroautobus]
ambulance	**ātrā palīdzība** (f)	[a:tra: pali:dzi:ba]
snowplow	**sniega novākšanas mašīna** (f)	[sniega nova:kʃanas maʃi:na]
truck	**kravas automašīna** (f)	[kravas automaʃi:na]
tank truck	**autocisterna** (f)	[autotsistærna]
van (small truck)	**furgons** (m)	[furgons]
tractor (big rig)	**vilcējs** (m)	[viltsæ:js]
trailer	**piekabe** (f)	[piekabæ]
comfortable (adj)	**komfortabls**	[komfortabls]
second hand (adj)	**lietots**	[lietots]

175. Cars. Bodywork

hood	**pārsegs** (m)	[pa:rsægs]
fender	**spārns** (m)	[spa:rns]
roof	**jumts** (m)	[jumts]
windshield	**priekšējais stikls** (m)	[priekʃæ:jais stıkls]
rear-view mirror	**atpakaļskata spogulis** (m)	[atpakaʌskata spogulis]
windshield washer	**mazgātājs** (m)	[mazga:ta:js]
windshield wipers	**stikla tīrītāji** (f pl)	[stıkla tı:ri:ta:jı]
side window	**sānu stikls** (m)	[sa:nu stıkls]
window lift	**stikla celājs** (m)	[stıkla tsæla:js]
antenna	**antena** (f)	[antæna]
sun roof	**lūka** (f)	[lu:ka]
bumper	**buferis** (m)	[bufæris]
trunk	**bagāžnieks** (m)	[baga:ʒnieks]

door	durvis (f pl)	[durvis]
door handle	rokturis (m)	[rokturis]
door lock	slēdzis (m)	[slæ:dzis]

license plate	numurs (m)	[numurs]
muffler	slāpētājs (m)	[sla:pæ:ta:js]
gas tank	benzīna tvertne (f)	[bænzi:na tværtnæ]
tail pipe	izplūdes caurule (f)	[izplu:dæs tsaurulæ]

gas, accelerator	gāze (f)	[ga:zæ]
pedal	pedālis (m)	[pæda:lis]
gas pedal	gāzes pedālis (m)	[ga:zæs pæda:lis]

brake	bremze (f)	[bræmzæ]
brake pedal	bremžu pedālis (m)	[bræmʒu pæda:lis]
to slow down (to brake)	bremzēt	[bræmzæ:t]
parking brake	stāvbremze (f)	[sta:vbræmzæ]

clutch	sajūgs (m)	[saju:gs]
clutch pedal	sajūga pedālis (m)	[saju:ga pæda:lis]
clutch plate	sajūga disks (m)	[saju:ga disks]
shock absorber	amortizators (m)	[amortizators]

wheel	ritenis (m)	[ritænis]
spare tire	rezerves ritenis (m)	[ræzærvæs ritænis]
tire	riepa (f)	[riepa]
hubcap	dekoratīvais disks (m)	[dækorati:vais disks]

driving wheels	vadošie riteni (f pl)	[vadoʃie ritæni]
front-wheel drive (as adj)	priekšējās piedziņas	[priekʃæ:ja:s piedziɲas]
rear-wheel drive (as adj)	pakaļējās piedziņas	[pa:kale:ja:s piedziɲas]
all-wheel drive (as adj)	pilnpiedziņas	[pilnpiedziɲas]

gearbox	ātruma kārba (f)	[a:truma ka:rba]
automatic (adj)	automātisks	[automa:tisks]
mechanical (adj)	mehānisks	[mæha:nisks]
gear shift	pārnesumsvira (f)	[pa:rnæsumsvira]

| headlight | lukturis (m) | [lukturis] |
| headlights | lukturi (f pl) | [lukturi] |

low beam	tuvā gaisma (f)	[tuva: gaisma]
high beam	tālā gaisma (f)	[ta:la: gaisma]
brake light	bremžu gaismas (f pl)	[bræmʒu gaismas]

parking lights	gabarītugunis (f pl)	[gabari:tugunis]
hazard lights	avārijas ugunis (f pl)	[ava:rijas ugunis]
fog lights	miglas lukturi (f pl)	[miglas lukturi]

| turn signal | pagrieziena lukturis (m) | [pagrieziena lukturis] |
| back-up light | atpakaļgaitas gaismas (f pl) | [atpakaʎgajtas gaismas] |

176. Cars. Passenger compartment

car inside	salons (m)	[sɑlons]
leather (as adj)	ādas	[ɑ:dɑs]
velour (as adj)	velūra	[væluːrɑ]
upholstery	apdare (f)	[ɑpdɑræ]
instrument (gage)	ierīce (f)	[ieriːʦæ]
dashboard	panelis (m)	[pɑnælis]
speedometer	spidometrs (m)	[spidomætrs]
needle (pointer)	bulta (f)	[bultɑ]
odometer	skaitītājs (m)	[skɑjtiːtɑ:js]
indicator (sensor)	devējs (m)	[dæ væ:js]
level	līmenis (m)	[li:mænis]
warning light	lampiņa (f)	[lɑmpiɲɑ]
steering wheel	stūres rats (m)	[stu:ræs rɑts]
horn	skaņu signāls (m)	[skɑny signɑːls]
button	poga (f)	[pogɑ]
switch	pārslēdzējs (m)	[pɑ:rslæ:dzæːjs]
seat	sēdeklis (m)	[sæ:dæklis]
backrest	atzveltne (f)	[ɑtzvæltnæ]
headrest	galvturis (m)	[gɑlvturis]
seat belt	drošības josta (f)	[droʃi:bɑs jostɑ]
to fasten the belt	piesprādzēt jostu	[piesprɑːdzæːt jostu]
adjustment (of seats)	regulēšana (f)	[ræɡulæːʃɑnɑ]
airbag	gaisa spilvens (m)	[gɑjsɑ spilvæns]
air-conditioner	kondicionētājs (m)	[konditsionæːtɑ:js]
radio	radio (m)	[rɑdio]
CD player	CD atskaņotājs (m)	[ʦæːdæ ɑtskɑ'nɜtɑːjs]
to turn on	ieslēgt	[ieslæ:gt]
antenna	antena (f)	[ɑntænɑ]
glove box	cimdu nodalījums (m)	[ʦimdu nodali:jums]
ashtray	pelnu trauks (m)	[pælnu trɑuks]

177. Cars. Engine

engine	dzinējs (m)	[dzinæːjs]
motor	motors (m)	[motors]
diesel (as adj)	dīzeļ-	[di:zæʎ]
gasoline (as adj)	benzīna	[bænzi:nɑ]
engine volume	dzinēja apjoms (m)	[dzinæ:jɑ ɑpʲoms]
power	jauda (f)	[jɑudɑ]
horsepower	zirgspēks (m)	[zirgspæ:ks]

175

piston	virzulis (m)	[virzulis]
cylinder	cilindrs (m)	[tsilindrs]
valve	vārsts (m)	[vɑ:rsts]

injector	inžektors (m)	[inʒæktors]
generator	ģenerators (m)	[generators]
carburetor	karburators (m)	[karburators]
engine oil	motoreļļa (f)	[motoræʎɑ]

radiator	radiators (m)	[radiators]
coolant	dzesēšanas šķidrums (m)	[dzæsæ:ʃɑnɑs ʃkidrums]
cooling fan	ventilators (m)	[væntilators]

battery (accumulator)	akumulators (m)	[ɑkumulɑtors]
starter	starteris (m)	[stɑrtæris]
ignition	aizdedze (f)	[ɑjzdædzæ]
spark plug	aizdedzes svece (f)	[ɑjzdædzæs svætsæ]

terminal (of battery)	pieslēgs (m)	[pieslæ:gs]
positive terminal	pluss (m)	[plus]
negative terminal	mīnuss (m)	[mi:nus]
fuse	drošinātājs (m)	[droʃinɑ:tɑ:js]

air filter	gaisa filtrs (m)	[gɑjsɑ filtrs]
oil filter	eļļas filtrs (m)	[æʎɑs filtrs]
fuel filter	degvielas filtrs (m)	[dægvielɑs filtrs]

178. Cars. Crash. Repair

car accident	avārija (f)	[ɑvɑ:rija]
road accident	ceļa negadījums (m)	[tsæʎɑ nægɑdi:jums]
to run into ...	ietriekties	[ietriekties]
to have an accident	sasisties	[sɑsɪsties]
damage	bojāšana (m)	[bojɑ:ʃɑnɑ]
intact (adj)	vesels	[væsæls]

| to break down (vi) | salūzt | [sɑlu:zt] |
| towrope | trose (f) | [trosæ] |

puncture	caurums (m)	[tsɑurums]
to be flat	izlaist gaisu	[izlɑjst gɑisu]
to pump up	piesūknēt	[piesu:knæ:t]
pressure	spiediens (m)	[spiediens]
to check (to examine)	pārbaudīt	[pɑ:rbɑudi:t]

repair	remonts (m)	[ræmonts]
auto repair shop	remontdarbnīca (f)	[ræmontdarbni:tsɑ]
spare part	rezerves daļa (f)	[ræzærvæs dɑʎɑ]
part	detaļa (f)	[dætɑʎɑ]
bolt (with nut)	skrūve (f)	[skru:væ]

screw bolt (without nut)	**skrūve** (f)	[skru:væ]
nut	**uzgrieznis** (m)	[uzgrieznis]
washer	**paplāksne** (f)	[papla:ksnæ]
bearing	**gultnis** (m)	[gultnis]
tube	**caurulīte** (f)	[tsauruli:tæ]
gasket (head ~)	**paplāksne** (f)	[papla:ksnæ]
cable, wire	**vads** (m)	[vads]
jack	**domkrats** (m)	[domkrats]
wrench	**uzgriežņu atslēga** (f)	[uzgrieʒny atslæ:ga]
hammer	**āmurs** (m)	[a:murs]
pump	**sūknis** (m)	[su:knis]
screwdriver	**skrūvgriezis** (m)	[skru:vgriezis]
fire extinguisher	**ugunsdzēšamais aparāts** (m)	[ugunsdzæ:ʃamajs apara:ts]
warning triangle	**avārijas trīsstūris** (m)	[ava:rijas tri:sstu:ris]
to stall (vi)	**slāpt**	[sla:pt]
stalling	**apturēšana** (f)	[apturæ:ʃana]
to be broken	**būt salauztam**	[bu:t salauztam]
to overheat (vi)	**pārkarst**	[pa:rkarst]
to be clogged up	**aizsērēt**	[aizsæ:ræ:t]
to freeze up (pipes, etc.)	**sasalt**	[sasalt]
to burst (vi, ab. tube)	**pārplīst**	[pa:rpli:st]
pressure	**spiediens** (m)	[spiediens]
level	**līmenis** (m)	[li:mænis]
slack (~ belt)	**vājš**	[va:jʃ]
dent	**iespiedums** (m)	[iespiedums]
abnormal noise (motor)	**klaudzēšana** (f)	[klaudzæ:ʃana]
crack	**plaisa** (f)	[plajsa]
scratch	**ieskrambājums** (m)	[ieskramba:jums]

179. Cars. Road

road	**ceļš** (m)	[tsæʎʃ]
highway	**automaģistrāle** (f)	[automagistra:læ]
freeway	**šoseja** (f)	[ʃosæja]
direction (way)	**virziens** (m)	[virziens]
distance	**attālums** (m)	[atta:lums]
bridge	**tilts** (m)	[tɪlts]
parking lot	**auto novietne** (f)	[auto novjetnæ]
square	**laukums** (m)	[laukums]
interchange	**autoceļu šķērsojuma mezgls** (m)	[autotsæʎy ʃke:rsojuma mæzgls]

tunnel	**tunelis** (m)	[tunælis]
gas station	**degvielas uzpildes stacija** (f)	[ægvjelas uzpildes staʦija]
parking lot	**autostāvvieta** (f)	[autostɑːvvjeta]
gas pump	**benzīntanks** (m)	[bænziːn taŋks]
auto repair shop	**remontdarbnīca** (f)	[ræmontdarbniːʦa]
to get gas	**uzpildīt (auto)**	[uzpildiːt]
fuel	**degviela** (f)	[dægviela]
jerrycan	**kanna** (f)	[kaɳa]

asphalt	**asfalts** (m)	[asfalʦ]
road markings	**brauktuves apzīmējumi** (m)	[brauktuves apziːmæːjumi]
curb	**apmale** (f)	[apmalæ]
guardrail	**nožogojums** (m)	[noʒogojums]
ditch	**ceļa grāvis** (m)	[ʦæʎa graːvis]
roadside (shoulder)	**ceļmala** (f)	[ʦæʎmala]
lamppost	**stabs** (m)	[stabs]

to drive (a car)	**vadīt**	[vadiːt]
to turn (~ to the left)	**pagriezties**	[pagriezties]
to make a U-turn	**apgriezties**	[apgrezties]
reverse (~ gear)	**atpakaļgaita** (f)	[atpakaʎgajta]

to honk (vi)	**signalizēt**	[signalizæːt]
honk (sound)	**skaņas signāls** (m)	[skaɳas signaːls]
to get stuck	**iestrēgt**	[iestræːgt]
to spin (in mud)	**buksēt**	[buksæːt]
to cut, to turn off	**apturēt**	[apturæːt]

speed	**ātrums** (m)	[aːtrums]
to exceed the speed limit	**pārsniegt ātrumu**	[paːrsniegt aːtrumu]
to give a ticket	**uzlikt sodu**	[uzlikt sodu]
traffic lights	**luksofors** (m)	[luksofors]
driver's license	**vadītāja apliecība** (f)	[vadiːtaːja aplieʦiːba]

grade crossing	**pārbrauktuve** (f)	[paːrbrauktuvæ]
intersection	**krustojums** (m)	[krustojums]
crosswalk	**gājēju pāreja** (f)	[gaːjeːju paːræja]
bend, curve	**pagrieziens** (m)	[pagrieziens]
pedestrian zone	**gājēju zona** (f)	[gaːjeːju zona]

180. Traffic signs

rules of the road	**ceļu satiksmes noteikumi** (f)	[ʦely satiksmæs notejkumi]
traffic sign	**zīme** (f)	[ziːmæ]
passing (overtaking)	**apdzīšana** (f)	[apdziːʃana]
curve	**pagrieziens** (m)	[pagrieziens]
U-turn	**apgriešanās** (f)	[apgrieʃanaːs]

traffic circle	**braukt pa loku**	[braukt pa loku]
No entry	**iebraukt aizliegts**	[iebraukt ajzliegts]
No vehicles allowed	**braukt aizliegts**	[braukt ajzliegts]
No passing	**apdzīt aizliegts**	[apdzi:t ajzliegts]
No parking	**stāvēt aizliegts**	[sta:væ:t a:jzliegts]
No stopping	**apstāties aizliegts**	[apsta:ties ajzliegts]
dangerous turn	**bīstams pagrieziens** (m)	[bi:stams pagrieziens]
steep descent	**stāvs lejupceļš** (m)	[sta:vs lejuptsæʎ]
one-way traffic	**vienvirziena ceļš** (m)	[vienvirziena tsæʎ]
crosswalk	**gājēju pāreja** (f)	[ga:je:ju pa:ræja]
slippery road	**slidens ceļš** (m)	[slidæns tsæʎ]
YIELD	**dodiet ceļu**	[dodiet tsely]

PEOPLE. LIFE EVENTS

Life events

181. Holidays. Event

celebration, holiday	**svētki** (f)	[svæː tki:]
national day	**tautas svētki** (m)	[tautɑs svæː tki]
public holiday	**svētku diena** (f)	[svæː tku dienɑ]
to commemorate (vt)	**svinēt**	[svinæː t]
event (happening)	**notikums** (m)	[notıkums]
event (organized activity)	**pasākums** (m)	[pɑsaː kums]
banquet (party)	**bankets** (m)	[baŋkæts]
reception (formal party)	**pieņemšana** (f)	[pienemʃɑnɑ]
feast	**mielasts** (m)	[mielɑsts]
anniversary	**gadadiena** (f)	[gɑdɑdienɑ]
jubilee	**jubileja** (f)	[jubilæjɑ]
to celebrate (vt)	**atzīmēt**	[atziːmæː t]
New Year	**Jaungads** (m)	[jauŋɑds]
Happy New Year!	**Laimīgu Jauno gadu!**	[lɑjmiːgu jauno gɑdu]
Christmas	**Ziemassvētki** (m pl)	[ziemɑssvætki]
Merry Christmas!	**Priecīgus**	[prietsi:gus
	Ziemassvētkus!	ziemɑssvæː tkus]
Christmas tree	**Ziemassvētku eglīte** (f)	[ziemɑssvæː tku ægliːtæ]
fireworks	**salūts** (m)	[sɑlu:ts]
wedding	**kāzas** (f pl)	[kɑːzɑs]
groom	**līgavainis** (m)	[liːgɑvɑjnis]
bride	**līgava** (f)	[liːgɑvɑ]
to invite (vt)	**ielūgt**	[ielu:gt]
invitation card	**ielūgums** (m)	[ielu:gums]
guest	**viesis** (m)	[viesis]
to visit	**iet ciemos**	[iet tsiemos]
(~ your parents, etc.)		
to greet the guests	**sagaidīt viesus**	[sɑgɑjdi:t viesus]
gift, present	**dāvana** (f)	[dɑːvɑnɑ]
to give (sth as present)	**dāvināt**	[dɑːviːnaː t]
to receive gifts	**saņemt dāvanu**	[sɑnemt dɑːvɑnu]

bouquet (of flowers)	ziedu pušķis (m)	[ziedu puʃkis]
congratulations	apsveikums (m)	[apsvejkums]
to congratulate (vt)	apsveikt	[apsvæjkt]

greeting card	apsveikuma atklātne (f)	[apsvejkuma atkla:tnæ]
to send a postcard	nosūtīt atklātni	[nosu:ti:t atkla:tni]
to get a postcard	saņemt atklātni	[sanemt atkla:tni]

toast	tosts (m)	[tosts]
to offer (a drink, etc.)	uzcienāt	[uztsiena:t]
champagne	šampanietis (m)	[ʃampanietıs]

to have fun	līksmot	[li:ksmot]
fun, merriment	jautrība (f)	[jautri:ba]
joy (emotion)	prieks (m)	[prieks]

| dance | deja (f) | [dæja] |
| to dance (vi, vt) | dejot | [dæjot] |

| waltz | valsis (m) | [valsis] |
| tango | tango (m) | [taŋo] |

182. Funerals. Burial

cemetery	kapsēta (f)	[kapsæ:ta]
grave, tomb	kaps (m)	[kaps]
cross	krusts (m)	[krusts]
gravestone	kapakmens (m)	[kapakmens]
fence	žogs (m)	[ʒogs]
chapel	kapela (f)	[kapæla]

death	nāve (f)	[na:væ]
to die (vi)	nomirt	[nomirt]
the deceased	nelaiķis (m)	[nælajkis]
mourning	sēras (f pl)	[særæ:s]
to bury (vt)	apglabāt	[apglaba:t]
funeral home	apbedīšanas birojs (m)	[apbædi:ʃanas birojs]
funeral	bēres (f pl)	[bæ:ræs]

wreath	vainags (m)	[vajnags]
casket	zārks (m)	[za:rks]
hearse	katafalks (m)	[katafalks]
shroud	līķauts (m)	[li:kⁱauts]

funeral procession	bēru procesija (f)	[bæ:ru protsesija]
cremation urn	urna (f)	[urna]
crematory	krematorija (f)	[kræmatorija]
obituary	nekrologs (m)	[nækrologs]
to cry (weep)	raudāt	[rauda:t]
to sob (vi)	skaļi raudāt	[skali rauda:t]

183. War. Soldiers

platoon	**vads** (m)	[vɑds]
company	**rota** (f)	[rotɑ]
regiment	**pulks** (m)	[pulks]
army	**armija** (f)	[ɑrmijɑ]
division	**divīzija** (f)	[divi:zijɑ]

section, squad	**vienība** (f)	[vieni:bɑ]
host (army)	**karaspēks** (m)	[kɑrɑspæ:ks]

soldier	**karavīrs** (m)	[kɑrɑvi:rs]
officer	**virsnieks** (m)	[virsnieks]

private	**ierindnieks** (m)	[ierindnieks]
sergeant	**seržants** (m)	[sær3ɑnts]
lieutenant	**leitnants** (m)	[læjtnɑnts]
captain	**kapteinis** (m)	[kɑptæjnis]
major	**majors** (m)	[mɑjors]
colonel	**pulkvedis** (m)	[pulkvædis]
general	**ģenerālis** (m)	[generɑ:lis]

sailor	**jūrnieks** (m)	[ju:rnieks]
captain	**kapteinis** (m)	[kɑptæjnis]
boatswain	**bocmanis** (m)	[botsmɑnis]

artilleryman	**artilērists** (m)	[ɑrtilæ:rists]
paratrooper	**desantnieks** (m)	[dæsɑntnieks]
pilot	**lidotājs** (m)	[lidotɑ:js]
navigator	**stūrmanis** (m)	[stu:rmɑnis]
mechanic	**mehāniķis** (m)	[mæhɑ:nikis]

pioneer (sapper)	**sapieris** (m)	[sɑpieris]
parachutist	**izpletņa lēcējs** (m)	[izpletŋɑ læ:tsæ:js]
reconnaissance scout	**izlūks** (m)	[izlu:ks]
sniper	**snaiperis** (m)	[snɑjperis]

patrol (group)	**patruļa** (f)	[patruʎɑ]
to patrol (vt)	**patrulēt**	[patrulæ:t]
sentry, guard	**sargs** (m)	[sɑrgs]

warrior	**karavīrs** (m)	[kɑrɑvi:rs]
hero	**varonis** (m)	[vɑronis]
heroine	**varone** (f)	[vɑronæ]
patriot	**patriots** (m)	[patriots]

traitor	**nodevējs** (m)	[nodæve:js]
deserter	**dezertieris** (m)	[dæzærtieris]
to desert (vi)	**dezertēt**	[dæzertæ:t]
mercenary	**algotnis** (m)	[algotnis]
recruit	**jauniesauktais** (m)	[jɑuniesɑuktɑjs]

volunteer	brīvprātīgais (m)	[briːvpraːtiːgɑjs]
dead (n)	bojā gājušais (m)	[boja: ga:juʃɑjs]
wounded (n)	ievainotais (m)	[ievɑjnotɑjs]
prisoner of war	gūsteknis (m)	[gu:stæknis]

184. War. Military actions. Part 1

war	karš (m)	[karʃ]
to be at war	karot	[karot]
civil war	pilsoņu karš (m)	[pilsony karʃ]

treacherously (adv)	nodevīgi	[nodevi:gi]
declaration of war	kara pieteikšana (f)	[kara pietæjkʃana]
to declare (~ war)	pieteikt karu	[pietæjkt karu]
aggression	agresija (f)	[agresija]
to attack (invade)	uzbrukt	[uzbrukt]

to invade (vt)	iebrukt	[iebrukt]
invader	iebrucējs (m)	[iebrutse:js]
conqueror	iekarotājs (m)	[iekarota:js]

defense	aizsardzība (f)	[ɑjzsardzi:ba]
to defend (a country, etc.)	aizsargāt	[ɑjzsarga:t]
to defend oneself	aizsargāties	[ɑjzsarga:ties]

enemy	ienaidnieks (m)	[ienɑjdnieks]
foe, adversary	pretinieks (m)	[prætɪnieks]
enemy (as adj)	ienaidnieku	[ienɑjdnieku]

| strategy | stratēģija (f) | [stratæ:gija] |
| tactics | taktika (f) | [taktɪka] |

order	pavēle (f)	[pavæ:læ]
command (order)	komanda (f)	[komanda]
to order (vt)	pavēlēt	[pavæ:læ:t]
mission	kara uzdevums (m)	[kara uzdevums]
secret (adj)	slepens	[slæpæns]

| battle | kauja (f) | [kɑuja] |
| combat | cīņa (f) | [tsi:ɲa] |

attack	uzbrukums (m)	[uzbrukums]
storming (assault)	trieciens (m)	[trietsiens]
to storm (vt)	doties triecienā	[doties trietsiena:]
siege (to be under ~)	aplenkums (f)	[aplæŋkums]

offensive (n)	uzbrukums (m)	[uzbrukums]
to go on the offensive	uzbrukt	[uzbrukt]
retreat	atkāpšanās (f pl)	[atka:pʃana:s]
to retreat (vi)	atkāpties	[atka:pties]

encirclement	aplenkums (m)	[aplæŋkums]
to encircle (vt)	aplenkt	[aplæŋkt]

bombing (by aircraft)	bombardēšana (f)	[bombardæ:ʃana]
to drop a bomb	nomest bumbu	[nomæst bumbu]
to bomb (vt)	bombardēt	[bombardæ:t]
explosion	sprādziens (m)	[spra:dziens]

shot	šāviens (m)	[ʃa:viens]
to fire a shot	izšaut	[izʃaut]
firing (burst of ~)	šaušana (f)	[ʃauʃana]

to take aim (at ...)	tēmēt uz ...	[tæmæ:t uz]
to point (a gun)	tēmēt	[tæmæ:t]
to hit (the target)	trāpīt	[tra:pi:t]

to sink (~ a ship)	nogremdēt	[nogræmdæ:t]
hole (in a ship)	caurums (m)	[ʦaurums]
to founder, to sink (vi)	grimt dibenā	[grimt dibena:]

front (war ~)	fronte (f)	[frontæ]
rear (homefront)	aizmugure (f)	[ajzmuguræ]
evacuation	evakuācija (f)	[ævakua:ʦija]
to evacuate (vt)	evakuēt	[ævakuæ:t]

barbwire	dzeloņstieple (f)	[dzæloŋstjeplæ]
barrier (anti tank ~)	nožogojums (m)	[noʒogojums]
watchtower	tornis (m)	[tornis]

hospital	slimnīca (f)	[slimni:ʦa]
to wound (vt)	ievainot	[ievajnot]
wound	ievainojums (m)	[ievajnojums]
wounded (n)	ievainotais (m)	[ievajnotajs]
to be wounded	gūt ievainojumu	[gu:t ievajnojumu]
serious (wound)	smags ievainojums	[smags ievajnojums]

185. War. Military actions. Part 2

captivity	gūsts (m)	[gu:sts]
to take captive	saņemt gūstā	[sanemt gu:sta:]
to be in captivity	būt gūstā	[bu:t gu:sta:]
to be taken prisoner	nokļūt gūstā	[nokly:t gu:sta:]

concentration camp	koncentrācijas nometne (f)	[konʦentra:ʦijas nomætnæ]
prisoner of war	gūsteknis (m)	[gu:stæknis]
to escape (vi)	izbēgt	[izbæ:gt]

to betray (vt)	nodot	[nodot]
betrayer	nodevējs (m)	[nodæve:js]

betrayal	nodevība (f)	[nodævi:ba]
to execute (shoot)	nošaut	[noʃaut]
execution (by firing squad)	nošaušana (f)	[noʃauʃana]
equipment (military gear)	formas tērps (m)	[formas tæ:rps]
shoulder board	uzplecis (m)	[uzpletsis]
gas mask	gāzmaska (f)	[ga:zmaska]
radio transmitter	rācija (f)	[ra:tsija]
cipher, code	šifrs (m)	[ʃifrs]
secrecy	konspirācija (f)	[konspira:tsija]
password	parole (f)	[parolæ]
land mine	mīna (f)	[mi:na]
to mine (road, etc.)	nomīnēt	[nomi:næ:t]
minefield	mīnu lauks (m)	[mi:nu lauks]
air-raid warning	gaisa trauksme (m)	[gajsa trauksmæ]
alarm (warning)	trauksmes signāls (m)	[trauksmes signa:ls]
signal	signāls (m)	[signa:ls]
signal flare	signālraķete (f)	[signa:lraketæ]
headquarters	štābs (m)	[ʃta:bs]
reconnaissance	izlūkdienests (m)	[izlu:kdienests]
situation	stāvoklis (m)	[sta:voklis]
report	ziņojums (m)	[zi'nзjums]
ambush	slēpnis (m)	[slæ:pnis]
reinforcement (of army)	papildspēki (m pl)	[papildspæ:ki]
target	mērķis (m)	[mæ:rkis]
proving ground	poligons (m)	[poligons]
military exercise	manevri (m pl)	[manævri]
panic	panika (f)	[panika]
devastation	posti (m)	[posti]
destruction, ruins	postījumi (m pl)	[posti:jumi]
to destroy (vt)	postīt	[posti:t]
to survive (vi, vt)	izdzīvot	[izdzi:vot]
to disarm (vt)	atbruņot	[atbru'nзt]
to handle (~ a gun)	apiešanās ar ieročiem	[apieʃana:s ar ierotʃiem]
Attention!	Mierā!	[miera:]
At ease!	Brīvi!	[bri:vi]
feat (of courage)	varoņdarbs (m)	[varoɳdarbs]
oath (vow)	zvērests (m)	[zvæ:ræsts]
to swear (an oath)	zvērēt	[zværæ:t]
decoration (medal, etc.)	balva (f)	[balva]
to award (give medal to)	apbalvot	[apbalvot]
medal	medaļa (f)	[mædaʎa]

order (e.g., ~ of Merit)	**ordenis** (m)	[ordenis]
victory	**uzvara** (f)	[uzvara]
defeat	**sakāve** (f)	[saka:væ]
armistice	**pamiers** (m)	[pamiers]

banner (standard)	**karogs** (m)	[karogs]
glory (honor, fame)	**slava** (f)	[slava]
parade	**parāde** (f)	[para:dæ]
to march (on parade)	**maršēt**	[marʃæ:t]

186. Weapons

weapons	**ieroči** (m)	[ierotʃi]
firearm	**šaujamieroči** (m pl)	[ʃaujam ierotʃi]
cold weapons (knives, etc.)	**aukstie ieroči** (m pl)	[aukstie ierotʃi]

chemical weapons	**ķīmiskie ieroči** (m pl)	[ki:miskie ierotʃi]
nuclear (adj)	**kodolu**	[kodolu]
nuclear weapons	**kodolieroči** (m pl)	[kodol ierotʃi]

bomb	**bumba** (f)	[bumba]
atomic bomb	**atombumba** (f)	[atom bumba]

pistol (gun)	**pistole** (f)	[pistolæ]
rifle	**šautene** (f)	[ʃautænæ]
submachine gun	**automāts** (m)	[automa:ts]
machine gun	**ložmetējs** (m)	[loʒ mæte:js]

muzzle	**stops** (m)	[stobrs]
barrel	**stobrs** (m)	[stobrs]
caliber	**kalibrs** (m)	[kalibrs]

trigger	**gailis** (m)	[gajlis]
sight (aiming device)	**tēmeklis** (m)	[tæ:mæklis]
magazine	**magazīna** (m)	[magazi:na]
butt (of rifle)	**laide** (f)	[lajdæ]

hand grenade	**granāta** (f)	[grana:ta]
explosive	**sprāgstviela** (f)	[spra:gstviela]

bullet	**lode** (f)	[lodæ]
cartridge	**patrona** (m)	[patrona]
charge	**lādiņš** (m)	[la:diŋʃ]
ammunition	**munīcija** (f)	[muni:tsija]

bomber (aircraft)	**bombardētājs** (m)	[bombardæ:ta:js]
fighter	**iznīcinātājs** (m)	[izni:tsina:ta:js]
helicopter	**helikopters** (m)	[hælipkoptærs]
anti-aircraft gun	**zenītlielgabals** (m)	[zæni:tlielgabals]

tank	**tanks** (m)	[taŋks]
tank gun	**lielgabals** (m)	[lielgabals]
artillery	**artilērija** (f)	[artilæ:rija]
to lay (a gun)	**tēmēt**	[tæmæ:t]
shell (projectile)	**šāviņš** (m)	[ʃa:viɲ]
mortar bomb	**mīna** (f)	[mi:na]
mortar	**mīnmetējs** (f)	[mi:nmætæ:js]
splinter (shell fragment)	**šķemba** (f)	[ʃkemba]
submarine	**zemūdene** (f)	[zæmu:dænæ]
torpedo	**torpēda** (f)	[torpæ:da]
missile	**raķete** (f)	[raketæ]
to load (gun)	**ielādēt**	[iela:dæ:t]
to shoot (vi)	**šaut**	[ʃaut]
to point at (the cannon)	**tēmēt uz ...**	[tæmæ:t uz]
bayonet	**durklis** (m)	[durklis]
epee	**zobens** (m)	[zobæns]
saber (e.g., cavalry ~)	**līkais zobens** (m)	[li:kajs zobæns]
spear (weapon)	**šķēps** (m)	[ʃke:ps]
bow	**loks** (m)	[loks]
arrow	**bulta** (f)	[bulta]
musket	**muskete** (f)	[musketæ]
crossbow	**arbalets** (m)	[arbalæts]

187. Ancient people

primitive (prehistoric)	**pirmatnējs**	[pirmatne:js]
prehistoric (adj)	**pirms vēsturiskais** (m)	[pirms væ:sturiskajs]
ancient (~ civilization)	**sens**	[sæns]
Stone Age	**akmens laikmets** (m)	[akmæns lajkmæts]
Bronze Age	**bronzas laikmets** (m)	[bronzas lajkmæts]
Ice Age	**ledus periods** (m)	[lædus pæriods]
tribe	**cilts** (f)	[tsilts]
cannibal	**kanibāls** (m)	[kaniba:ls]
hunter	**mednieks** (m)	[mædnieks]
to hunt (vi, vt)	**medīt**	[mædi:t]
mammoth	**mamuts** (m)	[mamuts]
cave	**ala** (f)	[ala]
fire	**uguns** (m)	[uguns]
campfire	**ugunskurs** (m)	[ugunskurs]
rock painting	**klinšu gleznojums** (m)	[klinʃu glæznojums]
tool (e.g., stone ax)	**darbarīki** (m)	[darbari:ki]
spear	**šķēps** (m)	[ʃke:ps]

stone ax	akmens cirvis (m)	[akmæns tsirvis]
to be at war	karot	[karot]
to domesticate (vt)	pieradināt dzīvniekus	[pieradina:t dzi:vniekus]

idol	elks (m)	[ælks]
to worship (vt)	pielūgt	[pielu:gt]
superstition	māņticība (m)	[ma:ɲtitsi:ba]

evolution	evolūcija (f)	[ævolu:tsija]
development	attīstība (f)	[atti:sti:ba]
disappearance (extinction)	izzušana (f)	[izzuʃana]
to adapt oneself	pielāgoties	[piela:goties]

archeology	arheoloģija (f)	[arheologija]
archeologist	arheologs (m)	[arhæologs]
archeological (adj)	arheoloģisks	[arheologisks]

excavation site	izrakumu vieta (f)	[izrakumu vieta]
excavations	izrakšanas darbi (m)	[izrakʃanas darbi]
find (object)	atradums (m)	[atradums]
fragment	fragments (m)	[fragmænts]

188. Middle Ages

people (ethnic group)	tauta (f)	[tauta]
peoples	tautas (f pl)	[tautas]
tribe	cilts (f)	[tsilts]
tribes	ciltis (f pl)	[tsiltis]

barbarians	barbari (f pl)	[barbari]
Gauls	galli (m pl)	[galli]
Goths	goti (m pl)	[goti]
Slavs	slāvi (m pl)	[sla:vi]
Vikings	vikingi (m pl)	[vikiɲi]

| Romans | romieši (m pl) | [romieʃi] |
| Roman (adj) | Romas | [romas] |

Byzantines	bizantieši (m pl)	[bizantieʃi]
Byzantium	Bizantija (f)	[bizantija]
Byzantine (adj)	bizantiešu	[bizantieʃu]

emperor	imperators (m)	[imperators]
leader, chief	vadonis (m)	[vadonis]
powerful (~ king)	varenais	[varænajs]
king	karalis (m)	[karalis]
ruler (sovereign)	valdnieks (m)	[valdnieks]

| knight | bruņinieks (m) | [bruniɲjeks] |
| feudal lord | feodālis (m) | [fæoda:lis] |

| feudal (adj) | feodāļu | [fæodɑːly] |
| vassal | vasalis (m) | [vɑsɑlis] |

duke	hercogs (m)	[hærtsogs]
earl	grāfs (m)	[grɑːfs]
baron	barons (m)	[bɑrons]
bishop	bīskaps (m)	[biːskɑps]

armor	bruņas (f pl)	[bruɲɑs]
shield	vairogs (m)	[vɑjrogs]
sword	šķēps (m)	[ʃkeːps]

| visor | sejsegs (m) | [sæjsægs] |
| chainmail | bruņu krekls (m) | [bruny krækls] |

| crusade | krusta gājiens (m) | [krustɑ gɑːiens] |
| crusader | krustnesis (m) | [krustnæsis] |

| territory | teritorija (f) | [tæritorijɑ] |
| to attack (invade) | uzbrukt | [uzbrukt] |

| to conquer (vt) | iekarot | [iekɑrot] |
| to occupy (invade) | sagrābt | [sɑgrɑːbt] |

siege (to be under ~)	aplenkums (m)	[ɑplæŋkums]
besieged (adj)	aplenkts	[ɑplæŋkts]
to besiege (vt)	aplenkt	[ɑplæŋkt]

inquisition	inkvizīcija (f)	[iŋkiziːtsijɑ]
inquisitor	inkvizitors (m)	[iŋkvizitors]
torture	spīdzināšana (f)	[spiːdzinɑːʃɑnɑ]
cruel (adj)	nežēlīgs	[næʒæːliːgs]

| heretic | ķecerība (f) | [ketseriːbɑ] |
| heresy | ķeceris (m) | [ketseris] |

seafaring	jūrniecība (f)	[juːrnietsiːbɑ]
pirate	pirāts (m)	[pirɑːts]
piracy	pirātisms (m)	[pirɑːtisms]
boarding (attack)	abordāža (f)	[ɑbordɑːʒɑ]

| loot, booty | laupījums (m) | [lɑupiːjums] |
| treasures | dārgumi (m pl) | [dɑːrgumi] |

discovery	atklāšana (f)	[ɑtklɑːʃɑnɑ]
to discover (new land, etc.)	atklāt	[ɑtklɑːt]
expedition	ekspedīcija (f)	[ækspædiːtsijɑ]

musketeer	musketieris (m)	[musketieris]
cardinal	kardināls (m)	[kɑrdinɑːls]
heraldry	heraldika (f)	[hærɑldikɑ]
heraldic (adj)	heraldisks	[hærɑldisks]

189. Leader. Chief. Authorities

king	karalis (m)	[karalis]
queen	karaliene (f)	[karalienæ]
royal (adj)	karalisks	[karalisks]
kingdom	karaliste (f)	[karalistæ]
prince	princis (m)	[printsis]
princess	princese (f)	[printsæsæ]
president	prezidents (m)	[præzidænts]
vice-president	viceprezidents (m)	[vitse præzidents]
senator	senators (m)	[sænators]
monarch	monarhs (m)	[monarhs]
ruler (sovereign)	valdnieks (m)	[valdnieks]
dictator	diktators (m)	[diktators]
tyrant	tirāns (m)	[tira:ns]
magnate	magnāts (m)	[magna:ts]
director	direktors (m)	[diræktors]
chief	šefs (m)	[ʃæfs]
manager (director)	pārvaldnieks (m)	[pa:rvaldnieks]
boss	boss (m)	[boss]
owner	saimnieks (m)	[sajmnieks]
head (~ of delegation)	galva (f)	[galva]
authorities	vara (f)	[vara]
superiors	priekšniecība (f)	[priekʃnietsi:ba]
governor	gubernators (m)	[gubernators]
consul	konsuls (m)	[konsuls]
diplomat	diplomāts (m)	[diploma:ts]
mayor	mērs (m)	[mæ:rs]
sheriff	šerifs (m)	[ʃærifs]
emperor	imperators (m)	[imperators]
tsar, czar	cars (m)	[tsars]
pharaoh	faraons (m)	[faraons]
khan	hans (m)	[hans]

190. Road. Way. Directions

road	ceļš (m)	[tsæʎʃ]
way (direction)	ceļš (m)	[tsæʎʃ]
freeway	šoseja (f)	[ʃosæja]
highway	automaģistrāle (f)	[automagistra:læ]
interstate	valsts ceļš (m)	[valsts tsæʎʃ]

| main road | galvenais ceļš (m) | [galvænajs tsæʎʃ] |
| dirt road | lauku ceļš (m) | [lauku tsæʎʃ] |

| pathway | taka (f) | [taka] |
| footpath (troddenpath) | taciņa (f) | [tatsiɲa] |

Where?	Kur?	[kur]
Where (to)?	Uz kurieni?	[uz kurienɪ]
Where ... from?	No kurienes?	[no kurienæs]

| direction (way) | virziens (m) | [virziens] |
| to point (~ the way) | norādīt | [nora:di:t] |

to the left	pa kreisi	[pa kræjsɪ]
to the right	pa labi	[pa labi]
straight ahead (adv)	taisni	[tajsnɪ]
back (e.g., to turn ~)	atpakaļ	[atpakaʎ]

bend, curve	pagrieziens (m)	[pagrieziens]
to turn (~ to the left)	pagriezties	[pagriezties]
to make a U-turn	apgriezties	[apgriezties]

| to be visible | būt redzamam | [bu:t rædzamam] |
| to appear (come into view) | parādīties | [para:di:ties] |

stop, halt (in journey)	pietura (f)	[pietura]
to rest, to halt (vi)	atpūsties	[atpu:sties]
rest (pause)	atpūta (f)	[atpu:ta]

| to lose one's way | apmaldīties | [apmaldi:ties] |
| to lead to ... (ab. road) | ved uz ... | [væd uz] |

| to arrive at ... | nokļūt līdz ... | [nokly:t li:dz] |
| stretch (of road) | ceļa posms (m) | [tsæʎa posms] |

asphalt	asfalts (m)	[asfalts]
curb	apmale (f)	[apmalæ]
ditch	grāvis (m)	[gra:vis]
manhole	lūka (f)	[lu:ka]

| roadside (shoulder) | ceļmala (f) | [tsæʎmala] |
| pit, pothole | bedre (f) | [bædræ] |

| to go (on foot) | iet | [iet] |
| to pass (overtake) | apdzīt | [apdzi:t] |

| step (footstep) | solis (m) | [solis] |
| on foot (adv) | kājām | [ka:ja:m] |

to block (road)	nosprostot ceļu	[nosprostot tsæly]
boom barrier	barjera (f)	[barjera]
dead end	strupceļš (m)	[struptsæʎʃ]

191. Breaking the law. Criminals. Part 1

bandit	bandīts (m)	[bandi:ts]
crime	noziegums (m)	[noziegums]
criminal (person)	noziedznieks (m)	[noziedznieks]
thief	zaglis (m)	[zaglis]
to steal (vi, vt)	zagt	[zagt]
stealing (larceny)	zagšana (f)	[zagʃana]
theft	zādzība (f)	[za:dzi:ba]
to kidnap (vt)	nolaupīt	[nolaupi:t]
kidnapping	nolaupīšana (f)	[nolaupi:ʃana]
kidnapper	laupītājs (m)	[laupi:ta:js]
ransom	izpirkums (m)	[izpirkums]
to demand ransom	prasīt izpirkumu	[prasi:t izpirkumu]
to rob (vt)	aplaupīt	[aplaupi:t]
robbery	aplaupīšana (f)	[aplaupi:ʃana]
robber	laupītājs (m)	[laupi:ta:js]
to extort (vt)	izspiest	[izspiest]
extortionist	izspiedējs (m)	[izspiedæ:js]
extortion	izspiešana (m)	[izspieʃana]
to murder, to kill	noslepkavot	[noslæpkavot]
murder	slepkavība (f)	[slæpkavi:ba]
murderer	slepkava (m)	[slæpkava]
gunshot	šāviens (m)	[ʃa:viens]
to fire a shot	izšaut	[izʃaut]
to shoot to death	nošaut	[noʃaut]
to shoot (vi)	šaut	[ʃaut]
shooting	šaušana (f)	[ʃauʃana]
incident (fight, etc.)	notikums (m)	[notıkums]
fight, brawl	kautiņš (m)	[kautıŋʃ]
victim	upuris (m)	[upuris]
to damage (vt)	sabojāt	[saboja:t]
damage	kaitējums (m)	[kajtæ:jums]
dead body	līķis (m)	[li:kis]
grave (~ crime)	smags noziegums	[smags noziegums]
to attack (vt)	uzbrukt	[uzbrukt]
to beat (dog, person)	sist	[sist]
to beat up	piekaut	[piekaut]
to take (rob of sth)	atņemt	[atnæmt]
to stab to death	nodurt	[nodurt]
to maim (vt)	sakropļot	[sakrop'lɜt]

to wound (vt)	ievainot	[ievajnot]
blackmail	šantāža (f)	[ʃantaːʒa]
to blackmail (vt)	šantažēt	[ʃantaʒæːt]
blackmailer	šantāžists (m)	[ʃantaːʒists]

protection racket	rekets (m)	[rækæts]
racketeer	reketieris (m)	[ræketieris]
gangster	gangsteris (m)	[gaŋstæris]
mafia, Mob	mafija (f)	[mafija]

pickpocket	kabatzaglis (m)	[kabatzaglis]
burglar	kramplauzis (m)	[kramplauzis]
smuggling	kontrabanda (f)	[kontrabanda]
smuggler	kontrabandists (m)	[kontrabandists]

forgery	viltojums (m)	[viltojums]
to forge (counterfeit)	viltot	[viltot]
fake (forged)	viltots	[viltots]

192. Breaking the law. Criminals. Part 2

rape	izvarošana (f)	[izvaroʃana]
to rape (vt)	izvarot	[izvarot]
rapist	izvarotājs (m)	[izvarotaːjs]
maniac	maniaks (m)	[maniaks]

prostitute (fem.)	prostitūta (f)	[prostituːta]
prostitution	prostitūcija (f)	[prostituːtsija]
pimp	suteners (m)	[sutenærs]

| drug addict | narkomāns (m) | [narkomaːns] |
| drug dealer | narkotiku tirgotājs (m) | [narkotiku tirgotaːjs] |

to blow up (bomb)	uzspridzināt	[uzspridzinaːt]
explosion	sprādziens (m)	[spraːdziens]
to set fire	aizdedzināt	[ajzdædzinaːt]
incendiary (arsonist)	dedzinātājs (m)	[dædzinaːtaːjs]

terrorism	terorisms (m)	[tærorisms]
terrorist	terorists (m)	[tærorists]
hostage	ķīlnieks (m)	[kiːlnieks]

to swindle (vt)	piekrāpt	[piekraːpt]
swindle	krāpšana (f)	[kraːpʃana]
swindler	krāpnieks (m)	[kraːpnieks]

to bribe (vt)	piekukuļot	[piekuku'lɜt]
bribery	piekukuļošana (f)	[piekuku'lɜʃana]
bribe	kukulis (m)	[kukulis]
poison	inde (f)	[indæ]

| to poison (vt) | noindēt | [noindæ:t] |
| to poison oneself | noindēties | [noindæ:ties] |

| suicide (act) | pašnāvība (f) | [paʃnɑ:vi:ba] |
| suicide (person) | pašnāvnieks (m) | [paʃnɑ:vnieks] |

to threaten (vt)	draudēt	[draudæ:t]
threat	draudi (m)	[draudi]
to make an attempt	mēģinājums	[mæ:ginɑ:jums]
attempt (attack)	slepkavības mēģinājums (m)	[slæpkavi:bas mæ:ginɑ:jums]

| to steal (a car) | aizdzīt auto | [ajzdzi:t auto] |
| to hijack (a plane) | aizdzīt lidmašīnu | [ajzdzi:t lidmaʃinu] |

| revenge | atriebība (f) | [atriebi:ba] |
| to revenge (vt) | atriebties | [atriebties] |

to torture (vt)	spīdzināt	[spi:dzinɑ:t]
torture	spīdzināšana (f)	[spi:dzinɑ:ʃana]
to torment (vt)	mocīt	[motsi:t]

pirate	pirāts (m)	[pirɑ:ts]
hooligan	huligāns (m)	[huligɑ:ns]
armed (adj)	apbruņots	[apbruʹnɜts]
violence	varmācība (f)	[varmɑ:tsi:ba]

| spying (n) | spiegošana (f) | [spiegoʃana] |
| to spy (vi) | spiegot | [spiegot] |

193. Police. Law. Part 1

| justice | tiesas spriešana (f) | [tiesas sprieʃana] |
| court (court room) | tiesa (f) | [tiesa] |

judge	tiesnesis (m)	[tiesnæsis]
jurors	zvērinātie (f pl)	[zvæ:rinɑ:tiæ]
jury trial	zvērināto tiesa (f)	[zvæ:rinɑ:to tiesa]
to judge (vt)	spriest	[spriest]

lawyer, attorney	advokāts (m)	[advokɑ:ts]
accused	tiesājamais (m)	[tiesɑ:jamajs]
dock	tiesājamo soliņš (f)	[tiesɑ:jamo soliɲʃ]

| charge | apsūdzība (f) | [apsu:dzi:ba] |
| accused | apsūdzētais (m) | [apsu:dzæ:tajs] |

sentence	spriedums (m)	[spriedums]
to sentence (vt)	piespriest	[piespriest]
guilty (culprit)	vaininieks (m)	[vajninieks]

to punish (vt)	sodīt	[sodi:t]
punishment	sods (m)	[sods]

fine (penalty)	soda nauda (f)	[soda nauda]
life imprisonment	mūža ieslodzījums (m)	[mu:ʒa ieslodzi:jums]
death penalty	nāves sods (m)	[na:væs sods]
electric chair	elektriskais krēsls (m)	[ælektriskajs kræ:sls]
gallows	karātavas (m pl)	[kara:tavas]

to execute (vt)	sodīt ar nāvi	[sodi:t ar na:vi]
execution	nāves soda izpilde (f)	[na:væs soda izpildæ]

prison, jail	cietums (m)	[tsietums]
cell	kamera (f)	[kamæra]

escort	konvojs (m)	[konvojs]
prison guard	uzraugs (m)	[uzraugs]
prisoner	ieslodzītais (m)	[ieslodzi:tajs]

handcuffs	roku dzelži (m pl)	[roku dzælʒi]
to handcuff (vt)	ieslēgt roku dzelžos	[ieslæ:gt roku dzælʒos]

prison break	izbēgšana no cietuma (f)	[izbæ:gʃana no tsietuma]
to break out (vi)	bēgt no cietuma	[bæ:gt no tsietuma]
to disappear (vi)	pazust	[pazust]
to release (from prison)	atbrīvot	[atbri:vot]
amnesty	amnestija (f)	[amnæstija]

police	policija (f)	[politsija]
police officer	policists (m)	[politsists]
police station	policijas iecirknis (m)	[politsijas ietsirknis]
billy club	gumijas nūja (f)	[gumijas nu:ja]
bullhorn	rupors (m)	[rupors]

patrol car	patruļa mašīna (f)	[patruʎa maʃi:na]
siren	sirēna (f)	[siræ:na]
to turn on the siren	ieslēgt sirēnu	[ieslæ:gt siræ:nu]
siren call	sirēnas gaudošana (f)	[siræ:nas gaudoʃana]

crime scene	notikuma vieta (f)	[notikama vieta]
witness	liecinieks (m)	[lietsinieks]
freedom	brīvība (f)	[bri:vi:ba]
accomplice	līdzzinātājs (m)	[li:dz zina:ta:js]
to flee (vi)	paslēpties	[paslæ:pties]
trace (to leave a ~)	pēdas (f)	[pæ:das]

194. Police. Law. Part 2

search (investigation)	meklēšana (f)	[mæklæ:ʃana]
to look for ...	meklēt ...	[mæklæ:t]

suspicion	aizdomas (f pl)	[ajzdomas]
suspicious (suspect)	aizdomīgs	[ajzdomi:gs]
to stop (cause to halt)	apturēt	[apturæ:t]
to detain (keep in custody)	aizturēt	[ajzturæ:t]

case (lawsuit)	lieta (f)	[lieta]
investigation	izmeklēšana (f)	[izmæklæ:ʃana]
detective	detektīvs (m)	[dætæktɪ:vs]
investigator	izmeklētājs (m)	[izmæklæ:ta:js]
hypothesis	versija (f)	[versija]

motive	motīvs (m)	[moti:vs]
interrogation	pratināšana (f)	[pratina:ʃana]
to interrogate (vt)	pratināt	[pratina:t]
to question (vt)	aptaujāt	[aptauja:t]
check (identity ~)	pārbaude (f)	[pa:rbaudæ]

round-up	tvarstīšana (f)	[tvarsti:ʃana]
search (~ warrant)	kratīšana (f)	[krati:ʃana]
chase (pursuit)	pakaļdzīšanās (f)	[pakaʎ dzi:ʃana:s]
to pursue, to chase	vajāt	[vaja:t]
to track (a criminal)	atsekot	[atsækot]
arrest	arests (m)	[arests]
to arrest (sb)	arestēt	[aræstæ:t]
to catch (thief, etc.)	noķert	[nokert]
capture	satveršana (f)	[satværʃana]

document	dokuments (m)	[dokumænts]
proof (evidence)	pierādījums (m)	[piera:di:jums]
to prove (vt)	pierādīt	[piera:di:t]
footprint	pēdas (f)	[pæ:das]
fingerprints	pirkstu nospiedumi (m pl)	[pirkstu nospiedumi]
piece of evidence	pierādījums (m)	[piera:di:jums]

alibi	alibi (m)	[alibi]
innocent (not guilty)	nevainīgais	[nævajni:gajs]
injustice	netaisnība (f)	[nætajsni:ba]
unjust, unfair (adj)	netaisnīgs	[nætajsni:gs]

criminal (adj)	kriminālais	[krimina:lajs]
to confiscate (vt)	konfiscēt	[konfistsæ:t]
drug (illegal substance)	narkotiska viela (f)	[narkotiska viela]
weapon, gun	ierocis (m)	[ierotsis]
to disarm (vt)	atbruņot	[atbruˈnɔt]
to order (command)	pavēlēt	[pavæ:læ:t]
to disappear (vi)	pazust	[pazust]

law	likums (m)	[likums]
legal, lawful (adj)	likumīgs	[likumi:gs]
illegal, illicit (adj)	nelikumīgs	[nælikumi:gs]
responsibility (blame)	atbildība (f)	[atbildi:ba]
responsible (adj)	atbildīgais	[atbildi:gajs]

NATURE

The Earth. Part 1

195. Outer space

cosmos	**kosmoss** (m)	[kosmoss]
space (as adj)	**kosmiskais**	[kosmiskajs]
outer space	**kosmiskā telpa** (f)	[kosmiska: tælpa]
world	**visums** (m)	[visums]
universe	**pasaule** (m)	[pasaulæ]
galaxy	**galaktika** (f)	[galaktika]
star	**zvaigzne** (f)	[zvajgznæ]
constellation	**zvaigznājs** (m)	[zvajgzna:js]
planet	**planēta** (f)	[planæ:ta]
satellite	**pavadonis** (m)	[pavadonis]
meteorite	**meteorīts** (m)	[mætæori:ts]
comet	**komēta** (f)	[komæ:ta]
asteroid	**asteroīds** (m)	[asteroi:ds]
orbit	**orbīta** (f)	[orbi:ta]
to revolve (~ around the Earth)	**griezties ap**	[griezties ap]
atmosphere	**atmosfēra** (f)	[atmosfæ:ra]
the Sun	**Saule** (f)	[saulæ]
solar system	**Saules sistēma** (f)	[saulæs siste:ma]
solar eclipse	**Saules aptumsums** (m)	[saulæs aptumsums]
the Earth	**Zeme** (f)	[zæmæ]
the Moon	**Mēness** (m)	[mæ:ness]
Mars	**Marss** (m)	[marss]
Venus	**Venēra** (f)	[vænæ:ra]
Jupiter	**Jupiters** (m)	[jupiters]
Saturn	**Saturns** (m)	[saturns]
Mercury	**Merkus** (m)	[mærkus]
Uranus	**Urāns** (m)	[ura:ns]
Neptune	**Neptūns** (m)	[næptu:ns]
Pluto	**Plutons** (m)	[plutons]
Milky Way	**Piena ceļš** (m)	[piena tsæʎʃ]
Great Bear	**Lielais Lācis** (m)	[lielajs la:tsis]

North Star	Polārzvaigzne (f)	[pola:rzvajgznæ]
Martian	marsietis (m)	[marsietis]
extraterrestrial (n)	citplanētietis (m)	[tsitplanæ:tietis]
alien	atnācējs (m)	[atna:tse:js]
flying saucer	lidojošais šķīvis (m)	[lidoʒʃais ʃki:vis]

spaceship	kosmiskais kuģis (m)	[kosmiskajs kugis]
space station	orbitālā stacija (f)	[orbita:la: statsija]
blast-off	starts (m)	[starts]

engine	dzinējs (m)	[dzinæ:js]
nozzle	sprausla (f)	[sprausla]
fuel	degviela (f)	[dægviela]

cockpit, flight deck	kabīne (m)	[kabi:næ]
antenna	antena (f)	[antæna]
porthole	iluminators (m)	[iluminators]
solar battery	saules baterija (f)	[saules batærija]
spacesuit	skafandrs (m)	[skafandrs]

| weightlessness | bezsvara stāvoklis (m) | [bezsvara sta:voklis] |
| oxygen | skābeklis (m) | [ska:bæklis] |

| docking (in space) | savienošanās (f) | [savietoʃana:s] |
| to dock (vi, vt) | savienoties | [savietoties] |

observatory	observatorija (f)	[observatorija]
telescope	teleskops (m)	[tæleskops]
to observe (vt)	novērot	[novæ:rot]
to explore (vt)	pētīt	[pæ:ti:t]

196. The Earth

the Earth	Zeme (f)	[zæmæ]
globe (the Earth)	zemeslode (f)	[zæmeslodæ]
planet	planēta (f)	[planæ:ta]

atmosphere	atmosfēra (f)	[atmosfæ:ra]
geography	ģeogrāfija (f)	[geogra:fija]
nature	daba (f)	[daba]

globe (table ~)	globuss (m)	[globuss]
map	karte (f)	[kartæ]
atlas	atlants (m)	[atlants]

Europe	Eiropa (f)	[æjropa]
Asia	Āzija (f)	[a:zija]
Africa	Āfrika (f)	[a:frika]
Australia	Austrālija (f)	[austra:lija]
America	Amerika (f)	[amærika]

| North America | Ziemeļamerika (f) | [ziemeʎ amærika] |
| South America | Dienvidamerika (f) | [dienvid amærika] |

| Antarctica | Antarktīda (f) | [antarkti:da] |
| the Arctic | Arktika (f) | [arktika] |

197. Cardinal directions

north	ziemeļi (m pl)	[ziemeli]
to the north	uz ziemeļiem	[uz ziemeliem]
in the north	ziemeļos	[ziemeʎos]
northern (adj)	ziemeļu	[ziemely]

south	dienvidi (m pl)	[dienvidi]
to the south	uz dienvidiem	[uz dienvidiem]
in the south	dienvidos	[dienvidos]
southern (adj)	dienvidu	[dienvidu]

west	rietumi (m pl)	[rietumi]
to the west	uz rietumiem	[uz rietumiem]
in the west	rietumos	[rietumos]
western (adj)	rietumu	[rietumu]

east	austrumi (m pl)	[austrumi]
to the east	uz austrumiem	[uz austrumiem]
in the east	austrumos	[austrumos]
eastern (adj)	austrumu	[austrumu]

198. Sea. Ocean

sea	jūra (f)	[ju:ra]
ocean	okeāns (m)	[okæa:ns]
gulf (bay)	jūras līcis (m)	[ju:ras li:tsis]
straits	jūras šaurums (m)	[ju:ras ʃaurums]

continent (mainland)	kontinents (m)	[kontinænts]
island	sala (f)	[sala]
peninsula	pussala (f)	[pussala]
archipelago	arhipelāgs (m)	[arhipæla:gs]

bay, cove	līcis (m)	[li:tsis]
harbor	osta (f)	[osta]
lagoon	lagūna (f)	[lagu:na]
cape	zemesrags (m)	[zæmæsrags]

atoll	atols (m)	[atols]
reef	rifs (m)	[rifs]
coral	korallis (m)	[korallis]

coral reef	koraļļu rifs (m)	[koraIly rifs]
deep (adj)	dziļš	[dziʎʃ]
depth (deep water)	dziļums (m)	[dzilyms]
abyss	dzelme (f)	[dzæelmæe]
trench (e.g., Mariana ~)	ieplaka (f)	[ieplaka]

current, stream	straume (f)	[straumæe]
to surround (bathe)	apskalot	[apskalot]
shore	krasts (m)	[krasts]
coast	piekraste (f)	[piekrastæe]

high tide	paisums (m)	[pajsums]
low tide	bēgums (m)	[bæe:gums]
sandbank	sēklis (m)	[sæe:klis]
bottom	gultne (m)	[gultnæe]

wave	vilnis (m)	[vilnis]
crest (~ of a wave)	viļņa mugura (f)	[viʎɲa mugura]
froth (foam)	putas (f)	[putas]

storm	vētra (f)	[væe:tra]
hurricane	viesulis (m)	[viesulis]
tsunami	cunami (m)	[tsunami]
calm (dead ~)	bezvējš (m)	[bæezve:jʃ]
quiet, calm (adj)	mierīgs	[mieri:gs]

pole	pols (m)	[pols]
polar (adj)	polārais	[pola:rajs]

latitude	platums (f)	[platums]
longitude	garums (m)	[garums]
parallel	paralēle (f)	[paralæe:læe]
equator	ekvators (m)	[æekvators]

sky	debesis (f)	[dæebæesis]
horizon	horizonts (m)	[horizonts]
air	gaiss (m)	[gajss]

lighthouse	bāka (f)	[ba:ka]
to dive (vi)	nirt	[nirt]
to sink (ab. boat)	nogrimt	[nogrimt]
treasures	dārgumi (m pl)	[da:rgumi]

199. Seas' and Oceans' names

Atlantic Ocean	Atlantijas okeāns (m)	[atlantijas okæea:ns]
Indian Ocean	Indijas okeāns (m)	[indijas okæea:ns]
Pacific Ocean	Klusais okeāns (m)	[klusajs okæea:ns]
Arctic Ocean	Ziemeļu Ledus okeāns (m)	[ziemely lædus okæea:ns]

Black Sea	Melnā jūra (f)	[mælna: ju:ra]
Red Sea	Sarkanā jūra (f)	[sarkana: ju:ra]
Yellow Sea	Dzeltenā jūra (m)	[dzæltena: ju:ra]
White Sea	Baltā jūra (f)	[balta: ju:ra]

Caspian Sea	Kaspijas jūra (f)	[kaspijas ju:ra]
Dead Sea	Nāves jūra (f)	[na:væs ju:ra]
Mediterranean Sea	Vidusjūra (f)	[vidusy:ra]

| Aegean Sea | Egejas jūra (f) | [ægæjas ju:ra] |
| Adriatic Sea | Adrijas jūra (f) | [adrijas ju:ra] |

Arabian Sea	Arābijas jūra (f)	[ara:bijas ju:ra]
Sea of Japan	Japāņu jūra (f)	[japa:ny ju:ra]
Bering Sea	Beringa jūra (f)	[bæriŋa ju:ra]
South China Sea	Dienvidķīnas jūra (f)	[dienvidki:nas ju:ra]

Coral Sea	Koraļļu jūra (f)	[korally ju:ra]
Tasman Sea	Tasmāna jūra (f)	[tasma:na ju:ra]
Caribbean Sea	Karību jūra (f)	[kari:bu ju:ra]

| Barents Sea | Barenca jūra (f) | [baræntsa ju:ra] |
| Kara Sea | Karas jūra (f) | [karas ju:ra] |

North Sea	Ziemeļjūra (f)	[ziemeʎjy:ra]
Baltic Sea	Baltijas jūra (f)	[baltijas ju:ra]
Norwegian Sea	Norvēģu jūra (f)	[norvæ:gy ju:ra]

200. Mountains

mountain	kalns (m)	[kalns]
mountain range	kalnu virkne (f)	[kalnu virknæ]
mountain ridge	kalnu grēda (f)	[kalnu græ:da]

summit, top	virsotne (f)	[virsotnæ]
peak	smaile (f)	[smajlæ]
foot (of mountain)	pakāje (f)	[paka:jæ]
slope (mountainside)	nogāze (f)	[noga:zæ]

volcano	vulkāns (m)	[vulka:ns]
active volcano	darvojošais vulkāns (m)	[darvoʒajs vulka:ns]
dormant volcano	nodzisušais vulkāns (m)	[nodzisuʃajs vulka:ns]

eruption	izvirdums (m)	[izvirdums]
crater	krāteris (m)	[kra:tæris]
magma	magma (f)	[magma]
lava	lava (f)	[lava]
molten (~ lava)	karstais	[karstajs]
canyon	kanjons (m)	[kaɲʲons]
gorge	aiza (f)	[ajza]

crevice	plaisa (f)	[plajsa]
pass, col	pāreja (f)	[pɑːræja]
plateau	plato (f)	[plato]
cliff	klints (f)	[klints]
hill	pakalns (m)	[pakalns]

glacier	ledājs (m)	[læda:js]
waterfall	ūdenskritums (m)	[u:dænskritums]
geyser	geizers (m)	[gejzers]
lake	ezers (m)	[æzers]

plain	līdzenums (m)	[li:dzænums]
landscape	ainava (f)	[ajnava]
echo	atbalss (f)	[atbalss]

alpinist	alpīnists (m)	[alpi:nists]
rock climber	klinšu kāpējs (m)	[klinʃu ka:pe:js]
to conquer (in climbing)	iekarot	[iekarot]
climb (an easy ~)	uzkāpšana (f)	[uzka:pʃana]

201. Mountains names

Alps	Alpi (m pl)	[alpi]
Mont Blanc	Monblāns (m)	[monbla:ns]
Pyrenees	Pireneji (m pl)	[pirenejɪ]

Carpathians	Karpati (f pl)	[karpati]
Ural Mountains	Urāla kalni (m pl)	[ura:la kalni]
Caucasus	Kaukāzs (m)	[kauka:zs]
Elbrus	Elbruss (m)	[ælbruss]

Altai	Altaja kalni (m)	[altaja kalni]
Tien Shan	Tjanšana kalni (m)	[tʲaɲʃana kalni]
Pamir Mountains	Pamirs (m)	[pamirs]
Himalayas	Himalaji (m pl)	[himalajɪ]
Everest	Everests (m)	[æværests]

| Andes | Andu kalni (m pl) | [andu kalni] |
| Kilimanjaro | Kilimandžaro (m) | [kilimandʒaro] |

202. Rivers

river	upe (f)	[upæ]
spring (natural source)	ūdens avots (m)	[u:dens avots]
riverbed	gultne (f)	[gultnæ]
basin	upes baseins (m)	[upæs basejns]
to flow into ...	upes grīva	[upæs gri:va]
tributary	pieteka (f)	[pietæka]

bank (of river)	**krasts** (m)	[krasts]
current, stream	**straume** (f)	[straumæ]
downstream (adv)	**plūsmas lejtecē**	[plu:smas lejtætsæ:]
upstream (adv)	**plūsmas augštecē**	[plu:smas augʃtetsæ:]

inundation	**plūdi** (f)	[plu:di]
flooding	**pali** (m)	[pali]
to overflow (vi)	**pārplūst**	[pa:rplu:st]
to flood (vt)	**appludināt**	[appludina:t]

shallows (shoal)	**sēklis** (m)	[sæ:klis]
rapids	**krāce** (f)	[kra:tsæ]

dam	**dambis** (m)	[dambis]
canal	**kanāls** (m)	[kana:ls]
artificial lake	**ūdenskrātuve** (f)	[u:dænskra:tuvæ]
sluice, lock	**slūžas** (f)	[slu:ʒas]

water body (pond, etc.)	**ūdenstilpe** (f)	[u:dænstilpæ]
swamp, bog	**purvs** (m)	[purvs]
marsh	**staignājs** (m)	[stajgna:js]
whirlpool	**virpulis** (m)	[virpulis]

stream (brook)	**strauts** (m)	[strauts]
drinking (ab. water)	**dzeramais**	[dzæramajs]
fresh (~ water)	**sājš**	[sa:jʃ]

ice	**ledus** (m)	[lædus]
to freeze (ab. river, etc.)	**aizsalt**	[ajzsalt]

203. Rivers' names

Seine	**Sēna** (f)	[sæ:na]
Loire	**Luāra** (f)	[lua:ra]

Thames	**Temza** (f)	[tæmza]
Rhine	**Reina** (f)	[ræjna]
Danube	**Donava** (f)	[donava]

Volga	**Volga** (m)	[volga]
Don	**Dona** (f)	[dona]
Lena	**Ļena** (f)	[lena]

Yellow River	**Huanhe** (f)	[huanhæ]
Yangtze	**Jandzi** (m)	[jaŋdzi]
Mekong	**Mekonga** (f)	[mekoŋa]
Ganges	**Ganga** (f)	[gaŋa]

Nile River	**Nīla** (f)	[ni:la]
Congo	**Kongo** (m)	[koŋo]

Okavango	Okavango (m)	[okavaŋo]
Zambezi	Zambezi (m)	[zambezi]
Limpopo	Limpopo (m)	[limpopo]

204. Forest

| forest | mežs (m) | [mæʒs] |
| forest (as adj) | meža | [mæʒa] |

thick forest	meža biezoknis (m)	[mæʒa biezoknis]
grove	birze (f)	[birzæ]
forest clearing	nora (f)	[nora]

| thicket | krūmājs (m) | [kru:ma:js] |
| scrubland | krūmi (m pl) | [kru:mi] |

| footpath (troddenpath) | taciņa (f) | [tatsiŋa] |
| gully | grava (f) | [grava] |

tree	koks (m)	[koks]
leaf	lapa (f)	[lapa]
leaves	lapas (f)	[lapas]

fall of leaves	lapkritis (m)	[lapkritis]
to fall (ab. leaves)	lapas krīt	[lapas kri:t]
top (of the tree)	virsotne (f)	[virsotnæ]

branch	zariņš (m)	[zariɲʃ]
bough	zars (m)	[zars]
bud (on shrub, tree)	pumpurs (m)	[pumpurs]
needle (of pine tree)	skuja (f)	[skuja]
pine cone	čiekurs (m)	[tʃiekurs]

hollow (in a tree)	dobums (m)	[dobums]
nest	ligzda (f)	[ligzda]
burrow (animal hole)	ala (f)	[ala]

trunk	stumbrs (m)	[stumbrs]
root	sakne (f)	[saknæ]
bark	miza (f)	[miza]
moss	sūna (f)	[su:na]

to uproot (vt)	atcelmot	[attsælmot]
to chop down	cirst	[tsirst]
to deforest (vt)	izcirst	[iztsirst]
tree stump	celms (f)	[tsælms]

campfire	ugunskurs (m)	[ugunskurs]
forest fire	ugunsgrēks (m)	[ugunsgræ:ks]
to extinguish (vt)	dzēst	[dzæ:st]

forest ranger	**mežinieks** (m)	[mæʒinieks]
protection	**augu aizsargāšana** (f)	[augu ajzsarga:ʃana]
to protect (~ nature)	**dabas aizsardzība**	[dabas ajzsardzi:ba]
poacher	**malumednieks** (m)	[malumædnieks]
trap (e.g., bear ~)	**lamatas** (f pl)	[lamatas]

to pick (mushrooms)	**sēņot**	[sæ:ɲⁱot]
to pick (berries)	**ogot**	[ogot]
to lose one's way	**apmaldīties**	[apmaldi:ties]

205. Natural resources

natural resources	**dabas resursi** (f pl)	[dabas ræsursɪ]
minerals	**derīgie izrakteņi** (m pl)	[deri:gie izrakteni]
deposits	**iegulumi** (m pl)	[iegulumi]
field (e.g., oilfield)	**atradne** (f)	[atradnæ]

to mine (extract)	**iegūt rūdu**	[iegu:t ru:du]
mining (extraction)	**ieguve** (f)	[ieguvæ]
ore	**rūda** (f)	[ru:da]
mine (e.g., for coal)	**raktuve** (f)	[raktuvæ]
mine shaft, pit	**šahta** (f)	[ʃahta]
miner	**oģļracis** (m)	[ogʎratsis]

| gas | **gāze** (f) | [ga:zæ] |
| gas pipeline | **gāzes vads** (m) | [ga:zæs vads] |

oil (petroleum)	**nafta** (f)	[nafta]
oil pipeline	**naftas vads** (m)	[naftas vads]
oil well	**naftas tornis** (m)	[naftas tornis]
derrick	**urbjtornis** (m)	[urbⁱtornis]
tanker	**tankkuģis** (m)	[taŋkkugis]

sand	**smiltis** (f pl)	[smiltɪs]
limestone	**kaļķakmens** (m)	[kaʎkakmæns]
gravel	**grants** (f)	[grants]
peat	**kūdra** (f)	[ku:dra]
clay	**māli** (m)	[ma:li]
coal	**ogles** (f pl)	[oglæs]

iron	**dzelzs** (m)	[dzælzs]
gold	**zelts** (m)	[zælts]
silver	**sudrabs** (m)	[sudrabs]
nickel	**niķelis** (m)	[nikelis]
copper	**varš** (m)	[varʃ]

zinc	**cinks** (m)	[tsiŋks]
manganese	**mangāns** (m)	[maŋa:ns]
mercury	**dzīvsudrabs** (m)	[dzi:vsudrabs]
lead	**svins** (m)	[svins]

mineral	**minerāls** (m)	[minera:ls]
crystal	**kristāls** (m)	[krista:ls]
marble	**marmors** (m)	[marmors]
uranium	**urāns** (m)	[ura:ns]

The Earth. Part 2

206. Weather

weather	**laiks** (m)	[laiks]
weather forecast	**laika prognoze** (f)	[laika prognozæ]
temperature	**temperatūra** (f)	[tæmpæratu:ra]
thermometer	**termometrs** (m)	[tærmomætrs]
barometer	**barometrs** (m)	[baromætrs]
humidity	**mitrums** (m)	[mitrums]
heat (extreme ~)	**tveice** (f)	[tvæjtsæ]
hot (torrid)	**karsts**	[karsts]
it's hot	**karsts laiks**	[karsts lajks]
it's warm	**silts laiks**	[silts lajks]
warm (moderately hot)	**silts**	[sɪlts]
it's cold	**auksts laiks**	[auksts lajks]
cold (adj)	**auksti**	[auksti]
sun	**saule** (f)	[saulæ]
to shine (vi)	**spīd saule**	[spi:d saulæ]
sunny (day)	**saulains**	[saulajns]
to come up (vi)	**uzlēkt**	[uzlæ:kt]
to set (vi)	**rietēt**	[rietæ:t]
cloud	**mākonis** (m)	[ma:konis]
cloudy (adj)	**mākoņains**	[ma:koɲajns]
rain cloud	**melns mākonis** (m)	[mælns ma:konis]
somber (gloomy)	**apmācies**	[apma:tsies]
rain	**lietus** (m)	[lietus]
it's raining	**līst lietus**	[li:st lietus]
rainy (day)	**lietains**	[lietajns]
to drizzle (vi)	**smidzina**	[smidzina]
pouring rain	**stiprs lietus** (m)	[stiprs lietus]
downpour	**lietusgāze** (f)	[lietus ga:zæ]
heavy (e.g., ~ rain)	**stiprs**	[stiprs]
puddle	**peļķe** (f)	[pæʎkæ]
to get wet (in rain)	**samirkt**	[samirkt]
fog (mist)	**migla** (f)	[migla]
foggy	**miglains**	[miglajns]
snow	**sniegs** (m)	[sniegs]
it's snowing	**krīt sniegs**	[kri:t sniegs]

207. Severe weather. Natural disasters

thunderstorm	pērkona negaiss (m)	[pæ:rkona næɡajss]
lightning (~ strike)	zibens (m)	[zibæns]
to flash (vi)	zibēt	[zibæ:t]
thunder	pērkons (m)	[pæ:rkons]
to thunder (vi)	dārdēt	[da:rdæ:t]
it's thundering	dārd pērkons	[da:rd pæ:rkons]
hail	krusa (f)	[krusa]
it's hailing	krīt krusa	[kri:t krusa]
to flood (vt)	appludināt	[appludina:t]
flood, inundation	ūdens plūdi (m pl)	[u:dæns plu:di]
earthquake	zemestrīce (f)	[zæmæs tri:tsæ]
tremor, quake	trieciens (m)	[trietsiens]
epicenter	epicentrs (m)	[æpitsentrs]
eruption	izvirdums (m)	[izvirdums]
lava	lava (f)	[lava]
twister	virpuļvētra (f)	[virpuʎ væ:tra]
tornado	tornado (m)	[tornado]
typhoon	taifūns (m)	[tajfu:ns]
hurricane	viesulis (m)	[viesulis]
storm	vētra (f)	[væ:tra]
tsunami	cunami (m)	[tsunami]
cyclone	ciklons (m)	[tsiklons]
bad weather	slikts laiks (m)	[slikts lajks]
fire (accident)	ugunsgrēks (m)	[ugunsgræ:ks]
disaster	katastrofa (f)	[katastrofa]
meteorite	meteorīts (m)	[mætæori:ts]
avalanche	lavīna (f)	[lavi:na]
snowslide	sniega gāze (f)	[sniega ga:zæ]
blizzard	sniegputenis (m)	[snieg putænis]
snowstorm	sniega vētra (f)	[sniega væ:tra]

208. Noises. Sounds

silence (quiet)	klusums (m)	[klusums]
sound	skaņa (f)	[skaɲa]
noise	troksnis (m)	[troksnis]
to make noise	trokšņot	[trokʃˈnɜt]
noisy (adj)	trokšņains	[trokʃɲajns]

loudly (to speak, etc.)	**skaļi**	[skɑli]
loud (voice, etc.)	**skaļš**	[skɑʎʃ]
constant (continuous)	**pastāvīgs troksnis**	[pɑstɑ:vi:gs troksnis]

shout (n)	**kliedziens** (m)	[kliedziens]
to shout (vi)	**kliegt**	[kliegt]
whisper	**čuksts** (m)	[ʧuksʦ]
to whisper (vi, vt)	**čukstēt**	[ʧukstæ:t]

| barking (of dog) | **riešana** (f) | [rieʃɑnɑ] |
| to bark (vi) | **riet** | [riet] |

groan (of pain)	**vaidi** (m)	[vɑjdi]
to groan (vi)	**vaidēt**	[vɑjdæ:t]
cough	**klepus** (m)	[klæpus]
to cough (vi)	**klepot**	[klæpot]

whistle	**svilpošana** (f)	[svilpoʃɑnɑ]
to whistle (vi)	**svilpot**	[svilpot]
knock (at the door)	**klaudziens** (m)	[klɑudziens]
to knock (at the door)	**klauvēt**	[klɑuvæ:t]

| to crack (vi) | **tarkšķēšana** | [tɑrkʃke:ʃɑnɑ] |
| crack (plank, etc.) | **brakšķi** (m) | [brɑkʃki] |

siren	**sirēna** (f)	[siræ:nɑ]
whistle (factory ~)	**taurēšana** (f)	[tɑuræ:ʃɑnɑ]
to whistle (ship, train)	**taurēt**	[tɑuræ:t]
honk (signal)	**signāls** (m)	[signɑ:ls]
to honk (vi)	**signalizēt**	[signɑlizæ:t]

209. Winter

winter (n)	**ziema** (f)	[ziemɑ]
winter (as adj)	**ziemas**	[ziemɑs]
in winter	**ziemā**	[ziemɑ:]

snow	**sniegs** (m)	[sniegs]
it's snowing	**krīt sniegs**	[kri:t sniegs]
snowfall	**snigšana** (f)	[snigʃɑnɑ]
snowdrift	**kupena** (f)	[kupænɑ]

snowflake	**sniegpārsla** (f)	[sniegpɑ:rslɑ]
snowball	**sniedziņš** (m)	[sniedziɲʃ]
snowman	**sniegavīrs** (m)	[sniegɑvi:rs]
icicle	**lāsteka** (f)	[lɑ:stækɑ]

December	**decembris** (m)	[dæʦæmbris]
January	**janvāris** (m)	[jɑnvɑ:ris]
February	**februāris** (m)	[fæbruɑ:ris]

severe frost	**sals** (m)	[sɑls]
frosty (weather, air)	**salts**	[sɑlts]
below zero (adv)	**zem nulles**	[zæm nullæs]
first frost	**salna** (f)	[sɑlnɑ]
hoarfrost	**sarma** (f)	[sɑrmɑ]
cold (cold weather)	**aukstums** (f)	[ɑukstums]
it's cold	**auksts laiks**	[ɑuksts lɑjks]
fur coat	**kažoks** (m)	[kaʒoks]
mittens	**dūraiņi** (m pl)	[du:rɑiɲi]
to get sick	**saslimt**	[sɑslimt]
cold (illness)	**saaukstēšanās** (f)	[sɑ:ukstæ:ʃɑnɑ:s]
to catch a cold	**saaukstēties**	[sɑ:ukstæ:ties]
ice	**ledus** (m)	[lædus]
black ice	**apledojums** (m)	[ɑplædojums]
to freeze (ab. river, etc.)	**aizsalt**	[ɑjzsɑlt]
ice floe	**ledus gabals** (m)	[lædus gɑbɑls]
skis	**slēpes** (f pl)	[slæ:pæs]
skier	**slēpotājs** (m)	[slæ:potɑ:js]
to ski (vi)	**slēpot**	[slæ:pot]
to skate (vi)	**slidot**	[slidot]

Fauna

210. Mammals. Predators

predator	plēsoņa (f)	[plæ:soɲa]
tiger	tīģeris (m)	[ti:geris]
lion	lauva (f)	[lauva]
wolf	vilks (m)	[vilks]
fox	lapsa (f)	[lapsa]
jaguar	jaguārs (f)	[jagua:rs]
leopard	leopards (m)	[læopards]
cheetah	gepards (m)	[gæpards]
black panther	pantera (f)	[pantæra]
puma	puma (f)	[puma]
snow leopard	sniega leopards (m)	[sniega leopards]
lynx	lūsis (m)	[lu:sis]
coyote	koijots (m)	[kojots]
jackal	šakālis (m)	[ʃaka:lis]
hyena	hiēna (f)	[hiæ:na]

211. Wild animals

animal	dzīvnieks (m)	[dzivnieks]
beast (animal)	zvērs (m)	[zvæ:rs]
squirrel	vāvere (f)	[va:væræ]
hedgehog	ezis (m)	[æzis]
hare	zaķis (m)	[zakis]
rabbit	trusis (m)	[trusis]
badger	āpsis (m)	[a:psis]
raccoon	jenots (m)	[jenots]
hamster	kāmis (m)	[ka:mis]
marmot	murkšķis (m)	[murkʃkis]
mole	kurmis (m)	[kurmis]
mouse	pele (f)	[pælæ]
rat	žurka (f)	[ʒurka]
bat	sikspārnis (m)	[sikspa:rnis]
ermine	sermulis (m)	[særmulis]
sable	sabulis (m)	[sabulis]

marten	**cauna** (f)	[tsauna]
weasel	**zebiekste** (f)	[zebiekstæ]
mink	**ūdele** (f)	[u:dælæ]
beaver	**bebrs** (f)	[bæbrs]
otter	**ūdrs** (m)	[u:drs]
horse	**zirgs** (m)	[zirgs]
moose	**alnis** (m)	[alnis]
deer	**briedis** (m)	[briedis]
camel	**kamielis** (m)	[kamielis]
bison	**bizons** (m)	[bizons]
aurochs	**sumbrs** (m)	[sumbrs]
buffalo	**bifelis** (m)	[bifelis]
zebra	**zebra** (f)	[zæbra]
antelope	**antilope** (f)	[antilopæ]
roe deer	**stirna** (f)	[stirna]
fallow deer	**dambriedis** (m)	[dambriedis]
chamois	**kalnu kaza** (f)	[kalnukaza]
wild boar	**mežacūka** (f)	[mæʒatsu:ka]
whale	**valis** (m)	[valis]
seal	**ronis** (m)	[ronis]
walrus	**valzirgs** (m)	[valzirgs]
fur seal	**kotiks** (m)	[kotiks]
dolphin	**delfīns** (m)	[dælfi:ns]
bear	**lācis** (m)	[la:tsis]
polar bear	**baltais lācis** (m)	[baltajs la:tsis]
panda	**panda** (f)	[panda]
monkey	**pērtiķis** (m)	[pæ:rtikis]
chimpanzee	**šimpanze** (m)	[ʃimpanzæ]
orangutan	**orangutāns** (m)	[oraŋuta:ns]
gorilla	**gorilla** (m)	[gorilla]
macaque	**makaka** (m)	[makaka]
gibbon	**gibons** (m)	[gibons]
elephant	**zilonis** (m)	[zilonis]
rhinoceros	**degunradzis** (m)	[dægunradzis]
giraffe	**žirafe** (f)	[ʒirafæ]
hippopotamus	**nīlzirgs** (m)	[nilzi:rgs]
kangaroo	**ķengurs** (m)	[keŋurs]
koala (bear)	**koala** (f)	[koala]
mongoose	**mangusts** (m)	[maŋusts]
chinchilla	**šinšilla** (f)	[ʃinʃilla]
skunk	**skunkss** (m)	[skuŋks]
porcupine	**dzeloņcūka** (f)	[dzæloɲtsu:ka]

212. Domestic animals

cat	**kaķis** (m)	[kakis]
tomcat	**runcis** (m)	[runtsis]
dog	**suns** (m)	[suns]
horse	**zirgs** (m)	[zirgs]
stallion	**kumeļš** (m)	[kumæʎʃ]
mare	**ķēve** (f)	[ke:væ]
cow	**govs** (f)	[govs]
bull	**bullis** (m)	[bullis]
ox	**vērsis** (m)	[væ:rsis]
sheep	**aita** (f)	[ajta]
ram	**auns** (m)	[auns]
goat	**kaza** (f)	[kaza]
billy goat, he-goat	**āzis** (m)	[a:zis]
donkey	**ēzelis** (m)	[æ:zælis]
mule	**mūlis** (m)	[mu:lis]
pig	**cūka** (f)	[tsu:ka]
piglet	**sivēns** (m)	[sivæ:ns]
rabbit	**trusis** (m)	[trusis]
hen (chicken)	**vista** (f)	[vista]
rooster	**gailis** (m)	[gajlis]
duck	**pīle** (f)	[pi:læ]
drake	**pīļtēviņš** (m)	[pi:ʎtæ:viɲʃ]
goose	**zoss** (f)	[zoss]
tom turkey	**tītars** (m)	[ti:tars]
turkey (hen)	**tītar mātīte** (f)	[ti:tar ma:ti:tæ]
domestic animals	**mājas dzīvnieki** (m pl)	[ma:jas dzi:vnieki]
tame (e.g., ~ hamster)	**mājdzīvnieki**	[ma:jdzi:vnieki]
to tame (vt)	**pieradināt**	[pieradina:t]
to breed (vt)	**audzēt**	[audzæ:t]
farm	**ferma** (m)	[færma]
poultry	**mājputni** (m)	[ma:jputni]
cattle	**lopi** (m pl)	[lopi]
herd (cattle)	**ganāmpulks** (m)	[gana:mpulks]
stable	**zirgu stallis** (m)	[zirgu stallis]
pigsty	**cūku kūts** (f)	[tsu:ku ku:ts]
cowshed	**govju kūts** (f)	[govju ku:ts]
rabbit hutch	**trušu būda** (f)	[truʃu bu:da]
hen house	**vistu kūts** (f)	[vistu ku:ts]

213. Dogs. Dog breeds

dog	suns (m)	[suns]
sheepdog	aitu suns (m)	[ajtu suns]
poodle	pūdelis (m)	[pu:delis]
dachshund	taksis (m)	[taksis]
bulldog	buldogs (m)	[buldogs]
boxer	bokseris (m)	[bokseris]
mastiff	mastifs (m)	[mastifs]
rottweiler	rotveilers (m)	[rotvæjlers]
Doberman	dobermanis (m)	[dobærmanis]
basset	basets (m)	[basæts]
bobtail	bobteils (m)	[bobtæjls]
Dalmatian	dalmācietis (m)	[dalmaːʦietis]
cocker spaniel	kokerspaniels (m)	[kokerspaniels]
Newfoundland	ņūfaundlends (m)	[ɲjyːfaundlends]
Saint Bernard	sanbernārs (m)	[sanbernaːrs]
husky	haskijs (m)	[haskijs]
Chow Chow	čau-čau (m)	[ʧau ʧau]
spitz	špics (m)	[ʃpiʦs]
pug	mopsis (m)	[mopsis]

214. Sounds made by animals

barking (n)	riešana (f)	[rieʃana]
to bark (vi)	riet	[riet]
to meow (vi)	ņaudēšana	[ɲaudæːʃana]
to purr (vi)	ņaudēt	[ɲaudæːt]
to moo (vi)	maurot	[maurot]
to bellow (bull)	aurot	[aurot]
to growl (vi)	rūkt	[ruːkt]
howl (n)	kauciens (m)	[kauʦiens]
to howl (vi)	kaukt	[kaukt]
to whine (vi)	smilkstēt	[smilkstæːt]
to bleat (sheep)	mēt	[mæːt]
to oink, to grunt (pig)	rukšķēt	[rukʃkeːt]
to squeal (vi)	kviekt	[kviekt]
to croak (vi)	kurkstēt	[kurkstæːt]
to buzz (insect)	dūkt	[duːkt]
to stridulate (vi)	sirsināt	[sirsinaːt]

215. Young animals

cub	**mazulis** (m)	[mɑzulis]
kitten	**kaķītis** (m)	[kɑki:tis]
baby mouse	**pelēns** (m)	[pælæ:ns]
pup, puppy	**kucēns** (m)	[kuʦæ:ns]
leveret	**zaķītis** (m)	[zɑki:tis]
baby rabbit	**trusītis** (m)	[trusi:tis]
wolf cub	**vilcēns** (m)	[vilʦæ:ns]
fox cub	**lapsēns** (m)	[lɑpsæ:ns]
bear cub	**lācēns** (m)	[lɑ:ʦæ:ns]
lion cub	**lauvēns** (m)	[lɑuvæ:ns]
tiger cub	**tīģerēns** (m)	[ti:geræ:ns]
elephant calf	**zilonēns** (m)	[zilonæ:ns]
piglet	**sivēns** (m)	[sivæ:ns]
calf (young cow, bull)	**telēns** (m)	[tæle:ns]
kid (young goat)	**kazlēns** (m)	[kɑzle:ns]
lamb	**jērs** (m)	[je:rs]
fawn (young deer)	**briedītis** (m)	[briedi:tis]
young camel	**kamieļu mazulis** (m)	[kɑmiely mɑzulis]
baby snake	**čūskulēns** (m)	[ʧu:skulæ:ns]
baby frog	**vardulēns** (m)	[vɑrdulæ:ns]
nestling	**putnēns** (m)	[putnæ:ns]
chick (of chicken)	**cālēns** (m)	[ʦɑ:læ:ns]
duckling	**pīlēns** (m)	[pi:læ:ns]

216. Birds

bird	**putns** (m)	[putns]
pigeon	**balodis** (m)	[bɑlodis]
sparrow	**zvirbulis** (m)	[zvirbulis]
tit	**zīlīte** (f)	[zi:litæ]
magpie	**žagata** (f)	[ʒɑgɑtɑ]
raven	**krauklis** (m)	[krɑuklis]
crow	**vārna** (f)	[vɑ:rnɑ]
jackdaw	**kovārnis** (m)	[kovɑ:rnis]
rook	**krauķis** (m)	[krɑukis]
duck	**pīle** (f)	[pi:læ]
goose	**zoss** (f)	[zoss]
pheasant	**fazāns** (m)	[fɑzɑ:ns]
eagle	**ērglis** (m)	[æ:rglis]
hawk	**vanags** (m)	[vɑnɑgs]

falcon	**piekūns** (m)	[pieku:ns]
vulture	**grifs** (m)	[grifs]
condor (Andean ~)	**kondors** (m)	[kondors]
swan	**gulbis** (m)	[gulbis]
crane	**dzērve** (f)	[dzæ:rvæ]
stork	**stārķis** (m)	[sta:rkis]
parrot	**papagailis** (m)	[papagajlis]
hummingbird	**kolibri** (m)	[kolibri]
peacock	**pāvs** (m)	[pa:vs]
ostrich	**strauss** (m)	[strauss]
heron	**gārnis** (m)	[ga:rnis]
flamingo	**flamings** (m)	[flamiŋs]
pelican	**pelikāns** (m)	[pæelika:ns]
nightingale	**lakstīgala** (f)	[laksti:gala]
swallow	**bezdelīga** (f)	[bæzdeli:ga]
thrush	**strazds** (m)	[strazds]
song thrush	**dziedātājs strazds** (f)	[dzieda:ta:js strazds]
blackbird	**melnais strazds** (m)	[mælnajs strazds]
swift	**svīre** (f)	[svi:ræ]
lark	**cīrulis** (m)	[tsirulis]
quail	**paipala** (f)	[pajpala]
woodpecker	**dzenis** (m)	[dzænis]
cuckoo	**dzeguze** (f)	[dzæguzæ]
owl	**pūce** (f)	[pu:tsæ]
eagle owl	**ūpis** (m)	[u:pis]
wood grouse	**mednis** (m)	[mædnis]
black grouse	**rubenis** (m)	[rubænis]
partridge	**irbe** (f)	[irbæ]
starling	**strazds** (m)	[strazds]
canary	**kanārijputniņš** (m)	[kana:rij putniɲʃ]
hazel grouse	**meža irbe** (f)	[mæʒa irbæ]
chaffinch	**žubīte** (f)	[ʒubi:tæ]
bullfinch	**svilpis** (m)	[svilpis]
seagull	**kaija** (m)	[kaja]
albatross	**albatross** (m)	[albatross]
penguin	**pingvīns** (m)	[piŋvi:ns]

217. Birds. Singing and sounds

to sing (vi)	**dziedāt**	[dzieda:t]
to call (animal, bird)	**klaigāt**	[klajga:t]

to crow (rooster)	**dziedāt**	[dzieda:t]
cock-a-doodle-doo	**kikirigū** (m)	[kikirigu:]
to cluck (hen)	**kladzināt**	[kladzina:t]
to caw (vi)	**ķērkt**	[ke:rkt]
to quack (duck)	**krekstēt**	[krækstæ:t]
to cheep (vi)	**čiepstēt**	[tʃiepstæ:t]
to chirp, to twitter	**čivināt**	[tʃivina:t]

218. Fish. Marine animals

bream	**plaudis** (m)	[plaudis]
carp	**karpa** (f)	[karpa]
perch	**asaris** (m)	[asaris]
catfish	**sams** (m)	[sams]
pike	**līdaka** (f)	[li:daka]
salmon	**lasis** (m)	[lasis]
sturgeon	**store** (f)	[storæ]
herring	**siļķe** (f)	[sıʎkæ]
Atlantic salmon	**lasis** (m)	[lasis]
mackerel	**skumbrija** (f)	[skumbrija]
flatfish	**bute** (f)	[butæ]
zander, pike perch	**zandarts** (m)	[zandarts]
cod	**menca** (f)	[mæntsa]
tuna	**tuncis** (m)	[tuntsis]
trout	**forele** (f)	[forælæ]
eel	**zutis** (m)	[zutis]
electric ray	**elektriskā raja** (f)	[ælektriska: raja]
moray eel	**murēna** (f)	[muræ:na]
piranha	**piraija** (f)	[piraja]
shark	**haizivs** (m)	[hajzivs]
dolphin	**delfīns** (m)	[dælfi:ns]
whale	**valis** (m)	[valis]
crab	**krabis** (m)	[krabis]
jellyfish	**medūza** (f)	[mædu:za]
octopus	**astoņkājis** (m)	[astoŋka:js]
starfish	**jūras zvaigzne** (f)	[ju:ras zvajgznæ]
sea urchin	**jūras ezis** (m)	[ju:ras æzis]
seahorse	**jūras zirdziņš** (m)	[ju:ras zirdziɲʃ]
oyster	**austere** (f)	[austæræ]
shrimp	**garnele** (f)	[garnælæ]
lobster	**omārs** (m)	[oma:rs]
spiny lobster	**langusts** (m)	[laŋusts]

219. Amphibians. Reptiles

snake	čūska (f)	[ʧuːska]
venomous (snake)	indīgs	[indiːgs]
viper	odze (f)	[ɔʣæ]
cobra	kobra (f)	[kɔbra]
python	pitons (m)	[pitɔns]
boa	milzu čūska (f)	[milzu: ʧuːska]
grass snake	zalktis (m)	[zalktis]
rattle snake	klaburčūska (f)	[klaburʧuːska]
anaconda	anakonda (f)	[anakɔnda]
lizard	ķirzaka (f)	[kirzaka]
iguana	iguāna (f)	[iguaːna]
monitor lizard	varāns (m)	[varaːns]
salamander	salamandra (f)	[salamandra]
chameleon	hameleons (m)	[hameleɔns]
scorpion	skorpions (m)	[skɔrpiɔns]
turtle	bruņurupucis (m)	[brunyrupuʦis]
frog	varde (f)	[vardæ]
toad	krupis (m)	[krupis]
crocodile	krokodils (m)	[krɔkɔdilis]

220. Insects

insect, bug	kukainis (m)	[kukajnis]
butterfly	taurenis (m)	[taurænis]
ant	skudra (f)	[skudra]
fly	muša (f)	[muʃa]
mosquito	ods (m)	[ɔds]
beetle	vabole (f)	[vabɔlæ]
wasp	lapsene (f)	[lapsænæ]
bee	bite (f)	[bitæ]
bumblebee	kamene (f)	[kamænæ]
gadfly	dundurs (m)	[dundurs]
spider	zirneklis (m)	[zirnæklis]
spider's web	zirnekļtīkls (m)	[zirnækʎtiːkls]
dragonfly	spāre (f)	[spaːræ]
grasshopper	sienāzis (m)	[sienaːzis]
moth (night butterfly)	tauriņš (m)	[taurinʃ]
cockroach	prusaks (m)	[prusaks]
tick	ērce (f)	[æːrʦæ]

| flea | **blusa** (f) | [blusa] |
| midge | **knislis** (m) | [knislis] |

locust	**sisenis** (m)	[sisenis]
snail	**gliemezis** (m)	[gliemæzis]
cricket	**circenis** (m)	[tsirtsenis]
lightning bug	**jāņtārpiņš** (m)	[ja:ɲta:rpiɲʃ]
ladybug	**mārīte** (f)	[ma:ri:tæ]
cockchafer	**maijvabole** (f)	[majvabolæ]

leech	**dēle** (f)	[dæ:læ]
caterpillar	**kāpurs** (m)	[ka:purs]
earthworm	**tārps** (f)	[ta:rps]
larva	**kāpurs** (m)	[ka:purs]

221. Animals. Body parts

beak	**knābis** (m)	[kna:bis]
wings	**spārni** (m pl)	[spa:rni]
foot (of bird)	**putna kāja** (f)	[putna ka:ja]

feathering	**spalvojums** (m)	[spalvojums]
feather	**putna spalva** (f)	[putna spalva]
crest	**cekuliņš** (m)	[tsækuliɲʃ]

gill	**žaunas** (f pl)	[ʒaunas]
spawn	**ikri** (m pl)	[ikri]
larva	**kāpurs** (m)	[ka:purs]

| fin | **spura** (f) | [spura] |
| scales (of fish, reptile) | **zvīņas** (f pl) | [zvi:ɲas] |

fang (canine)	**ilknis** (m)	[ilknis]
paw (e.g., cat's ~)	**ķepa** (f)	[kepa]
muzzle (snout)	**purns** (m)	[purns]
mouth (of cat, dog)	**rīkle** (f)	[ri:klæ]

| tail | **aste** (f) | [astæ] |
| whiskers | **ūsas** (f pl) | [u:sas] |

| hoof | **nags** (m) | [nags] |
| horn | **rags** (m) | [rags] |

carapace	**bruņas** (f)	[bruɲas]
shell (of mollusk)	**gliemežvāks** (m)	[gliemæʒva:ks]
eggshell	**čaula** (f)	[tʃaula]

| animal's hair (pelage) | **vilna** (f) | [vilna] |

| pelt (hide) | **āda** (f) | [a:da] |

222. Actions of animals

to fly (vi)	**lidot**	[lidot]
to make circles	**mest līkumus**	[mæst li:kumus]
to fly away	**aizlidot**	[ɑjzlidot]
to flap (~ the wings)	**vēcināt spārnus**	[væ:tsinɑ:t spɑ:rnus]
to peck (vi)	**knābāt**	[knɑbɑ:t]
to sit on eggs	**izperināt**	[izpæerinɑ:t]
to hatch out (vi)	**izšķelties**	[izʃkelties]
to build the nest	**vīt ligzdu**	[vi:t ligzdu]
to slither, to crawl	**rāpot**	[rɑ:pot]
to sting, to bite (insect)	**iedzelt**	[iedzælt]
to bite (ab. animal)	**kosties**	[kosties]
to sniff (vt)	**ostīt**	[osti:t]
to bark (vi)	**riet**	[riet]
to hiss (snake)	**šņākt**	[ʃnɑ::kt]
to scare (vt)	**biedēt**	[biedæ:t]
to attack (vt)	**uzbrukt**	[uzbrukt]
to gnaw (bone, etc.)	**grauzt**	[grɑuzt]
to scratch (with claws)	**skrāpēt**	[skrɑ:pæ:t]
to hide (vi)	**slēpties**	[slæ:pties]
to play (kittens, etc.)	**spēlēties**	[spæ:læ:ties]
to hunt (vi, vt)	**medīt**	[mædi:t]
to hibernate (vi)	**gulēt**	[gulæ:t]
to become extinct	**izmirt**	[izmirt]

223. Animals. Habitats

habitat	**dzīvojamā vide** (m)	[dzi:vojɑmɑ: vidæ]
migration	**migrācija** (f)	[migrɑ:tsijɑ]
mountain	**kalns** (m)	[kɑlns]
reef	**rifs** (m)	[rifs]
cliff	**klints** (f)	[klints]
forest	**mežs** (m)	[mæʒs]
jungle	**džungļi** (m pl)	[dʒuŋli]
savanna	**savanna** (f)	[sɑvɑŋɑ]
tundra	**tundra** (f)	[tundrɑ]
steppe	**stepe** (f)	[stæpæ]
desert	**tuksnesis** (m)	[tuksnæsis]
oasis	**oāze** (f)	[oɑ:zæ]
sea	**jūra** (f)	[ju:rɑ]

| lake | ezers (m) | [æzers] |
| ocean | okeāns (m) | [okæɑ:ns] |

swamp	purvs (m)	[purvs]
freshwater (adj)	saldūdens	[saldu:dens]
pond	dīķis (m)	[di:kis]
river	upe (f)	[upæ]

den	midzenis (f)	[midzænis]
nest	ligzda (f)	[ligzda]
hollow (in a tree)	dobums (m)	[dobums]
burrow (animal hole)	ala (f)	[ala]
anthill	skudru pūznis (m)	[skudru pu:znis]

224. Animal care

| zoo | zoodārzs (m) | [zo:dɑ:rzs] |
| nature preserve | rezervāts (m) | [ræzervɑ:ts] |

breeder, breed club	audzētava (f)	[audzæ:tava]
open-air cage	sprosts (m)	[sprosts]
cage	būris (m)	[bu:ris]
kennel	būda (f)	[bu:da]

dovecot	baložu mājiņa (f)	[baloʒu mɑ:jiɲa]
aquarium	akvārijs (m)	[akvɑ:rijs]
dolphinarium	delfinārijs (m)	[dælfinɑ:rijs]

to breed (animals)	audzēt dzīvniekus	[audzæ:t dzi:vniekus]
brood, litter	pēcnācējs (m)	[pæ:tsnɑ:tsejs]
to tame (vt)	pieradināt	[pieradinɑ:t]
feed (fodder, etc.)	barība (f)	[bari:ba]
to feed (vt)	barot	[barot]
to train (animals)	dresēt	[dræsæ:t]

pet store	zooveikals (m)	[zo:vejkals]
muzzle (for dog)	uzpurnis (m)	[uzpurnis]
collar	kakla siksna (f)	[kakla siksna]
name (of animal)	dzīvnieka vārds (m)	[dzi:vnieka vɑ:rds]
pedigree (of dog)	radu raksti (m pl)	[radu raksti]

225. Animals. Miscellaneous

pack (wolves)	bars (m)	[bars]
flock (birds)	putnu bars (m)	[putnu bars]
shoal (fish)	zivju bars (m)	[zivjy bars]
herd of horses	zirgu bars (m)	[zirgu bars]
male (n)	tēviņš (m)	[tæ:viɲʃ]

female	**mātīte** (f)	[mɑːɑtiːtæ]
hungry (adj)	**izsalcis**	[izsɑltsis]
wild (adj)	**savvaļas**	[sɑvvɑʎɑs]
dangerous (adj)	**bīstams**	[biːstɑms]

226. Horses

| horse | **zirgs** (m) | [zirgs] |
| breed (race) | **šķirne** (f) | [ʃkirnæ] |

| foal, colt | **kumeļš** (m) | [kumæʎʃ] |
| mare | **ķēve** (f) | [keːvæ] |

mustang	**mustangs** (m)	[mustɑŋs]
pony	**ponijs** (m)	[ponijs]
draft horse	**vezumnieks** (m)	[vezumnieks]

| mane | **krēpes** (f) | [kræːpæs] |
| tail | **aste** (f) | [ɑstæ] |

hoof	**nags** (m)	[nɑgs]
horseshoe	**pakavs** (m)	[pɑkɑvs]
to shoe (vt)	**apkalt**	[ɑpkɑlt]
blacksmith	**kalējs** (m)	[kɑleːjs]

saddle	**segli** (m)	[sæɡli]
stirrup	**seglu kāpslis** (m)	[sæɡly kɑːpslis]
bridle	**iemaukti** (m pl)	[iemaukti]
reins	**groži** (m pl)	[groʒi]
whip (for riding)	**pletne** (f)	[plætnæ]

rider	**jātnieks** (m)	[jɑːtnieks]
to break in (horse)	**izbraukāt**	[izbrɑukɑːt]
to saddle (vt)	**apseglot**	[ɑpsæɡlot]
to mount a horse	**sēsties seglos**	[sæːsties sæɡlos]

gallop	**aulekši** (m)	[ɑulækʃi]
to gallop (vi)	**auļot**	[ɑuʎot]
trot (n)	**rikši** (m)	[rikʃi]
at a trot (adv)	**rikšot**	[rikʃot]

| racehorse | **auļotājs** (m) | [ɑuʎotɑːjs] |
| horse racing | **zirgu skriešanās sacīkstes** (f pl) | [zirgu skrieʃɑnɑːs sɑtsiːkstæs] |

stable	**zirgu stallis** (m)	[zirgu stɑllis]
to feed (vt)	**barot**	[bɑrot]
hay	**siens** (m)	[siens]
to water (animals)	**dzirdināt**	[dzirdinɑːt]
to wash (horse)	**kopt**	[kopt]

to hobble (tether)	**sapīt kājas**	[sɑpiːt kɑːjɑs]
to graze (vi)	**ganīties**	[gɑniːties]
to neigh (vi)	**zviegt**	[zviegt]
to kick (horse)	**iespert**	[iespært]

Flora

227. Trees

tree	**koks** (m)	[koks]
deciduous (adj)	**lapu koks**	[lɑpu koks]
coniferous (adj)	**skujkoks**	[skujkoks]
evergreen (adj)	**mūžzaļš**	[muːʒzɑʎʃ]
apple tree	**ābele** (m)	[ɑːbælæ]
pear tree	**bumbiere** (f)	[bumbjeræ]
cherry tree	**ķiršu koks** (m)	[kirʃu koks]
plum tree	**plūme** (f)	[pluːmæ]
birch	**bērzs** (m)	[bæːrzs]
oak	**ozols** (m)	[ozols]
linden tree	**liepa** (f)	[liepɑ]
aspen	**apse** (f)	[apsæ]
maple	**kļava** (f)	[kʎɑvɑ]
spruce	**egle** (f)	[æglæ]
pine	**priede** (f)	[priedæ]
larch	**lapegle** (f)	[lɑpæglæ]
fir tree	**dižegle** (f)	[diʒæglæ]
cedar	**ciedrs** (m)	[tsiedrs]
poplar	**papele** (f)	[pɑpælæ]
rowan	**pīlādzis** (m)	[piːlɑːdzis]
willow	**vītols** (m)	[viːtols]
alder	**alksnis** (m)	[ɑlksnis]
beech	**dižskābardis** (m)	[diʒskɑːbardis]
elm	**vīksna** (f)	[viːksnɑ]
ash (tree)	**osis** (m)	[osis]
chestnut	**kastaņa** (f)	[kɑstɑɲɑ]
magnolia	**magnolija** (f)	[mɑgnolijɑ]
palm tree	**palma** (f)	[pɑlmɑ]
cypress	**ciprese** (f)	[tsipræsæ]
mangrove	**mango koks** (m)	[mɑŋo koks]
baobab	**baobabs** (m)	[bɑobɑbs]
eucalyptus	**eikalipts** (m)	[ejkɑlipts]
sequoia	**sekvoja** (f)	[sækvojɑ]

228. Shrubs

bush	**Krūms** (m)	[kru:ms]
shrub	**krūmājs** (m)	[kru:mɑ:js]
grapevine	**vīnogas** (m)	[vi:nogɑs]
vineyard	**vīnogulājs** (m)	[vi:nogulɑ:js]
raspberry bush	**avenājs** (m)	[ɑvænɑ:js]
redcurrant bush	**sarkanās jāņogas** (f pl)	[sɑrkɑnɑ:s jɑ:ɲiogɑs]
gooseberry bush	**ērkšķogu krūms** (m)	[æ:rkʃkogu kru:ms]
acacia	**akācija** (f)	[ɑkɑ:ʦijɑ]
barberry	**bārbele** (f)	[bɑ:rbælæ]
jasmine	**jasmīns** (m)	[jɑsmi:ns]
juniper	**kadiķis** (m)	[kɑdikis]
rosebush	**rožu krūms** (m)	[roʒu kru:ms]
dog rose	**mežroze** (f)	[mæʒrozæ]

229. Mushrooms

mushroom	**sēnes** (f pl)	[sæ:næs]
edible mushroom	**ēdama sēne** (f)	[æ:dɑmɑ sæ:næ]
toadstool	**indīga sēne** (f)	[indi:gɑ sæ:næ]
cap (of mushroom)	**sēnes galviņa** (f)	[sæ:næs gɑlviɲɑ]
stipe (of mushroom)	**sēnes kājiņa** (f)	[sæ:næs kɑiɲɑ]
cep (Boletus edulis)	**baravika** (f)	[bɑrɑvikɑ]
orange-cap boletus	**apšu beka** (f)	[ɑpʃu bækɑ]
birch bolete	**bērzu beka** (f)	[bæ:rzu bækɑ]
chanterelle	**gailene** (f)	[gɑjlænæ]
russula	**bērzlape** (f)	[bæ:rzlɑpæ]
morel	**lāčpurnis** (m)	[lɑ:ʧpurnis]
fly agaric	**mušmire** (f)	[muʃmiræ]
death cap	**suņu sēne** (f)	[suny sæ:næ]

230. Fruits. Berries

fruit	**auglis** (m)	[ɑuglis]
fruits	**augļi** (m pl)	[ɑugli]
apple	**ābols** (m)	[ɑ:bols]
pear	**bumbieris** (m)	[bumbjeris]
plum	**plūme** (f)	[plu:mæ]
strawberry	**zemene** (f)	[zæmænæ]
sour cherry	**skābais ķirsis** (m)	[skɑbɑis kirsis]

| sweet cherry | **saldais ķirsis** (m) | [saldais kirsis] |
| grape | **vīnoga** (f) | [vi:noga] |

raspberry	**avene** (f)	[avænæ]
blackcurrant	**upene** (f)	[upænæ]
redcurrant	**jāņoga** (f)	[ja:'nɜga]
gooseberry	**ērkšķoga** (f)	[æ:rkʃkoga]
cranberry	**dzērvene** (f)	[dzæ:rvænæ]

orange	**apelsīns** (m)	[apælsi:ns]
mandarin	**mandarīns** (m)	[mandari:ns]
pineapple	**ananāss** (m)	[anana:s]
banana	**banāns** (m)	[bana:ns]
date	**datele** (f)	[datælæ]

lemon	**citrons** (m)	[ʦitrons]
apricot	**aprikoze** (f)	[aprikozæ]
peach	**persiks** (m)	[pærsiks]
kiwi	**kivi** (m)	[kivi]
grapefruit	**greipfrūts** (m)	[grejpfru:ʦ]

berry	**oga** (f)	[oga]
berries	**ogas** (f pl)	[ogas]
cowberry	**brūklene** (f)	[bru:klenæ]
field strawberry	**meža zemene** (f)	[mæʒa zæmænæ]
bilberry	**mellene** (f)	[mællænæ]

231. Flowers. Plants

| flower | **zieds** (m) | [zieds] |
| bouquet (of flowers) | **ziedu pušķis** (m) | [ziedu puʃkis] |

rose (flower)	**roze** (f)	[rozæ]
tulip	**tulpe** (f)	[tulpæ]
carnation	**neļķe** (f)	[næʌke]
gladiolus	**gladiola** (f)	[gladiola]

cornflower	**rudzupuķīte** (f)	[rudzupuki:tæ]
bluebell	**pulkstenīte** (f)	[pulkstæni:tæ]
dandelion	**pienenīte** (f)	[pieneni:tæ]
camomile	**kumelīte** (f)	[kumæli:tæ]

aloe	**alveja** (f)	[alvæja]
cactus	**kaktuss** (m)	[kaktuss]
rubber plant, ficus	**gumijkoks** (m)	[gumijkoks]

lily	**lilija** (f)	[lilija]
geranium	**ģerānija** (f)	[gera:nija]
hyacinth	**hiacinte** (f)	[hiaʦintæ]
mimosa	**mimoza** (f)	[mimoza]

| narcissus | narcise (f) | [nartsisæ] |
| nasturtium | krese (f) | [kræsæ] |

orchid	orhideja (f)	[orhidæja]
peony	pujene (f)	[pujenæ]
violet	vijolīte (f)	[vijoli:tæ]

pansy	atraitnītes (f pl)	[atrajtni:tæs]
forget-me-not	neaizmirstule (f)	[næajzmirstulæ]
daisy	margrietiņa (f)	[margrietiɲa]

poppy	magone (f)	[magonæ]
hemp	kaņepes (f)	[kanepæs]
mint	mētra (f)	[mæ:tra]

| lily of the valley | maijpuķīte (f) | [majpuki:tæ] |
| snowdrop | sniegpulkstenīte (f) | [sniegpulkstæni:tæ] |

nettle	nātre (f)	[na:træ]
sorrel	skābene (f)	[ska:bænæ]
water lily	ūdensroze (f)	[u:dænsrozæ]
fern	paparde (f)	[papardæ]
lichen	ķērpis (m)	[kerpis]

tropical greenhouse	oranžērija (f)	[oranʒæ:rija]
grass lawn	zālājs (m)	[za:la:js]
flowerbed	puķu dobe (f)	[puky dobæ]

plant	augs (m)	[augs]
grass, herb	zāle (f)	[za:læ]
blade of grass	zālīte (f)	[za:li:tæ]

leaf	lapa (f)	[lapa]
petal	lapiņa (f)	[lapiɲa]
stem	stiebrs (m)	[stiebrs]
tuber	bumbulis (m)	[bumbulis]

| young plant (shoot) | dīglis (m) | [di:glis] |
| thorn | ērkšķis (m) | [æ:rkʃkis] |

to blossom (vi)	ziedēt	[ziedæ:t]
to fade, to wither	novīt	[novi:t]
smell (odor)	smarža (f)	[smarʒa]
to cut (flowers)	nogriezt	[nogriezt]
to pick (a flower)	noplūkt	[noplu:kt]

232. Cereals, grains

| grain | graudi (m pl) | [graudi] |
| cereal crops | graudaugi (m pl) | [graudaugi] |

ear (of barley, etc.)	**vārpa** (f)	[vɑːrpɑ]
wheat	**kvieši** (m pl)	[kvieʃi]
rye	**rudzi** (m pl)	[rudzi]
oats	**auzas** (f pl)	[auzɑs]
millet	**prosa** (f)	[prosɑ]
barley	**mieži** (m)	[mieʒi]
corn	**kukurūza** (f)	[kukuruːzɑ]
rice	**rīsi** (m pl)	[riːsɪ]
buckwheat	**griķi** (m pl)	[griki]
pea plant	**zirnis** (m)	[zirnis]
kidney bean	**pupiņas** (f pl)	[pupiŋɑs]
soy	**soja** (f)	[sojɑ]
lentil	**lēcas** (f pl)	[læːʦɑs]
beans (pulse crops)	**pupas** (f pl)	[pupɑs]

233. Vegetables. Greens

vegetables	**dārzeņi** (m pl)	[dɑːrzæni]
greens	**zaļumi** (m pl)	[zɑlymi]
tomato	**tomāts** (m)	[tomɑːʦ]
cucumber	**gurķis** (m)	[gurkis]
carrot	**burkāns** (m)	[burkɑːns]
potato	**kartupelis** (m)	[kɑrtupælis]
onion	**sīpols** (m)	[siːpols]
garlic	**ķiploks** (m)	[kiploks]
cabbage	**kāposti** (m pl)	[kɑːposti]
cauliflower	**puķkāposti** (m pl)	[pukˈkɑːposti]
Brussels sprouts	**Briseles kāposti** (m pl)	[brisælæs kɑːposti]
broccoli	**brokolis** (m)	[brokolis]
beetroot	**biete** (f)	[bietæ]
eggplant	**baklažāns** (m)	[bɑklɑʒɑːns]
zucchini	**kabacis** (m)	[kɑbɑʦis]
pumpkin	**ķirbis** (m)	[kirbis]
turnip	**rācenis** (m)	[rɑːʦænis]
parsley	**pētersīlis** (m)	[pæːtærsiːlis]
dill	**dilles** (f pl)	[dillæs]
lettuce	**salāti** (m pl)	[sɑlɑːti]
celery	**selerija** (f)	[sælæriyɑ]
asparagus	**sparģelis** (m)	[spɑrgelis]
spinach	**spināti** (m pl)	[spinɑːti]
pea	**zirnis** (m)	[zirnis]
beans	**pupas** (f pl)	[pupɑs]
corn (maize)	**kukurūza** (f)	[kukuruːzɑ]

kidney bean	**pupiņas** (f pl)	[pupiɲɑs]
pepper	**graudu pipars** (m)	[grɑudu pipɑrs]
radish	**redīss** (m)	[rædi:ss]
artichoke	**artišoks** (m)	[ɑrtiʃoks]

REGIONAL GEOGRAPHY

Countries. Nationalities

234. Western Europe

Europe	**Eiropa** (f)	[æejropɑ]
European Union	**Eiropas Savienība** (f)	[æejropɑs sɑvieni:bɑ]
European (n)	**eiropietis** (m)	[æejropietis]
European (adj)	**eiropiešu**	[æejropieʃu]
Austria	**Austrija** (f)	[ɑustrijɑ]
Austrian (masc.)	**austrietis** (m)	[ɑustrietis]
Austrian (fem.)	**austriete** (f)	[ɑustrietæ]
Austrian (adj)	**austriešu**	[ɑustrijɑs]
Great Britain	**Lielbritānija** (f)	[lielbritɑ:nijɑ]
England	**Anglija** (f)	[ɑŋlijɑ]
British (masc.)	**anglis** (m)	[ɑŋlis]
British (fem.)	**angliete** (f)	[ɑŋlietæ]
English, British (adj)	**angļu**	[ɑŋly]
Belgium	**Beļģija** (f)	[bæʎgijɑ]
Belgian (masc.)	**beļģietis** (m)	[bæʎgietis]
Belgian (fem.)	**beļģiete** (f)	[bæʎgietæ]
Belgian (adj)	**beļģu**	[bæʎgy]
Germany	**Vācija** (f)	[vɑːʦijɑ]
German (masc.)	**vācietis** (m)	[vɑːʦietis]
German (fem.)	**vāciete** (f)	[vɑːʦietæ]
German (adj)	**vācu**	[vɑːʦu]
Netherlands	**Nīderlande** (f)	[niːderlɑndæ]
Holland	**Holande** (f)	[holɑndæ]
Dutchman	**holandietis** (m)	[holɑndietis]
Dutchwoman	**holandiete** (f)	[holɑndietæ]
Dutch (adj)	**Holandes**	[holɑndæs]
Greece	**Grieķija** (f)	[griekijɑ]
Greek (masc.)	**grieķis** (m)	[griekis]
Greek (fem.)	**grieķiete** (f)	[griekietæ]
Greek (adj)	**grieķu**	[grieky]
Denmark	**Dānija** (f)	[dɑːnijɑ]
Dane (masc.)	**dānis** (m)	[dɑːnis]

| Dane (fem.) | dāniete (f) | [dɑ:nietæ] |
| Danish (adj) | dāņu | [dɑ:ny] |

Ireland	Īrija (m)	[i:rijɑ]
Irishman	īrs (m)	[i:ri:s]
Irishwoman	īriete (f)	[i:rietæ]
Irish (adj)	īru	[i:ru]

Iceland	Īslande (f)	[i:slɑndæ]
Icelander (masc.)	islandietis (m)	[islɑndietis]
Icelander (fem.)	islandiete (f)	[islɑndietæ]
Icelandic (adj)	Islandes	[islɑndæs]

Spain	Spānija (m)	[spɑ:nijɑ]
Spaniard (masc.)	spānis (m)	[spɑ:nis]
Spaniard (fem.)	spāniete (f)	[spɑ:nietæ]
Spanish (adj)	spāņu	[spɑ:ny]

Italy	Itālija (f)	[itɑ:lijɑ]
Italian (masc.)	itālietis (m)	[itɑ:lietis]
Italian (fem.)	itāliete (m)	[itɑ:lietæ]
Italian (adj)	itāļu	[itɑ:ly]

Cyprus	Kipra (f)	[kiprɑ]
Cypriot (masc.)	kiprietis (m)	[kiprietis]
Cypriot (fem.)	kipriete (f)	[kiprietæ]
Cypriot (adj)	Kipras	[kiprs]

Malta	Malta (f)	[mɑltɑ]
Maltese (masc.)	maltietis (m)	[mɑltietis]
Maltese (fem.)	maltiete (f)	[mɑltietæ]
Maltese (adj)	maltas	[mɑltɑs]

Norway	Norvēģija (f)	[norvæ:gijɑ]
Norwegian (masc.)	norvēģis (m)	[norvæ:gis]
Norwegian (fem.)	norvēģiete (f)	[norvæ:gietæ]
Norwegian (adj)	norvēģu	[norvæ:gy]

Portugal	Portugāle (f)	[portugɑ:læ]
Portuguese (masc.)	portugālis (m)	[portugɑ:lis]
Portuguese (fem.)	portugāliete (f)	[portugɑ:lietæ]
Portuguese (adj)	portugāļu	[portugɑ:ly]

Finland	Somija (f)	[somijɑ]
Finn (masc.)	soms (m)	[soms]
Finn (fem.)	somiete (f)	[somietæ]
Finnish (adj)	somu	[somu]

France	Francija (f)	[frɑntsijɑ]
Frenchman	francūzis (m)	[frɑntsu:zis]
Frenchwoman	francūziete (f)	[frɑntsu:zietæ]
French (adj)	frenču	[frɑnʧu]

Sweden	**Zviedrija** (f)	[zviedrija]
Swede (masc.)	**zviedrs** (m)	[zviedrs]
Swede (fem.)	**zviedriete** (f)	[zviedrietæ]
Swedish (adj)	**zviedru**	[zviedru]

Switzerland	**Šveice** (f)	[ʃvæjtsæ]
Swiss (masc.)	**šveicietis** (m)	[ʃvæjtsietis]
Swiss (fem.)	**šveiciete** (f)	[ʃvæjtsietæ]
Swiss (adj)	**Šveices**	[ʃvæjtses]

Scotland	**Skotija** (f)	[skotija]
Scottish (masc.)	**skots** (m)	[skots]
Scottish (fem.)	**skotiete** (f)	[skotietæ]
Scottish (adj)	**skotu**	[skotu]

Vatican	**Vatikāns** (m)	[vatika:ns]
Liechtenstein	**Lihtenšteina** (f)	[lihtænʃtæjna]
Luxembourg	**Luksemburga** (f)	[luksemburga]
Monaco	**Monako** (f)	[monako]

235. Central and Eastern Europe

Albania	**Albānija** (f)	[alba:nija]
Albanian (masc.)	**albānis** (m)	[alba:nis]
Albanian (fem.)	**albāniete** (f)	[alba:nietæ]
Albanian (adj)	**albāņu**	[alba:ny]

Bulgaria	**Bulgārija** (f)	[bulga:rija]
Bulgarian (masc.)	**bulgārs** (m)	[bulga:rs]
Bulgarian (fem.)	**bulgāriete** (f)	[bulga:rietæ]
Bulgarian (adj)	**bulgāru**	[bulga:ru]

Hungary	**Ungārija** (f)	[uŋa:rija]
Hungarian (masc.)	**ungārs** (m)	[uŋa:rs]
Hungarian (fem.)	**ungāriete** (f)	[uŋa:rietæ]
Hungarian (adj)	**ungāru**	[uŋa:ru]

Latvia	**Latvija** (f)	[latvija]
Latvian (masc.)	**latvietis** (m)	[latvietis]
Latvian (fem.)	**latviete** (f)	[latvietæ]
Latvian (adj)	**latviešu**	[latvieʃu]

Lithuania	**Lietuva** (f)	[lietuva]
Lithuanian (masc.)	**lietuvietis** (m)	[lietuvietis]
Lithuanian (fem.)	**lietuviete** (f)	[lietuvietæ]
Lithuanian (adj)	**lietuviešu**	[lietuvieʃu]

Poland	**Polija** (f)	[polija]
Pole (masc.)	**polis** (m)	[polis]
Pole (fem.)	**poliete** (f)	[polietæ]

Polish (adj)	poļu	[poly]
Romania	Rumānija (f)	[rumɑ:nijɑ]
Romanian (masc.)	rumānis (m)	[rumɑ:nis]
Romanian (fem.)	rumāniete (f)	[rumɑ:nietæ]
Romanian (adj)	rumāņu	[rumɑ:ny]

Serbia	Serbija (f)	[særbijɑ]
Serbian (masc.)	serbs (m)	[særbs]
Serbian (fem.)	serbiete (f)	[særbietæ]
Serbian (adj)	serbu	[særbu]

Slovakia	Slovākija (f)	[slovɑ:kijɑ]
Slovak (masc.)	slovāks (m)	[slovɑ:ks]
Slovak (fem.)	slovākiete (f)	[slovɑ:kietæ]
Slovak (adj)	slovāku	[slovɑ:ku]

Croatia	Horvātija (f)	[horvɑ:tijɑ]
Croatian (masc.)	horvāts (m)	[horvɑ:ts]
Croatian (fem.)	horvātiete (f)	[horvɑ:tietæ]
Croatian (adj)	horvātu	[horvɑ:tu]

Czech Republic	Čehija (f)	[ʧehijɑ]
Czech (masc.)	čehs (m)	[ʧehs]
Czech (fem.)	čehiete (f)	[ʧehietæ]
Czech (adj)	čehu	[ʧehu]

Estonia	Igaunija (f)	[igɑunijɑ]
Estonian (masc.)	igaunis (m)	[igɑunis]
Estonian (fem.)	igauniete (f)	[igɑunietæ]
Estonian (adj)	igauņu	[igɑuny]

Bosnia-Herzegovina	Bosnija un Hercegovina (f)	[bosnijɑ un hærʦegovinɑ]
Macedonia	Maķedonija (f)	[mɑkedonijɑ]
Slovenia	Slovēnija (f)	[slovæ:nijɑ]
Montenegro	Melnkalne (f)	[mælŋkɑlnæ]

236. Former USSR countries

Azerbaijan	Azerbaidžāna (f)	[ɑzerbɑjʤɑ:nɑ]
Azerbaijani (masc.)	azerbaidžānis (m)	[ɑzerbɑjʤɑ:nis]
Azerbaijani (fem.)	azerbaidžāniete (f)	[ɑzerbɑjʤɑ:nietæ]
Azerbaijani (adj)	azerbaidžāņu	[ɑzerbɑjʤɑ:ny]

Armenia	Armēnija (f)	[ɑrmæ:nijɑ]
Armenian (masc.)	armēnis (m)	[ɑrmæ:nis]
Armenian (fem.)	armēniete (f)	[ɑrmæ:nietæ]
Armenian (adj)	armēņu	[ɑrmæ:ny]
Belarus	Baltkrievija (f)	[bɑltkrievijɑ]
Belarusian (masc.)	baltkrievs (m)	[bɑltkrievs]

| Belarusian (fem.) | baltkrieviete (f) | [baltkrievietæ] |
| Belarusian (adj) | baltkrievu | [baltkrievu] |

Georgia	Gruzija (f)	[gruzija]
Georgian (masc.)	gruzīns (m)	[gruzi:ns]
Georgian (fem.)	gruzīniete (f)	[gruzi:nietæ]
Georgian (adj)	gruzīnu	[gruzi:ny]

Kazakhstan	Kazahstāna (f)	[kazahsta:na]
Kazakh (masc.)	kazahs (m)	[kazahs]
Kazakh (fem.)	kazahiete (f)	[kazahietæ]
Kazakh (adj)	kazahu	[kazahu]
Kirghizia	Kirgizstāna (f)	[kirgizsta:na]
Kirghiz (masc.)	kirgīzs (m)	[kirgi:zs]
Kirghiz (fem.)	kirgīziete (f)	[kirgi:zietæ]
Kirghiz (adj)	kirgīzu	[kirgi:zu]

Moldavia	Moldova (f)	[moldova]
Moldavian (masc.)	moldāvietis (m)	[molda:vietes]
Moldavian (fem.)	moldāviete (f)	[molda:vietæ]
Moldavian (adj)	moldāvu	[molda:vu]

Russia	Krievija (f)	[krievija]
Russian (masc.)	krievu (m)	[krievu]
Russian (fem.)	krieviete (f)	[krievietæ]
Russian (adj)	krievu	[krievu]
Tajikistan	Tadžikistāna (f)	[tadʒikista:na]
Tajik (masc.)	tadžiks (f)	[tadʒiks]
Tajik (fem.)	tadžikiete (f)	[tadʒikietæ]
Tajik (adj)	tadžiku	[tadʒiku]

Turkmenistan	Turkmenistāna (f)	[turkmænista:na]
Turkmen (masc.)	turkmēnis (m)	[turkmæ:nis]
Turkmen (fem.)	turkmēniete (f)	[turkmæ:nietæ]
Turkmenian (adj)	turkmēņu	[turkmæ:ny]

Uzbekistan	Uzbekistāna (f)	[uzbækista:na]
Uzbek (masc.)	uzbeks (m)	[uzbæks]
Uzbek (fem.)	uzbekiete (f)	[uzbækietæ]
Uzbek (adj)	uzbeku	[uzbæky]

Ukraine	Ukraina (f)	[ukraina]
Ukrainian (masc.)	ukrainis (m)	[ukrajnis]
Ukrainian (fem.)	ukrainiete (f)	[ukrajnietæ]
Ukrainian (adj)	ukraiņu	[ukrajny]

237. Asia

| Asia | Āzija (f) | [a:zija] |
| Asian (adj) | aziātu | [azia:tu] |

Vietnam	Vjetnama (f)	[vjetnama]
Vietnamese (masc.)	vjetnamietis (m)	[vjetnamietis]
Vietnamese (fem.)	vjetnamiete (f)	[vjetnamietæ]
Vietnamese (adj)	vjetnamiešu	[vjetnamieʃu]
India	Indija (f)	[indija]
Indian (masc.)	indietis (m)	[indietis]
Indian (fem.)	indiete (m)	[indietæ]
Indian (adj)	Indijas	[indijas]
Israel	Izraēla (f)	[izraæ:la]
Israeli (masc.)	izraēlietis (m)	[izraæ:lietis]
Israeli (fem.)	izraēliete (f)	[izraæ:lietæ]
Israeli (adj)	izraēliešu	[izraæ:las]
Jew (n)	ebrejs (m)	[æbrejs]
Jewess (n)	ebrejiete (f)	[æbrejetæ]
Jewish (adj)	ebreju	[æbreju]
China	Ķīna (f)	[ki:na]
Chinese (masc.)	ķīnietis (m)	[ki:nietis]
Chinese (fem.)	ķīniete (f)	[ki:nietæ]
Chinese (adj)	ķīniešu	[ki:nieʃu]
Korean (masc.)	korejietis (m)	[koræjɪetis]
Korean (fem.)	korejiete (f)	[koræjɪete]
Korean (adj)	Korejas	[koræjas]
Lebanon	Libāna (f)	[liba:na]
Lebanese (masc.)	libānietis (m)	[liba:nietis]
Lebanese (fem.)	libāniete (f)	[liba:nietæ]
Lebanese (adj)	libāniešu	[liba:na:s]
Mongolia	Mongolija (f)	[moŋolija]
Mongolian (masc.)	mongolis (m)	[moŋolis]
Mongolian (fem.)	mongoliete (f)	[moŋolietæ]
Mongolian (adj)	mongoļu	[moŋoly]
Malaysia	Malaizija (f)	[malajzija]
Malaysian (masc.)	malaizietis (m)	[malajzietis]
Malaysian (fem.)	malaiziete (f)	[malajzietæ]
Malaysian (adj)	malaiziešu	[malajzieʃu]
Pakistan	Pakistāna (f)	[pakista:na]
Pakistani (masc.)	pakistānietis (m)	[pakista:nietis]
Pakistani (fem.)	pakistāniete (f)	[pakista:nietæ]
Pakistani (adj)	pakistāniešu	[pakista:ny]
Saudi Arabia	Saūda Arābija (f)	[sau:da ara:bija]
Arab (masc.)	arābs (m)	[ara:bs]
Arab (fem.)	arābiete (f)	[ara:bietæ]
Arabian (adj)	arābu	[ara:bu]

Thailand	Taizeme (f)	[tajzemæ]
Thai (masc.)	taizemietis (m)	[tajzemietis]
Thai (fem.)	taizemiete (f)	[tajzemietæ]
Thai (adj)	taizemiešu	[tajzemieʃu]

Taiwan	Taivāna (f)	[tajva:na]
Taiwanese (masc.)	taivānietis (m)	[tajva:nietis]
Taiwanese (fem.)	taivāniete (f)	[tajva:nietæ]
Taiwanese (adj)	taivāniešu	[tajva:nieʃu]

Turkey	Turcija (f)	[turtsija]
Turk (masc.)	turks (m)	[turks]
Turk (fem.)	turciete (f)	[turtsietæ]
Turkish (adj)	turku	[turku]

Japan	Japāna (f)	[japa:na]
Japanese (masc.)	japānis (m)	[japa:nis]
Japanese (fem.)	japāniete (f)	[japa:nietæ]
Japanese (adj)	japāņu	[japa:ny]

Afghanistan	Afganistāna (f)	[afganista:na]
Bangladesh	Bangladeša (f)	[baŋladæʃa]
Indonesia	Indonēzija (f)	[indonæ:zija]
Jordan	Jordānija (f)	[iorda:nija]

Iraq	Irāka (f)	[ira:ka]
Iran	Irāna (f)	[ira:na]
Cambodia	Kambodža (f)	[kambodʒa]
Kuwait	Kuveita (f)	[kuvejta]

Laos	Laosa (f)	[laosa]
Myanmar	Mjanma (f)	[mjanma]
Nepal	Nepāla (f)	[nepa:la]
United Arab Emirates	AAE (m pl)	[a:æ]

Syria	Sīrija (f)	[si:rija]
Palestine	Palestīna (f)	[palesti:na]
South Korea	Dienvidkoreja (f)	[dienvidkoræja]
North Korea	Ziemeļkoreja (f)	[ziemeʎkoræja]

238. North America

United States of America	Amerikas Savienotās Valstis (f pl)	[amærikas savienota:s valstis]
American (masc.)	amerikānis (m)	[amærika:nis]
American (fem.)	amerikāniete (f)	[amærika:nietæ]
American (adj)	amerikāņu	[amærika:ny]

| Canada | Kanāda (f) | [kana:da] |
| Canadian (masc.) | kanādietis (m) | [kana:dietis] |

| Canadian (fem.) | kanādiete (f) | [kɑnɑːdietæ] |
| Canadian (adj) | Kanādas | [kɑnɑːdɑs] |

Mexico	Meksika (f)	[mæksikɑ]
Mexican (masc.)	meksikānis (m)	[mæksikɑːnis]
Mexican (fem.)	meksikāniete (f)	[mæksikɑːnietæ]
Mexican (adj)	meksikāņu	[mæksikɑːny]

239. Central and South America

Argentina	Argentīna (f)	[ɑrgentiːnɑ]
Argentinian (masc.)	argentīnietis (m)	[ɑrgentiːnietis]
Argentinian (fem.)	argentīniete (f)	[ɑrgentiːnietæ]
Argentinian (adj)	Argentīnas	[ɑrgentiːnɑs]

Brazil	Brazīlija (f)	[brɑziːlijɑ]
Brazilian (masc.)	brazīlietis (m)	[brɑziːlietis]
Brazilian (fem.)	brazīliete (f)	[brɑziːlietæ]
Brazilian (adj)	brazīļu	[brɑziːly]

Colombia	Kolumbija (f)	[kolumbijɑ]
Colombian (masc.)	kolumbietis (m)	[kolumbietis]
Colombian (fem.)	kolumbiete (f)	[kolumbietæ]
Colombian (adj)	Kolumbijas	[kolumijɑs]

Cuba	Kuba (f)	[kubɑ]
Cuban (masc.)	kubietis (m)	[kubietis]
Cuban (fem.)	kubiete (f)	[kubietæ]
Cuban (adj)	kubiešu	[kubieʃu]

Chile	Čīle (f)	[ʧiːlæ]
Chilean (masc.)	čīlietis (m)	[ʧiːlietis]
Chilean (fem.)	čīliete (f)	[ʧiːlietæ]
Chilean (adj)	Čīles	[ʧiːlæs]

| Bolivia | Bolīvija (f) | [boliːvijɑ] |
| Venezuela | Venecuēla (f) | [vænætsuæːlɑ] |

| Paraguay | Paragvaja (f) | [pɑrɑgvɑjɑ] |
| Peru | Peru (m) | [pæru] |

Suriname	Surinama (f)	[surinɑmɑ]
Uruguay	Urugvaja (f)	[urugvɑjɑ]
Ecuador	Ekvadora (f)	[ækvɑdorɑ]

The Bahamas	Bahamu salas (f pl)	[bɑhɑmu sɑlɑs]
Haiti	Haiti (m)	[hɑiti]
Dominican Republic	Dominikas Republika (f)	[dominikɑs ræpublikɑ]
Panama	Panama (f)	[pɑnɑmɑ]
Jamaica	Jamaika (f)	[jɑmɑjkɑ]

240. Africa

Egypt	**Ēģipte** (f)	[æ:giptæ]
Egyptian (masc.)	**ēģiptietis** (m)	[æ:giptietis]
Egyptian (fem.)	**ēģiptiete** (f)	[æ:gipietæ]
Egyptian (adj)	**Ēģiptes**	[æ:giptæs]
Morocco	**Maroka** (f)	[maroka]
Moroccan (masc.)	**marokānis** (m)	[maroka:nis]
Moroccan (fem.)	**marokāniete** (f)	[maroka:nietæ]
Moroccan (adj)	**marokāņu**	[maroka:ny]
Tunisia	**Tunisija** (f)	[tunisija]
Tunisian (masc.)	**tunisietis** (m)	[tunisietis]
Tunisian (fem.)	**tunisiete** (f)	[tunisietæ]
Tunisian (adj)	**Tunisijas**	[tunisijas]
Ghana	**Gana** (f)	[gana]
Zanzibar	**Zanzibāra** (f)	[zanziba:ra]
Kenya	**Kenija** (f)	[kenija]
Libya	**Lībija** (f)	[li:bija]
Madagascar	**Madagaskara** (f)	[madagaskara]
Namibia	**Namībija** (f)	[nami:bija]
Senegal	**Senegāla** (f)	[sænega:la]
Tanzania	**Tanzānija** (f)	[tanza:nija]
South Africa	**Dienvidāfrikas Republika** (f)	[dienvida:frikas ræpublika]
African (masc.)	**afrikānis** (m)	[afrika:nis]
African (fem.)	**afrikāniete** (f)	[afrika:nietæ]
African (adj)	**Āfrikas**	[a:frikas]

241. Australia. Oceania

Australia	**Austrālija** (f)	[austra:lija]
Australian (masc.)	**austrālietis** (m)	[austra:lietis]
Australian (fem.)	**austrāliete** (f)	[austra:lietæ]
Australian (adj)	**Austrālijas**	[austra:lijas]
New Zealand	**Jaunzēlande** (f)	[jaunzæ:landæ]
New Zealander (masc.)	**jaunzēlandietis** (m)	[jaunzæ:landietis]
New Zealander (fem.)	**jaunzēlandiete** (f)	[jaunzæ:landietæ]
New Zealand (as adj)	**Jaunzēlandes**	[jaunzæ:landæs]
Tasmania	**Tasmānija** (f)	[tasma:nija]
French Polynesia	**Franč"u Polinēzija** (f)	[frantʃu polinæ:zija]

242. Cities

Amsterdam	**Amsterdama** (f)	[amstærdama]
Ankara	**Ankara** (f)	[aŋkara]
Athens	**Atēnas** (f)	[atæ:nas]
Baghdad	**Bagdāde** (f)	[bagda:dæ]
Bangkok	**Bangkoka** (f)	[baŋkoka]
Barcelona	**Barselona** (f)	[barselona]
Beijing	**Pekina** (f)	[pekina]
Beirut	**Beiruta** (f)	[bejruta]
Berlin	**Berlīne** (f)	[bærli:næ]
Bombay, Mumbai	**Bombeja** (f)	[bombæja]
Bonn	**Bonna** (f)	[boŋa]
Bordeaux	**Bordo** (f)	[bordo]
Bratislava	**Bratislava** (f)	[bratislava]
Brussels	**Brisele** (f)	[brisælæ]
Bucharest	**Bukareste** (f)	[bukaræstæ]
Budapest	**Budapešta** (f)	[budapeʃta]
Cairo	**Kaira** (f)	[kaira]
Calcutta	**Kalkuta** (f)	[kalkuta]
Chicago	**Čikāga** (f)	[tʃika:ga]
Copenhagen	**Kopenhāgena** (f)	[kopenha:gena]
Dar-es-Salaam	**Daresalāma** (f)	[daræsala:ma]
Delhi	**Deli** (m)	[dæli]
Dubai	**Dubaija** (f)	[dubaja]
Dublin	**Dublina** (f)	[dublina]
Düsseldorf	**Diseldorfa** (f)	[disældorfa]
Florence	**Florence** (f)	[floræntsæ]
Frankfurt	**Frankfurte** (f)	[fraŋkfurtæ]
Geneva	**Ženēva** (f)	[ʒænæva]
The Hague	**Hāga** (f)	[ha:ga]
Hamburg	**Hamburga** (f)	[hamburga]
Hanoi	**Hanoja** (f)	[hanoja]
Havana	**Havana** (f)	[havana]
Helsinki	**Helsinki**	[hælsiŋki]
Hiroshima	**Hirosima** (f)	[hirosima]
Hong Kong	**Honkonga** (f)	[hoŋkoŋa]
Istanbul	**Stambula** (f)	[stambula]
Jerusalem	**Jeruzaleme** (f)	[jeruzalæmæ]
Kiev	**Kijeva** (f)	[kijeva]
Kuala Lumpur	**Kualalumpura** (f)	[kuala lumpura]
Lisbon	**Lisabona** (f)	[lisabona]
London	**Londona** (f)	[londona]
Los Angeles	**Losandželosa** (f)	[losandʒelosa]

Lyons	Liona (f)	[liona]
Madrid	Madride (f)	[madridæ]
Marseille	Marseļa (f)	[marseʎa]
Mexico City	Mehiko (m)	[mehiko]
Miami	Maiami (m)	[majami]
Montreal	Monreāla (f)	[monræa:læ]
Moscow	Maskava (f)	[maskava]
Munich	Minhene (f)	[minhenæ]

Nairobi	Nairobi (m)	[najrobi]
Naples	Neapole (f)	[neapolæ]
New York	Ņujorka (f)	[nyjorka]
Nice	Nica (f)	[nitsa]
Oslo	Oslo (m)	[oslo]
Ottawa	Otava (f)	[otava]

Paris	Parīze (f)	[pari:zæ]
Prague	Prāga (f)	[pra:ga]
Rio de Janeiro	Riodeženeiro	[rio de ʒanejro]
Rome	Roma (f)	[roma]

Saint Petersburg	Sanktpēterburga (f)	[saŋkt pæ:tærburga]
Seoul	Seula (f)	[sæula]
Shanghai	Šanhaja (f)	[ʃanhaja]
Singapore	Singapūra (f)	[siŋapu:ra]
Stockholm	Stokholma (f)	[stokholma]
Sydney	Sidneja (f)	[sidnæja]

Taipei	Taipeja (f)	[tajpæja]
Tokyo	Tokija (f)	[tokija]
Toronto	Toronto (f)	[toronto]

Venice	Venēcija (f)	[vænæ:tsija]
Vienna	Vīne (f)	[vi:næ]
Warsaw	Varšava (f)	[varʃava]
Washington	Vašingtona (f)	[vaʃiŋtona]

243. Politics. Government. Part 1

politics	politika (f)	[politika]
political (adj)	politiskais	[politiskajs]
politician	politiķis (m)	[politikis]

state (country)	valsts (f)	[valsts]
citizen	pilsonis (m)	[pilsonis]
citizenship	pilsonība (f)	[pilsoni:ba]

national emblem	valsts ģerbonis (m)	[valsts gerbonis]
national anthem	valsts himna (f)	[valsts himna]
government	valdība (f)	[valdi:ba]

head of state	valsts vadītājs (m)	[valsts vadi:ta:js]
parliament	parlaments (m)	[parlaments]
party	partija (f)	[partija]

| capitalism | kapitālisms (m) | [kapita:lisms] |
| capitalist (adj) | kapitālistiskais | [kapita:listiskajs] |

| socialism | sociālisms (m) | [sotsia:lisms] |
| socialist (adj) | sociālistiskais | [sotsia:listiskajs] |

communism	komunisms (m)	[komunisms]
communist (adj)	komunistiskais	[komunistiskajs]
communist (n)	komunists (m)	[komunists]

democracy	demokrātija (f)	[dæmokra:tija]
democrat	demokrāts (m)	[dæmokra:ts]
democratic (adj)	demokrātiskais	[dæmokra:tiskajs]
Democratic party	demokrātiskā partija (f)	[dæmokra:tiska: partija]

| liberal (n) | liberālis (m) | [libæra:lis] |
| liberal (adj) | liberāls | [libæra:ls] |

| conservative (n) | konservatīvais (m) | [konservati:vajs] |
| conservative (adj) | konservatīvs | [konservati:vs] |

republic (n)	republika (f)	[ræpublika]
republican (n)	republikānis (m)	[ræpublika:nis]
Republican party	republikāniskā partija (f)	[ræpublika:niska: partija]

| poll, elections | vēlēšanas (f pl) | [væ:le:ʃanas] |
| to elect (vt) | vēlēt | [væ:le:t] |

| elector, voter | vēlētājs (m) | [væ:le:ta:js] |
| election campaign | vēlēšanu kampaņa (f) | [væ:le:ʃanu kampaɲa] |

voting (n)	balsošana (f)	[balsoʃana]
to vote (vi)	balsot	[balsot]
suffrage, right to vote	balsstiesības (f pl)	[balstiesi:bas]

candidate	kandidāts (m)	[kandida:ts]
to be a candidate	kandidēt	[kandidæ:t]
campaign	kampaņa (f)	[kampaɲa]

| opposition (as adj) | opozīcijas | [opozi:tsijas] |
| opposition (n) | opozīcija (f) | [opozi:tsija] |

visit	vizīte (m)	[vizi:tæ]
official visit	oficiālā vizīte (f)	[ofitsia:la: vizi:tæ]
international (adj)	starptautisks	[starptautisks]

| negotiations | pārrunas (f pl) | [pa:rrunas] |
| to negotiate (vi) | vest pārrunas | [væst pa:rrunas] |

244. Politics. Government. Part 2

society	**sabiedrība** (f)	[sabiedri:ba]
constitution	**konstitūcija** (f)	[konstitu:tsija]
power (political control)	**vara** (f)	[vara]
corruption	**korupcija** (f)	[koruptsija]
law (justice)	**likums** (m)	[likums]
legal (legitimate)	**likumīgs**	[likumi:gs]
justice (fairness)	**taisnība** (f)	[tajsni:ba]
just (fair)	**taisnīgs**	[tajsni:gs]
committee	**komiteja** (f)	[komitæja]
bill (draft law)	**likumprojekts** (m)	[likumprojekts]
budget	**budžets** (m)	[budʒæts]
policy	**politika** (f)	[politika]
reform	**reforma** (f)	[ræforma]
radical (adj)	**radikāls**	[radika:ls]
power (strength, force)	**spēks** (m)	[spæ:ks]
powerful (adj)	**varens**	[varæns]
supporter	**piekritējs** (m)	[piekritæ:js]
influence	**ietekme** (m)	[ietækmæ]
regime (e.g., military ~)	**režīms** (m)	[ræʒi:ms]
conflict	**konflikts** (m)	[konflikts]
conspiracy (plot)	**sazvērestība** (f)	[sazve:resti:ba]
provocation	**provokācija** (f)	[provoka:tsija]
to overthrow (regime, etc.)	**nogāzt**	[noga:zt]
overthrow (of government)	**gāšana** (f)	[ga:ʃana]
revolution	**revolūcija** (f)	[rævolu:tsija]
coup d'état	**apvērsums** (m)	[apvæ:rsums]
military coup	**militārais apvērsums** (m)	[milita:rajs a:pvæ:rsums]
crisis	**krīze** (f)	[kri:zæ]
economic recession	**ekonomikas lejupeja** (f)	[ækonomikas læjupæja]
demonstrator (protester)	**demonstrants** (m)	[dæmonstrants]
demonstration	**demonstrācija** (f)	[dæmonstra:tsija]
martial law	**kara stāvoklis** (m)	[kara sta:voklis]
military base	**kara bāze** (f)	[kara ba:zæ]
stability	**stabilitāte** (f)	[stabilita:tæ]
stable (adj)	**stabils**	[stabils]
exploitation	**ekspluatācija** (f)	[ækspluata:tsija]
to exploit (workers)	**ekspluatēt**	[æksplutæ:t]
racism	**rasisms** (m)	[rasisms]
racist	**rasists** (m)	[rasists]

fascism	fašisms (m)	[faʃisms]
fascist	fašists (m)	[faʃists]

245. Countries. Miscellaneous

foreigner	ārzemnieks (m)	[aːrzæmnieks]
foreign (adj)	ārzemju	[aːrzæmjy]
abroad (adv)	ārzemēs	[aːrzæmeːs]

emigrant	emigrants (m)	[æmigrants]
emigration	emigrācija (f)	[æmigraːʦija]
to emigrate (vi)	emigrēt	[æmigræːt]

the West	Rietumi (m pl)	[rietumi]
the East	Austrumi (m pl)	[austrumi]
the Far East	Tālie Austrumi (m pl)	[taːlie aːustrumi]

civilization	civilizācija (f)	[ʦivilizaːʦija]
humanity (mankind)	cilvēce (f)	[ʦilvæːʦæ]

world (earth)	pasaule (f)	[pasaulæ]
peace	miers (m)	[miers]
worldwide (adj)	pasaules	[pasaules]

homeland	dzimtene (f)	[dzimtænæ]
people (population)	tauta (f)	[tauta]
population	iedzīvotāji (m pl)	[iedziːvotaːi]
people (a lot of ~)	cilvēki (m pl)	[ʦilvæːki]

nation (people)	nācija (f)	[naːʦija]
generation	paaudze (f)	[paːudzæ]

territory (area)	teritorija (f)	[tæritorija]
region	reģions (m)	[rægions]
state (part of a country)	štats (m)	[ʃtats]

tradition	tradīcija (f)	[tradiːʦija]
custom (tradition)	paraža (f)	[paraʒa]
ecology	ekoloģija (f)	[ækologija]

Indian (Native American)	indiānis (m)	[indiaːnis]
Gipsy (masc.)	čigāns (m)	[ʧigaːns]
Gipsy (fem.)	čigāniete (f)	[ʧigaːɲjetæ]
Gipsy (adj)	čigānu	[ʧigaːnu]

empire	impērija (f)	[impeːrija]
colony	kolonija (f)	[kolonija]
slavery	verdzība (f)	[værdziːba]
invasion	iebrukums (m)	[iebrukums]
famine	bads (m)	[bads]

246. Major religious groups. Confessions

religion	reliģija (f)	[ræligija]
religious (adj)	reliģiozs	[ræligiozs]
faith, belief	ticība (f)	[titsi:ba]
to believe (in God)	ticēt	[tɪtsæ:t]
believer	ticīgais (m)	[titsi:gajs]
atheism	ateisms (m)	[atæisms]
atheist	ateists (m)	[atæists]
Christianity	kristiānisms (m)	[kristia:nims]
Christian (n)	kristietis (m)	[kristietis]
Christian (adj)	kristīgs	[kristi:gs]
Catholicism	Katolicisms (m)	[katolitsims]
Catholic (n)	katolis (m)	[katolis]
Catholic (adj)	katoļu	[katoly]
Protestantism	Protestantisms (m)	[protæstantisms]
Protestant Church	Protestantu baznīca (f)	[protæstantu bazni:tsa]
Protestant	protestants (m)	[protæstants]
Orthodoxy	Pareizticība (f)	[paræjztitsi:ba]
Orthodox Church	Pareizticīgo baznīca (f)	[paræjztitsi:go bazni:tsa]
Orthodox	pareizticīgais	[paræjzti:tsiba]
Presbyterianism	Prezbiteriānisms (m)	[præzbitæria:nisms]
Presbyterian Church	Prezbiteriāņu baznīca (f)	[præzbiteria:ny bazni:tsa]
Presbyterian (n)	prezbiteriānis (m)	[præbitæria:nis]
Lutheranism	Luteriskā baznīca (f)	[luteriska: bazni:tsa]
Lutheran (n)	luterānis (m)	[lutæra:nis]
Baptist Church	Baptisms (m)	[baptisms]
Baptist (n)	baptists (m)	[baptists]
Anglican Church	Anglikāņu baznīca (f)	[aŋlika:ny ba:zni:tsa]
Anglican (n)	anglikānis (m)	[aŋlika:nis]
Mormonism	Mormonisms (m)	[mormonisms]
Mormon (n)	mormonis (m)	[mormonis]
Judaism	Jūdaisms (m)	[ju:daisms]
Jew (n)	jūds (m)	[ju:ds]
Buddhism	Budisms (m)	[budisms]
Buddhist (n)	budists (m)	[budists]
Hinduism	Hinduisms (m)	[hinduisms]
Hindu (n)	hinduists (m)	[hinduists]

Islam	Islāms (m)	[islɑ:ms]
Muslim (n)	musulmanis (m)	[musuʎmɑnis]
Muslim (adj)	musulmaņu	[musuʎmɑny]

Shiah Islam	Šiisms (m)	[ʃi:sms]
Shiite (n)	šiīts (m)	[ʃi:ts]
Sunni Islam	Sunnisms (m)	[suŋisms]
Sunnite (n)	sunnīts (m)	[suŋi:ts]

247. Religions. Priests

| priest | priesteris (m) | [priestæris] |
| the Pope | Romas pāvests (m) | [romɑs pɑ:væsts] |

monk, friar	mūks (m)	[mu:ks]
nun	mūķene (f)	[mu:kenæ]
pastor	mācītājs (m)	[mɑ:tsi:tɑ:js]

abbot	abats (m)	[ɑbɑts]
vicar (parish priest)	vikārs (m)	[vikɑ:rs]
bishop	bīskaps (m)	[bi:skɑps]
cardinal	kardināls (m)	[kɑrdinɑ:ls]

preacher	sprediķotājs (m)	[sprædiʹkɜtɑ:js]
preaching	sprediķis (m)	[sprædikis]
parishioners	draudze (f)	[drɑudzæ]

| believer | ticīgais (m) | [tiʦi:gɑjs] |
| atheist | ateists (m) | [ɑtæists] |

248. Faith. Christianity. Islam

| Adam | Ādams (m) | [ɑ:dɑms] |
| Eve | Ieva (f) | [ievɑ] |

God	Dievs (m)	[dievs]
the Lord	Dievs Kungs (m)	[dievs kuŋs]
the Almighty	visvarens (f)	[vis vɑræns]

sin	grēks (m)	[græ:ks]
to sin (vi)	grēkot	[græ:kot]
sinner (masc.)	grēcinieks (m)	[græ:ʦiɲjeks]
sinner (fem.)	grēciniece (f)	[græ:ʦiɲjeʦæ]

hell	elle (f)	[ællæ]
paradise	paradīze (f)	[pɑrɑdi:zæ]
Jesus	Jēzus (m)	[je:zus]
Jesus Christ	Jēzus Kristus (m)	[je:zus kristus]

the Holy Spirit	Svētais Gars (m)	[svæ:tajs gars]
the Savior	Glābējs (m)	[gla:bæ:js]
the Virgin Mary	Dievmāte (f)	[diev ma:tæ]

the Devil	Velns (m)	[vælns]
devil's (adj)	velnišķīgs	[vælniʃki:gs]
Satan	Sātans (f)	[sa:tans]
satanic (adj)	sātanisks	[sa:tanisks]

angel	eņģelis (m)	[æŋgelis]
guardian angel	sargeņģelis (m)	[sargæŋgelis]
angelic (adj)	eņģeļa (m)	[æŋgeʎa]

apostle	apustulis (m)	[apustulis]
archangel	ercenģelis (m)	[ærtsæŋelis]
the Antichrist	antikrists (m)	[antikrists]

Church	Baznīca (f)	[bazni:tsa]
Bible	Bībele (f)	[bi:bælæ]
biblical (adj)	Bībeles	[bi:bælæs]

Old Testament	Vecā derība (f)	[vætsa: dæri:ba]
New Testament	Jaunā derība (f)	[jauna: dæri:ba]
Gospel	Evaņģēlijs (m)	[æ:vaŋgelijs]
Holy Scripture	Svētie raksti (m)	[svæ:tie raksti]
heaven	Debesu Valstība (f)	[dæbæsu valsti:ba]

Commandment	bauslis (m)	[bauslis]
prophet	pareģis (m)	[paregis]
prophecy	pareģojums (m)	[paregojums]

Allah	Allāhs (m)	[a:lla:hs]
Mohammed	Muhameds (m)	[muhamæds]
the Koran	Korāns (m)	[kora:ns]

mosque	mošeja (f)	[moʃæja]
mullah	mulla (m)	[mulla]
prayer	lūgšana (f)	[lu:gʃana]
to pray (vi, vt)	lūgties	[lu:gties]

pilgrimage	svētceļojums (m)	[svæ:ttse'lɜjums]
pilgrim	svētceļotājs (m)	[svæ:ttse'lɜta:js]
Mecca	Meka (f)	[mæka]

church	Baznīca (f)	[bazni:tsa]
temple	dievnams (m)	[dievnams]
cathedral	katedrāle (f)	[katædra:læ]
Gothic (adj)	gotisks	[gotisks]
synagogue	sinagoga (f)	[sinagoga]
mosque	mošeja (f)	[moʃæja]
chapel	kapela (f)	[kapæla]
abbey	abatija (f)	[abatija]

| convent | klosteris (m) | [klosteris] |
| monastery | klosteris (m) | [klosteris] |

bell (in church)	zvans (m)	[zvɑns]
bell tower	zvanu tornis (m)	[zvɑnu tornis]
to ring (ab. bells)	zvanīt zvanus	[zvɑni:t zvɑnus]

cross	krusts (m)	[krusts]
cupola (roof)	kupols (m)	[kupols]
icon	svētbilde (f)	[svæ:tbildæ]

soul	dvēsele (f)	[dvæ:sælæ]
fate (destiny)	liktenis (m)	[liktænis]
evil (n)	ļaunums (m)	[ʎɑunums]
good (n)	labums (m)	[lɑbums]

vampire	vampīrs (m)	[vɑmpi:rs]
witch (sorceress)	ragana (f)	[rɑgɑnɑ]
demon	dēmons (m)	[dæ:mons]
devil	velns (m)	[vælns]
spirit	gars (m)	[gɑrs]

| redemption (giving us ~) | vainas izpirkšana (f) | [vɑjnɑs izpirkʃɑnɑ] |
| to redeem (vt) | izpirkt | [izpirkt] |

church service, mass	kalpošana (f)	[kɑlpoʃɑnɑ]
to say mass	kalpot	[kɑlpot]
confession	grēksūdze (f)	[græ:ksu:dzæ]
to confess (vi)	sūdzēt grēkus	[su:dzæ:t græ:kus]

saint (n)	svētais (m)	[svæ:tɑjs]
sacred (holy)	svēts	[svæ:ts]
holy water	svētais ūdens (m)	[svæ:tɑjs u:dæns]

ritual (n)	rituāls (m)	[rituɑ:ls]
ritual (adj)	rituāls	[rituɑ:ls]
sacrifice	upurēšana (f)	[upu ræ:ʃɑnɑ]

superstition	māņticība (m)	[mɑ:ɲtitsi:bɑ]
superstitious (adj)	māņticīgs	[mɑ:ɲtitsi:gs]
afterlife	aizkapa dzīve (f)	[ɑjzkɑpɑ dzi:væ]
eternal life	mūžīga dzīve (f)	[mu:ʒi:gɑ dzi:væ]

MISCELLANEOUS

249. Various useful words

background (green ~)	fons (m)	[fons]
balance (of situation)	bilance (f)	[bilantsæ]
barrier (obstacle)	šķērslis (m)	[ʃke:rslis]
base (basis)	bāze (f)	[baːzæ]
beginning	sākums (m)	[saːkums]
category	kategorija (f)	[kategorija]
cause (reason)	iemesls (m)	[iemæsls]
choice	izvēle (f)	[izvæːlæ]
coincidence	sakritība (f)	[sakriti:ba]
comfortable (~ chair)	ērts	[æːrts]
comparison	salīdzināšana (f)	[sali:dzinaːʃana]
compensation	kompensācija (f)	[kompænsaːtsija]
degree (extent, amount)	pakāpe (f)	[pakaːpæ]
development	attīstība (f)	[atti:sti:ba]
difference	atšķirība (f)	[atʃkiri:ba]
effect (e.g., of drugs)	efekts (m)	[æfækts]
effort (exertion)	spēks (m)	[spæːks]
element	elements (m)	[ælemænts]
end (finish)	beigas (f pl)	[bæjgas]
example (illustration)	paraugs (m)	[paraugs]
fact	fakts (m)	[fakts]
frequent (adj)	biežs	[bieʒs]
growth (development)	augšana (f)	[augʃana]
help	palīdzība (f)	[pa li:dzi:ba]
ideal	ideāls (m)	[ideaːls]
kind (sort, type)	veids (m)	[væjds]
labyrinth	labirints (m)	[labirints]
mistake, error	kļūda (f)	[kly:da]
moment	brīdis (m)	[bri:dis]
object (thing)	objekts (m)	[objækts]
obstacle	šķērslis (m)	[ʃke:rslis]
original (original copy)	oriģināls (m)	[origina:ls]
part (~ of sth)	daļa (f)	[daʎa]
particle, small part	daļiņa (f)	[daliɲa]
pause (break)	pauze (f)	[pauzæ]

position	**pozīcija** (f)	[pozi:tsija]
principle	**princips** (m)	[printsips]
problem	**problēma** (f)	[problæ:ma]

process	**process** (m)	[protsæs]
progress	**progress** (m)	[progræss]
property (quality)	**īpašība** (f)	[i:paʃi:ba]
reaction	**reakcija** (f)	[ræaktsija]
risk	**risks** (m)	[risks]

secret	**noslēpums** (m)	[noslæ:pums]
section (sector)	**sekcija** (f)	[sæktsija]
series	**sērija** (f)	[sæ:rija]
shape (outer form)	**forma** (f)	[forma]
situation	**situācija** (f)	[situa:tsija]

solution	**risinājums** (m)	[risina:jums]
standard (adj)	**standarta**	[standarta]
standard (level of quality)	**standarts** (m)	[standarts]
stop (pause)	**apstāšanās** (f)	[apsta:ʃana:s]
style	**stils** (m)	[stils]
system	**sistēma** (f)	[sistæ:ma]

table (chart)	**tabula** (f)	[tabula]
tempo, rate	**temps** (m)	[tæmps]
term (word, expression)	**termins** (m)	[tærmins]
thing (object, item)	**lieta** (f)	[lieta]
truth	**patiesība** (f)	[patiesi:ba]
turn (please wait your ~)	**rinda** (f)	[rinda]
type (sort, kind)	**tips** (m)	[tips]

urgent (adj)	**steidzams**	[stæjdzams]
urgently (adv)	**steidzami**	[stæjdzami]
utility (usefulness)	**labums** (m)	[labums]

variant (alternative)	**variants** (m)	[variants]
way (means, method)	**veids** (m)	[væjds]
zone	**zona** (f)	[zona]

250. Modifiers. Adjectives. Part 1

additional (adj)	**papildu**	[papildu]
ancient (~ civilization)	**sens**	[sæns]
artificial (adj)	**mākslīgs**	[ma:ksli:gs]
back, rear (adj)	**aizmugures**	[ajzmugures]
bad (adj)	**slikts**	[slikts]

beautiful (~ palace)	**brīnišķīgs**	[bri:niʃki:gs]
beautiful (person)	**skaists**	[skajsts]
big (in size)	**liels**	[liels]

bitter (taste)	**rūgts**	[ru:gts]
blind (sightless)	**akls**	[akls]
calm, quiet (adj)	**mierīgs**	[mieri:gs]
careless (negligent)	**paviršs**	[pavirʃs]
caring (~ father)	**rūpīgs**	[ru:pi:gs]
central (adj)	**centrālais**	[ʦæntra:lajs]
cheap (adj)	**lēts**	[læ:ts]
cheerful (adj)	**jautrs**	[jautrs]
children's (adj)	**bērnu**	[bæ:rnu]
civil (~ law)	**pilsonisks**	[pilsonisks]
clandestine (secret)	**pagrīdes**	[pagri:dæs]
clean (free from dirt)	**tīrs**	[ti:rs]
clear (explanation, etc.)	**skaidrs**	[skajdrs]
clever (smart)	**gudrs**	[gudrs]
close (near in space)	**netāls**	[næta:ls]
closed (adj)	**slēgts**	[slæ:gts]
cloudless (sky)	**bez mākoņiem**	[bæz ma:koniem]
cold (drink, weather)	**auksts**	[auksts]
compatible (adj)	**savietojams**	[savietojams]
contented (adj)	**apmierināts**	[apmierina:ts]
continuous (adj)	**ilgstošs**	[ilgstoʃs]
continuous (incessant)	**nepārtraukts**	[næpa:rtraukts]
convenient (adj)	**piepilsētas**	[piepilsæ:tas]
cool (weather)	**vēss**	[væ:ss]
dangerous (adj)	**bīstams**	[bi:stams]
dark (room)	**tumšs**	[tumʃs]
dead (not alive)	**miris**	[miris]
dense (fog, smoke)	**blīvs**	[bli:vs]
difficult (decision)	**grūts**	[gru:ts]
difficult (problem, task)	**sarežģīts**	[sareʒgi:ts]
dim, faint (light)	**blāvs**	[bla:vs]
dirty (not clean)	**netīrs**	[næti:rs]
distant (faraway)	**attāls**	[atta:ls]
distant (in space)	**tāls**	[ta:ls]
dry (clothes, etc.)	**sauss**	[saus]
easy (not difficult)	**vienkāršs**	[vienka:rʃs]
empty (glass, room)	**tukšs**	[tukʃs]
exact (amount)	**precīzs**	[præʦi:zs]
excellent (adj)	**lielisks**	[lielisks]
excessive (adj)	**pārmērīgs**	[pa:rmæ:ri:gs]
expensive (adj)	**dārgs**	[da:rgs]
exterior (adj)	**ārējs**	[a:re:js]
fast (quick)	**ātrs**	[a:trs]

fatty (food)	**trekns**	[trækns]
fertile (land, soil)	**auglīgs**	[augli:gs]
flat (~ panel display)	**plakans**	[plakans]
even (e.g., ~ surface)	**līdzens**	[li:dzæns]
foreign (adj)	**ārvalstu**	[a:rvalstu]
fragile (china, glass)	**trausls**	[trausls]
free (at no cost)	**bez maksas**	[bæz maksas]
free (unrestricted)	**brīvs**	[bri:vs]
fresh (~ water)	**sājš**	[sa:jʃ]
fresh (e.g., ~ bread)	**svaigs**	[svajgs]
frozen (food)	**iesaldēts**	[iesaldæ:ts]
full (completely filled)	**pilns**	[pilns]
good (book, etc.)	**labs**	[labs]
good (kindhearted)	**labs**	[labs]
grateful (adj)	**pateicīgs**	[patæjtsi:gs]
happy (adj)	**laimīgs**	[lajmi:gs]
hard (not soft)	**ciets**	[tsiets]
heavy (in weight)	**smags**	[smags]
hostile (adj)	**naidīgs**	[najdi:gs]
hot (adj)	**karsts**	[karsts]
huge (adj)	**milzīgs**	[milzi:gs]
humid (adj)	**mitrs**	[mitrs]
hungry (adj)	**izsalcis**	[izsaltsis]
ill (sick, unwell)	**slims**	[slims]
immobile (adj)	**nekustīgs**	[nækusti:gs]
important (adj)	**svarīgs**	[svari:gs]
impossible (adj)	**neiespējams**	[næjespæ:jams]
incomprehensible	**neskaidrs**	[næskajdrs]
indispensable (adj)	**nepieciešamais**	[næpietsieʃamajs]
inexperienced (adj)	**nepieredzējis**	[næpieredzæ:js]
insignificant (adj)	**mazsvarīgs**	[mazsvari:gs]
interior (adj)	**iekšējs**	[iekʃæ:js]
joint (~ decision)	**kopējs**	[kope:js]
last (e.g., ~ week)	**pagājušais**	[paga:juʃajs]
last (final)	**pēdējais**	[pædæ:jais]
left (e.g., ~ side)	**kreisais**	[kræjsajs]
legal (legitimate)	**likumīgs**	[likumi:gs]
light (in weight)	**viegls**	[viegls]
light (pale color)	**gaišs**	[gajʃs]
limited (adj)	**ierobežots**	[ierobeʒots]
liquid (fluid)	**šķidrs**	[ʃkidrs]
long (e.g., ~ way)	**garšīgs**	[garʃi:gs]
loud (voice, etc.)	**skaļš**	[skaʎʃ]
low (voice)	**kluss**	[kluss]

251. Modifiers. Adjectives. Part 2

main (principal)	galvenais	[galvænajs]
matt (paint)	matēts	[matæ:ts]
meticulous (job)	akurāts	[akura:ts]
mysterious (adj)	noslēpumains	[noslæ:pumajns]
narrow (street, etc.)	šaurs	[ʃaurs]

native (of country)	dzimtā	[dzimta:]
nearby (adj)	tuvākais	[tuva:kajs]
near-sighted (adj)	tuvredzīgs	[tuvrædzi:gs]
necessary (adj)	vajadzīgs	[vajadzi:gs]

negative (~ response)	negatīvs	[nægati:vs]
neighboring (adj)	kaimiņu	[kajminy]
nervous (adj)	nervozs	[nærvozs]
new (adj)	jauns	[jauns]
next (e.g., ~ week)	nākamais	[na:kamajs]

nice (kind)	mīļš	[mi:ʎ]
nice (voice)	patīkams	[pati:kams]
normal (adj)	normāls	[norma:ls]
not big (adj)	neliels	[næliels]

unclear (adj)	neskaidrs	[næskajdrs]
not difficult (adj)	viegls	[viegls]
obligatory (adj)	obligāts	[obliga:ts]
old (house)	vecs	[vætss]
open (adj)	atklāts	[atkla:ts]

opposite (adj)	pretējs	[præte:js]
ordinary (usual)	parasts	[parasts]
original (unusual)	oriģināls	[origina:ls]
past (recent)	pagājušais	[paga:juʃajs]

permanent (adj)	pastāvīgs	[pasta:vi:gs]
personal (adj)	privātais	[priva:tajs]
polite (adj)	laipns	[laipns]
poor (not rich)	nabags	[nabags]
possible (adj)	iespējamais	[iespæ:jamajs]

destitute (extremely poor)	ubags	[ubags]
present (current)	pašreizējs	[paʃrejzæ:js]
principal (main)	pamata	[pamata]

private (~ jet)	privātais	[priva:tajs]
probable (adj)	varbūtējs	[varbu:te:js]
public (open to all)	sabiedrisks	[sabiedrisks]
punctual (person)	punktuāls	[puŋktua:ls]
quiet (tranquil)	mierīgs	[mieri:gs]
rare (adj)	rets	[ræts]

raw (uncooked)	jēls	[je:ls]
right (not left)	labais	[labajs]
right, correct (adj)	pareizs	[parejzs]

ripe (fruit)	nogatavojies	[nogatavojes]
risky (adj)	riskants	[riskants]
sad (~ look)	skumjš	[skumʲʃ]
sad (depressing)	skumjš	[skumʲʃ]
safe (not dangerous)	drošs	[droʃs]

salty (food)	sāļš	[saːʎʃ]
satisfied (customer)	apmierināts	[apmierinaːts]
second hand (adj)	lietots	[lietots]
shallow (water)	sekls	[sækls]

sharp (blade, etc.)	ass	[ass]
short (in length)	īss	[i:ss]
short, short-lived (adj)	īslaicīgs	[i:slajtsi:gs]
significant (notable)	nozīmīgs	[nozi:mi:gs]
similar (adj)	līdzīgs	[li:dzi:gs]

simple (easy)	vienkāršs	[vieŋka:rʃs]
skinny	vājš	[va:jʃ]
thin (person)	vājš	[va:jʃ]
small (in size)	mazs	[mazs]

smooth (surface)	gluds	[gluds]
soft (to touch)	mīksts	[mi:ksts]
solid (~ wall)	izturīgs	[izturi:gs]
somber, gloomy (adj)	drūms	[dru:ms]
sour (flavor, taste)	skābs	[ska:bs]

spacious (house, etc.)	plašs	[plaʃs]
special (adj)	speciāls	[spætsia:ls]
straight (line, road)	taisns	[tajsns]
strong (person)	spēcīgs	[spæ:tsi:gs]

stupid (foolish)	muļķīgs	[muʎki:gs]
sunny (day)	saulains	[saulajns]
superb, perfect (adj)	lielisks	[lielisks]
swarthy (adj)	melnīgsnējs	[mælni:gsnæ:js]
sweet (sugary)	salds	[salds]

tan (adj)	nosauļojies	[nosau'lɜties]
tasty (adj)	garšīgs	[garʃi:gs]
tender (affectionate)	maigs	[majgs]
the highest (adj)	augstākais	[augsta:kajs]

the most important	vissvarīgākais	[vissvari:ga:kajs]
the nearest	tuvākais	[tuva:kajs]
the same, equal (adj)	vienāds	[viena:ds]
thick (e.g., ~ fog)	biezs	[biezs]

thick (wall, slice)	**biezs**	[biezs]
tired (exhausted)	**noguris**	[noguris]
tiring (adj)	**nogurdinošs**	[nogurdinoʃs]
transparent (adj)	**dzidrs**	[dzidrs]

unique (exceptional)	**unikāls**	[unikɑ:ls]
warm (moderately hot)	**silts**	[sɪlts]
wet (e.g., ~ clothes)	**slapjš**	[slɑpʃ]
whole (entire, complete)	**vesels**	[væsæls]
wide (e.g., ~ road)	**plats**	[plɑts]
young (adj)	**jauns**	[jɑuns]

MAIN 500 VERBS

252. Verbs A-C

to accompany (vt)	**pavadīt**	[pavadi:t]
to accuse (vt)	**apsūdzēt**	[apsu:dzæ:t]
to acknowledge (admit)	**atzīt**	[atzi:t]
to act (take action)	**rīkoties**	[ri:koties]
to add (supplement)	**pievienot**	[pievienot]
to address (speak to)	**griezties pie**	[griezties pie]
to admire (vi)	**būt sajūsmā**	[bu:t saju:sma:]
to advertise (vt)	**reklamēt**	[ræklamæ:t]
to advise (vt)	**dot padomu**	[dot padomu]
to affirm (insist)	**apgalvot**	[apgalvot]
to agree (say yes)	**piekrist**	[piekrist]
to allow (sb to do sth)	**ļaut**	[ʎaut]
to allude (vi)	**netieši norādīt**	[nætjeʃɪ nora:di:t]
to amputate (vt)	**amputēt**	[amputæ:t]
to answer (vi, vt)	**atbildēt**	[atbildæ:t]
to apologize (vi)	**atvainoties**	[atvajnoties]
to appear (come into view)	**parādīties**	[para:di:ties]
to applaud (vi, vt)	**aplaudēt**	[aplaudæ:t]
to appoint (assign)	**iecelt amatā**	[ietsælt amata:]
to approach (come closer)	**tuvoties**	[tuvoties]
to arrive (ab. train)	**ierasties**	[ierasties]
to ask (~ sb to do sth)	**lūgt**	[lu:gt]
to aspire to ...	**tiekties**	[tiekties]
to assist (help)	**asistēt**	[asistæ:t]
to attack (mil.)	**uzbrukt**	[uzbrukt]
to attain (objectives)	**panākt**	[pana:kt]
to revenge (vt)	**atriebties**	[atriebties]
to avoid (danger, task)	**izvairīties**	[izvajri:ties]
to award (give medal to)	**apbalvot**	[apbalvot]
to battle (vi)	**cīnīties**	[tsi:ni:ties]
to be (~ on the table)	**atrasties**	[atrasties]
to be (vi)	**būt**	[bu:t]
to be afraid	**baidīties**	[bajdi:ties]
to be angry (with ...)	**dusmoties uz ...**	[dusmoties uz]

to be at war	**karot**	[karot]
to be based (on …)	**pamatoties uz …**	[pamatoties uz]
to be bored	**garlaikoties**	[garlajkoties]
to be convinced	**pārliecināties**	[pɑːrlieʦinɑːties]
to be enough	**pietikt**	[pietikt]
to be envious	**apskaust**	[apskaust]
to be indignant	**paust sašutumu**	[paust saʃutumu]
to be interested in …	**interesēties**	[intæræsæːties]
to be lying down	**gulēt**	[gulæːt]
to be needed	**būt vajadzīgam**	[buːt vajaʣiːgam]
to be perplexed	**būt neizpratnē**	[buːt næizpratnæː]
to be preserved	**saglabāties**	[saglabɑːties]
to be required	**būt pieprasītam**	[buːt pieprasiːtam]
to be surprised	**brīnīties**	[briːnɪːties]
to be worried	**uztraukties**	[uztraukties]
to beat (dog, person)	**sist**	[sist]
to become (e.g., ~ old)	**kļūt par**	[kly:t par]
to become pensive	**kļūt domīgam**	[kly:t domiːgam]
to behave (vi)	**uzvesties**	[uzvæsties]
to believe (think)	**ticēt**	[tɪʦæːt]
to belong to …	**piederēt**	[piedæræːt]
to berth (moor)	**pietauvot**	[pietauvot]
to blind (other drivers)	**apžilbināt**	[apʒilbinɑːt]
to blow (wind)	**pūst**	[puːst]
to blush (vi)	**nosarkt**	[nosarkt]
to boast (vi)	**lielīties**	[lieliːties]
to borrow (money)	**aizņemties**	[ajznemties]
to break (branch, toy, etc.)	**lauzt**	[lauzt]
to breathe (vi)	**elpot**	[ælpot]
to bring (sth)	**atvest**	[atvæst]
to burn (paper, logs)	**dedzināt**	[dæʣinɑːt]
to buy (purchase)	**pirkt**	[pirkt]
to call (for help)	**saukt**	[saukt]
to call (with one's voice)	**saukt**	[saukt]
to calm down (vt)	**nomierināt**	[nomierinɑːt]
can (v aux)	**spēt**	[spæːt]
to cancel (call off)	**atcelt**	[atʦælt]
to cast off	**atiet no krasta**	[atiet no krasta]
to catch (e.g., ~ a ball)	**ķert**	[kert]
to catch sight (of …)	**ieraudzīt**	[ierauʣiːt]
to cause …	**būt par iemeslu …**	[buːt par iemæslu]
to change (~ one's opinion)	**mainīt**	[majniːt]
to change (exchange)	**mainīt**	[majniːt]
to charm (vt)	**savaldzināt**	[savalʣinɑːt]

to choose (select)	izvēlēties	[izvæ:læ:ties]
to chop off (with an ax)	nocirst	[noʦirst]
to clean (from dirt)	tīrīt	[ti:ri:t]
to clean (shoes, etc.)	attīrīt	[atti:ri:t]

to clean (tidy)	uzkopt	[uzkopt]
to close (vt)	aizvērt	[ajzvæ:rt]
to comb one's hair	ķemmēties	[kemmæ:ties]
to come down (the stairs)	nolaisties	[nolajsties]

to come in (enter)	ieiet	[iejet]
to come out (book)	iziet klajā	[iziet klaja:]
to compare (vt)	salīdzināt	[sali:ʣina:t]
to compensate (vt)	kompensēt	[kompensæ:t]

to compete (vi)	konkurēt	[koŋkuræ:t]
to compile (~ a list)	sastādīt	[sasta:di:t]
to complain (vi, vt)	sūdzēties	[su:ʣæ:ties]
to complicate (vt)	sarežģīt	[sareӠgi:t]

to compose (music, etc.)	sacerēt	[saʦsæræ:t]
to compromise (reputation)	kompromitēt	[kompromæ:ntæ:t]
to concentrate (vi)	koncentrēties	[konʦentræ:ties]
to confess (criminal)	atzīties	[atzi:ties]

to confuse (mix up)	sajaukt	[sajaukt]
to congratulate (vt)	apsveikt	[apsvæjkt]
to consult (doctor, expert)	konsultēties ar ...	[konsultæ:ties ar]
to continue (~ to do sth)	turpināt	[turpina:t]

to control (vt)	kontrolēt	[kontrolæ:t]
to convince (vt)	pārliecināt	[pa:rlieʦina:t]
to cooperate (vi)	sadarboties	[sadarboties]
to coordinate (vt)	koordinēt	[ko:rdinæ:t]

to correct (an error)	labot	[labot]
to cost (vt)	maksāt	[maksa:t]
to count (money, etc.)	skaitīt	[skajti:t]
to count on ...	paļauties uz ...	[paʎauties uz]

to crack (ceiling, wall)	saplaisāt	[saplajsa:t]
to create (vt)	izveidot	[izvæjdot]
to cry (weep)	raudāt	[rauda:t]
to cut off (with a knife)	nogriezt	[nogriezt]

253. Verbs D-G

to dare (~ to do sth)	uzdrošināties	[uzroʃina:ties]
to date from ...	datēt	[datæ:t]
to deceive (vi, vt)	krāpt	[kra:pt]

to decide (~ to do sth)	**lemt**	[læmt]
to decorate (tree, street)	**izrotāt**	[izrota:t]
to dedicate (book, etc.)	**veltīt**	[vælti:t]
to defend (a country, etc.)	**aizstāvēt**	[ajzsta:væ:t]
to defend oneself	**aizstāvēties**	[ajzsta:væ:ties]
to demand (request firmly)	**pieprasīt**	[pieprasi:t]
to denounce (vt)	**denuncēt**	[dænuntsæ:t]
to deny (vt)	**noliegt**	[noliegt]
to depend on ...	**atkarāties no ...**	[atkara:ties no]
to deprive (vt)	**atņemt**	[atnæmt]
to deserve (vt)	**pelnīt**	[pælni:t]
to design (machine, etc.)	**projektēt**	[proektæ:t]
to desire (want, wish)	**vēlēties**	[væ:læ:ties]
to despise (vt)	**nicināt**	[nitsina:t]
to destroy (documents, etc.)	**iznīcināt**	[izni:tsina:t]
to differ (from sth)	**atšķirties**	[atʃkirties]
to dig (tunnel, etc.)	**rakt**	[rakt]
to direct (point the way)	**nosūtīt**	[nosu:tı:t]
to disappear (vi)	**pazust**	[pazust]
to discover (new land, etc.)	**atklāt**	[atkla:t]
to discuss (vt)	**apspriest**	[apspriest]
to distribute (leaflets, etc.)	**izplatīt**	[izplati:t]
to disturb (vt)	**traucēt**	[trautsæ:t]
to dive (vi)	**nirt**	[nirt]
to divide (math)	**dalīt**	[dali:t]
to do (vt)	**darīt**	[dari:t]
to do the laundry	**mazgāt veļu**	[mazga:t væly]
to double (increase)	**dubultot**	[dubultot]
to doubt (have doubts)	**šaubīties**	[ʃaubi:ties]
to draw a conclusion	**sniegt slēdzienu**	[sniegt slæ:dzienu]
to dream (daydream)	**sapņot**	[sap'nɔt]
to dream (in sleep)	**sapņot**	[sap'nɔt]
to drink (vi, vt)	**dzert**	[dzært]
to drive a car	**vadīt mašīnu**	[vadi:t maʃi:nu]
to drive away (scare away)	**aizdzīt**	[ajzdzi:t]
to drop (let fall)	**nomest**	[nomæst]
to drown (ab. person)	**slīkt**	[sli:kt]
to dry (clothes, hair)	**žāvēt**	[ʒa:væ:t]
to eat (vi, vt)	**ēst**	[æ:st]
to eavesdrop (vi)	**noklausīties**	[noklusi:ties]
to emit (give out - odor, etc.)	**izplatīt**	[izplati:t]
to enter (on the list)	**ierakstīt**	[ieraksti:t]

to entertain (amuse)	**izklaidēt**	[izklajdæ:t]
to equip (fit out)	**iekārtot**	[iekɑ:rot]
to examine (proposal)	**izskatīt**	[izskatı:t]
to exchange (sth)	**apmainīties**	[apmajni:ties]
to exclude, to expel	**izslēgt**	[izslæ:gt]
to excuse (forgive)	**piedot**	[piedot]
to exist (vi)	**eksistēt**	[æksistæ:t]
to expect (anticipate)	**gaidīt**	[gajdi:t]
to expect (foresee)	**paredzēt**	[parædzæ:t]
to explain (vt)	**paskaidrot**	[paskajdrot]
to express (vt)	**izteikt**	[iztæjkt]
to extinguish (a fire)	**dzēst ugunsgrēku**	[dzæ:st ugunsgræ:ku]
to fall in love (with ...)	**iemīlēties ...**	[iemi:læ:ties]
to feed (provide food)	**barot**	[barot]
to fight (against the enemy)	**karot**	[karot]
to fight (vi)	**kauties**	[kauties]
to fill (glass, bottle)	**piepildīt**	[piepildi:t]
to find (~ lost items)	**atrasties**	[atrasties]
to finish (vt)	**beigt**	[bæjgt]
to fish (angle)	**zvejot**	[zvæjot]
to fit (ab. dress, etc.)	**derēt**	[dæræ:t]
to flatter (vt)	**liekuļot**	[lieku'lɜt]
to fly (bird, plane)	**lidot**	[lidot]
to follow ... (come after)	**sekot ...**	[sækot]
to forbid (vt)	**aizliegt**	[ajzliegt]
to force (compel)	**piespiest**	[piespiest]
to forget (vi, vt)	**aizmirst**	[ajzmirst]
to forgive (pardon)	**piedot**	[piedot]
to form (constitute)	**izglītot**	[izgli:tot]
to get dirty (vi)	**notraipīties**	[notrajpi:ties]
to get infected (with ...)	**inficēties**	[infitsæ:ties]
to get irritated	**dusmoties**	[dusmoties]
to get married	**precēties**	[prætsæ:ties]
to get rid of ...	**tikt vaļā no ...**	[tıkt vaʎa: no]
to get tired	**nogurt**	[nogurt]
to get up (arise from bed)	**celties**	[tsælties]
to give a bath	**peldināt**	[pældina:t]
to give a hug, to hug (vt)	**apskaut**	[apskaust]
to give in (yield to)	**atkāpties**	[atka:pties]
to go (by car, etc.)	**braukt**	[braukt]
to go (on foot)	**iet**	[iet]
to go for a swim	**peldēties**	[pældæ:ties]

| to go out (for dinner, etc.) | iziet ārā | [iziet ɑːrɑː] |
| to go to bed | iet gulēt | [iet gulæːt] |

to greet (vt)	pasveicināt	[pɑsvæjtsinɑːt]
to grow (plants)	audzēt	[ɑudzæːt]
to guarantee (vt)	garantēt	[gɑrɑntæːt]
to guess right	uzminēt	[uzminæːt]

254. Verbs H-M

to hand out (distribute)	izdalīt	[izdɑliːt]
to hang (curtains, etc.)	piekārt	[piekɑːrt]
to have a try	mēģināt	[mæːginɑːt]
to have breakfast	brokastot	[brokɑstot]

to have dinner	vakariņot	[vɑkɑriˈnɔt]
to have fun	līksmot	[liːksmot]
to have lunch	pusdienot	[pusdienot]
to head (group, etc.)	būt priekšgalā	[buːt priekʃgɑlɑː]

to hear (vt)	dzirdēt	[dzirdæːt]
to heat (vt)	sildīt	[sildiːt]
to help (vt)	palīdzēt	[pɑliːdzæːt]
to hide (vt)	slēpt	[slæːpt]
to hire (e.g., ~ a boat)	nomāt	[nomɑːt]

to hire (staff)	algot	[ɑlgot]
to hope (vi, vt)	cerēt	[tsæræːt]
to hunt (for food, sport)	medīt	[mædiːt]
to hurry (sb)	steidzināt	[stejdzinɑːt]

to hurry (vi)	steigties	[stæigties]
to imagine (to picture)	iedomāties	[iedomɑːties]
to imitate (vt)	imitēt	[imitæːt]
to implore (vt)	ļoti lūgt	[ˈlɔtɪ luːgt]
to import (vt)	importēt	[importæːt]

to increase (vi)	palielināties	[pɑlielinɑːties]
to increase (vt)	palielināt	[pɑlielinɑːt]
to infect (vt)	inficēt	[infitsæːt]
to influence (vt)	ietekmēt	[ietækmæːt]

to inform (~ sb about ...)	ziņot	[ziɲˈot]
to inform (vt)	informēt	[informæːt]
to inherit (vt)	mantot	[mɑntot]
to inquire (about ...)	uzzināt	[uzzinɑːt]
to insist (vi, vt)	uzstāt	[uzstɑːt]

| to inspire (vt) | iedvesmot | [iedvæsmot] |
| to instruct (teach) | instruēt | [instruæːt] |

| to insult (offend) | aizvainot | [ajzvajnot] |
| to interest (vt) | interesēt | [intæræsæ:t] |

to intervene (vi)	iejaukties	[iejauktıes]
to introduce (present)	iepazīstināt	[iepazi:stina:t]
to invent (machine, etc.)	izgudrot	[izgudrot]
to invite (vt)	ielūgt	[ielu:gt]
to iron (laundry)	gludināt	[gludina:t]

to irritate (annoy)	kaitināt	[kajtina:t]
to isolate (vt)	izolēt	[izolæ:t]
to join (political party, etc.)	pievienoties	[pievienoties]
to joke (be kidding)	jokot	[jokot]

to keep (old letters, etc.)	glabāt	[glaba:t]
to keep silent	klusēt	[klusæ:t]
to kill (vt)	nogalināt	[nogalina:t]
to knock (at the door)	klauvēt	[klauvæ:t]
to know (sb)	pazīt	[pazi:t]

to know (sth)	zināt	[zina:t]
to laugh (vi)	smieties	[smieties]
to launch (start up)	palaist	[palajst]
to leave (~ for Mexico)	aizbraukt	[ajzbraukt]

to leave (spouse)	pamest	[pamæst]
to leave behind (forget)	aizmirst	[ajzmirst]
to liberate (city, etc.)	atbrīvot	[atbri:vot]
to lie (tell untruth)	melot	[mælot]

to light up (illuminate)	apgaismot	[apgajsmot]
to love (e.g., ~ dancing)	cienīt	[tsieni:t]
to like (I like ...)	patikt	[patıkt]
to limit (vt)	ierobežot	[ierobæʒot]

to listen (vi)	klausīt	[klausi:t]
to live (~ in France)	dzīvot	[dzi:vot]
to live (exist)	dzīvot	[dzi:vot]
to load (gun)	ielādēt	[iela:dæ:t]
to load (vehicle, etc.)	iekraut	[iekraut]

to look (I'm just ~ing)	skatīties	[skatı:ties]
to look for ... (search)	meklēt ...	[mæklæ:t]
to look like (resemble)	būt līdzīgam	[bu:t li:dzi:gam]
to lose (umbrella, etc.)	pazaudēt	[pazaudæ:t]

to love (sb)	mīlēt	[mi:læ:t]
to lower (blind, head)	nolaist zemāk	[nolajst zæma:k]
to make (~ dinner)	gatavot	[gatavot]
to make a mistake	kļūdīties	[kly:di:ties]
to make angry	dusmot	[dusmot]
to make copies	pavairot	[pavajrot]

to make easier	atvieglot	[atvieglot]
to make the acquaintance	iepazīties	[iepazi:ties]
to make use (of ...)	lietot	[lietot]

to manage, to run	vadīt	[vadi:t]
to mark (make a mark)	atzīmēt	[atzi:mæ:t]
to mean (signify)	nozīmēt	[nozi:mæ:t]
to memorize (vt)	iegaumēt	[iegaumæ:t]
to mention (talk about)	pieminēt	[pieminæ:t]

to miss (school, etc.)	kavēt	[kavæ:t]
to mix (combine, blend)	sajaukt kopā	[sajaukt kopa:]
to mock (make fun of)	zoboties	[zoboties]
to move (to shift)	pārvietot	[pa:rvietot]
to multiply (math)	reizināt	[ræjzina:t]
must (v aux)	būt pienācīgam	[bu:t piena:tsi:gam]

255. Verbs N-S

to name, to call (vt)	nosaukt	[nosaukt]
to negotiate (vi)	vest pārrunas	[væst pa:rrunas]
to note (write down)	atzīmēt	[atzi:mæ:t]
to notice (see)	pamanīt	[pamani:t]

to obey (vi, vt)	paklausīt	[paklausit]
to object (vi, vt)	iebilst	[iebilst]
to observe (see)	novērot	[novæ:rot]
to offend (vt)	aizvainot	[ajzvajnot]
to omit (word, phrase)	izlaist garām	[izlajst gara:m]

to open (vt)	atvērt	[atvæ:rt]
to order (in restaurant)	pasūtīt	[pasu:tı:t]
to order (mil.)	pavēlēt	[pavæ:læ:t]
to organize (concert, party)	rīkot	[ri:kot]

to overestimate (vt)	pārvērtēt	[pa:rvæ:rtæ:t]
to own (possess)	pārvaldīt	[pa:rvaldi:t]
to participate (vi)	piedalīties	[piedali:ties]
to pass (go beyond)	braukt garām	[braukt gara:m]
to pay (vi, vt)	maksāt	[maksa:t]

to peep, spy on	noskatīties	[noskati:ties]
to penetrate (vt)	iekļūt	[iekly:t]
to permit (vt)	atļaut	[atʎaut]
to pick (flowers)	plūkt	[plu:kt]

to place (put, set)	izvietot	[izvietot]
to plan (~ to do sth)	plānot	[pla:not]
to play (actor)	tēlot	[tæ:lot]
to play (children)	spēlēt	[spæ:læ:t]

to point (~ the way)	**norādīt**	[noraːdiːt]
to pour (liquid)	**ieliet**	[ieliet]
to pray (vi, vt)	**lūgties**	[luːgties]
to predominate (vi)	**dominēt**	[dominæːt]
to prefer (vt)	**dot priekšroku**	[dot priekʃroku]
to prepare (~ a plan)	**sagatavot**	[sagatavot]
to present (sb to sb)	**stādīt priekšā**	[staːdiːt priekʃaː]
to preserve (peace, life)	**saglabāt**	[saglabaːt]
to progress (move forward)	**virzīties**	[virziːties]
to promise (vt)	**solīt**	[soliːt]
to pronounce (vt)	**izrunāt**	[izrunaːt]
to propose (vt)	**piedāvāt**	[piedaːvaːt]
to protect (e.g., ~ nature)	**apsargāt**	[apsargaːt]
to protest (vi)	**protestēt**	[protæstæːt]
to prove (vt)	**pierādīt**	[pieraːdiːt]
to provoke (vt)	**provocēt**	[provotsæːt]
to pull (~ the rope)	**vilkt**	[vilkt]
to punish (vt)	**sodīt**	[sodiːt]
to push (~ the door)	**stumt**	[stumt]
to put away (vt)	**paslēpt**	[paslæːpt]
to put in (insert)	**ielikt**	[ielikt]
to put in order	**sakārtot**	[sakaːrtot]
to put, to place	**nolikt**	[nolikt]
to quote (cite)	**citēt**	[tsitæːt]
to reach (arrive at)	**nokļūt galapunktā**	[nokʎuːt galapuŋktaː]
to read (vi, vt)	**lasīt**	[lasɪt]
to realize (a dream)	**īstenot**	[iːstænot]
to recall (~ one's name)	**atcerēties**	[atʦæræːties]
to recognize (identify sb)	**atpazīt**	[atpaziːt]
to recommend (vt)	**ieteikt**	[ietæjkt]
to recover (~ from flu)	**atveseļoties**	[atvæsæ'lɜties]
to redo (do again)	**pārtaisīt**	[paːrtajsiːt]
to reduce (speed, etc.)	**samazināt**	[samazinaːt]
to refuse (~ sb)	**noraidīt**	[norajdiːt]
to regret (be sorry)	**nožēlot**	[noʒæːlot]
to reinforce (vt)	**stiprināt**	[stiprinaːt]
to remember (vt)	**atcerēties**	[atʦæræːties]
to remind of ...	**atgādināt**	[atgaːdinaːt]
to remove (~ a stain)	**likvidēt**	[likvidæːt]
to remove (~ an obstacle)	**novērst**	[novæːrst]
to rent (sth from sb)	**īrēt**	[iːræːt]
to repair (mend)	**izlabot**	[izlabot]
to repeat (say again)	**atkārtot**	[atkaːrtot]

to report (make a report)	ziņot	[ziɲʲot]
to reproach (vt)	pārmest	[pɑːrmæst]
to reserve, to book	rezervēt	[ræzærvæːt]

to restrain (hold back)	atturēt	[ɑtturæːt]
to return (come back)	atgriezties	[ɑtgriezties]
to risk, to take a risk	riskēt	[riskæːt]
to rub off (erase)	izdzēst	[izdzæːst]

to run (move fast)	bēgt	[bæːgt]
to satisfy (please)	apmierināt	[ɑpmierinɑːt]
to save (rescue)	glābt	[glɑːbt]
to say (~ thank you)	teikt	[tæjkt]
to scold (vt)	lamāt	[lɑmɑːt]

to scratch (with claws)	skrāpēt	[skrɑːpæːt]
to select (to pick)	atlasīt	[ɑtlɑsiːt]
to sell (goods)	pārdot	[pɑːrdot]
to send (a letter)	nosūtīt	[nosuːtiːt]

to send back (vt)	sūtīt atpakaļ	[suːtiːt ɑtpɑkʎ]
to sense (danger)	sajust	[sɑjust]
to sentence (vt)	piespriest	[piespriest]
to serve (in restaurant)	apkalpot	[ɑpkɑlpot]
to settle (a conflict)	nokārtot	[nokɑːrtot]

to shake (vt)	kratīt	[krɑtiːt]
to shave (vi)	skūties	[skuːties]
to shine (gleam)	spīdēt	[spiːdæːt]
to shiver (with cold)	trīcēt	[triːtsæːt]

to shoot (vi)	šaut	[ʃaut]
to shout (vi)	kliegt	[kliegt]
to show (to display)	rādīt	[rɑːdiːt]
to shudder (vi)	satrūkties	[sɑtruːkties]
to sigh (vi)	uzelpot	[uzælpot]

to sign (document)	parakstīt	[pɑrɑkstiːt]
to signify (mean)	nozīmēt	[noziːmæːt]
to simplify (vt)	vienkāršot	[vieŋkɑːrʃot]
to sin (vi)	grēkot	[græːkot]

to sit (be sitting)	sēdēt	[sæːdæːt]
to sit down (vi)	apsēsties	[ɑpsæːsties]
to smash (~ a bug)	nospiest	[nospiest]
to smell (scent)	smaržot	[smɑrʒot]
to smell (sniff at)	ostīt	[ostiːt]

to smile (vi)	smaidīt	[smɑidiːt]
to snap (vi, ab. rope)	pārtrūkt	[pɑːrtruːkt]
to solve (problem)	risināt	[risinɑːt]
to sow (seed, crop)	sēt	[sæːt]

to spill (liquid)	**izliet**	[izliet]
to spill out (flour, etc.)	**izbirt**	[izbirt]
to spit (vi)	**spļaut**	[spʎaut]
to stand (toothache, cold)	**ciest**	[ʦiest]
to start (begin)	**sākt**	[sɑːkt]

to steal (money, etc.)	**zagt**	[zɑgt]
to stop (please ~ calling me)	**pārtraukt**	[pɑːrtraukt]
to stop (for pause, etc.)	**apstāties**	[apstɑːties]
to stop talking	**apklust**	[apklust]

to stroke (caress)	**glaudīt**	[glaudiːt]
to study (vt)	**pētīt**	[pæːtiːt]
to suffer (feel pain)	**ciest**	[ʦiest]
to support (cause, idea)	**atbalstīt**	[atbalstiːt]
to suppose (assume)	**pieņemt**	[pienemt]

to surface (ab. submarine)	**uzpeldēt**	[uzpældæːt]
to surprise (amaze)	**pārsteigt**	[pɑːrstejgt]
to suspect (vt)	**turēt aizdomās**	[turæːt ajzdomaːs]
to swim (vi)	**peldēt**	[pældæːt]
to turn on (computer, etc.)	**ieslēgt**	[ieslæːgt]

256. Verbs T-W

to take (get hold of)	**ņemt**	[nemt]
to take a bath	**mazgāties**	[mazgaːties]
to take a rest	**atpūsties**	[atpuːsties]

to take aim (at ...)	**tēmēt uz ...**	[tæmæːt uz]
to take away	**aiznest**	[ajznæst]
to take off (airplane)	**uzlidot**	[uzlidot]
to take off (remove)	**noņemt**	[nonemt]

to take pictures	**fotografēt**	[fotografæːt]
to talk to ...	**sarunāties ar ...**	[sarunaːties ar]
to teach (give lessons)	**apmācīt**	[apmaːʦiːt]

to tear off (vt)	**noraut**	[noraut]
to tell (story, joke)	**stāstīt**	[staːstiːt]
to thank (vt)	**pateikties**	[patæjkties]
to think (believe)	**uzskatīt**	[uzskatiːt]

to think (vi, vt)	**domāt**	[domaːt]
to threaten (vt)	**draudēt**	[draudæːt]
to throw (stone)	**mest**	[mæst]

to tie to ...	**piesiet**	[piesiet]
to tie up (prisoner)	**sasiet**	[sasiet]

to tire (make tired)	**nogurdināt**	[nogurdina:t]
to touch (one's arm, etc.)	**pieskarties**	[pieskarties]
to tower (over ...)	**izcelties**	[iztselties]
to train (animals)	**dresēt**	[dræsæ:t]
to train (sb)	**trenēt**	[trænæ:t]
to train (vi)	**trenēties**	[trænæ:ties]
to transform (vt)	**transformēt**	[transformæ:t]
to translate (vt)	**tulkot**	[tulkot]
to treat (patient, illness)	**ārstēt**	[a:rstæ:t]
to trust (vt)	**uzticēt**	[uztɪtsæ:t]
to try (attempt)	**mēģināt**	[mæ:gina:t]
to turn (~ to the left)	**pagriezt**	[pagriezt]
to turn away (vi)	**novērsties**	[novæ:rsties]
to turn off (the light)	**nodzēst gaismu**	[nodzæ:st gajsmu]
to turn over (stone, etc.)	**apgriezt apkārt**	[apgriezt apka:rt]
to underestimate (vt)	**par zemu vērtēt**	[par zæmu væ:rtæ:t]
to underline (vt)	**pasvītrot**	[pasvi:trot]
to understand (vt)	**saprast**	[saprast]
to undertake (vt)	**uzsākt**	[uzsa:kt]
to unite (vt)	**apvienot**	[apvienot]
to untie (vt)	**atraisīt**	[atrajsi:t]
to use (phrase, word)	**lietot**	[lietot]
to vaccinate (vt)	**potēt**	[potæ:t]
to vote (vi)	**balsot**	[balsot]
to wait (vt)	**gaidīt**	[gajdi:t]
to wake (sb)	**modināt**	[modina:t]
to want (wish, desire)	**gribēt**	[gribæ:t]
to warn (of the danger)	**brīdināt**	[bri:dina:t]
to wash (clean)	**mazgāt**	[mazga:t]
to water (plants)	**laistīt**	[lajstɪ:t]
to wave (the hand)	**māt**	[ma:t]
to weigh (have weight)	**svērt**	[svæ:rt]
to work (vi)	**strādāt**	[stra:da:t]
to worry (make anxious)	**uztraukt**	[uztraukt]
to worry (vi)	**uztraukties**	[uztraukties]
to wrap (parcel, etc.)	**iesaiņot**	[iesaj'nɜt]
to wrestle (sport)	**cīnīties**	[tsi:ni:ties]
to write (vt)	**rakstīt**	[rakstɪ:t]
to write down	**pierakstīt**	[pierakstɪ:t]

16000104R00152

Made in the USA
Middletown, DE
01 December 2014